作者简介

陈先红

女，1967年生，湖北黄陂人，先后毕业于中国人民大学档案系、华中理工大学新闻与信息传播学院和管理学院，现为华中科技大学新闻与信息传播学院副院长，教授，博士生导师，公关与广告研究所所长，品牌传播研究所副所长，中国公共关系协会学术委员会副主任，中国国际公共关系协会学术工作委员会学术委员，中国广告协会学术委员会委员，中国策划学院研究员，香港中文大学、澳大利亚昆士兰大学、香港城市大学访问学者。研究方向：公共关系、广告与品牌传播。著有《公共关系生态论》、《IT广告的奥秘》、编著有国家“十一五”规划教材《广告策划创意学》（第三版·国家级优秀教材）、《广告学》（第三版·全国通用教材）、《CIS教程》、《广告学导论》、参编《公共关系学》（国家教育部颁教材）、《公共关系案例》（全国通用教材）等，主要学术论文有《中国大陆近十年公共关系研究实证报告》、《关系生态说的提出与公共关系理论的创新》、《论广告信息的不对称性》、《论新媒介即关系》、《论品牌传播的消费者导向原则》等，人大复印报刊资料全文转载多篇。并主持或参与中石化长燃、香港金马家居、上海耐尔袜业、杭州倍丝特服饰、安徽斯坦迪学院、厦华电子、中国雅戈尔、四川沱牌、中国海澜、深圳好日子香烟等100多家企业的品牌咨询和公关广告策划，曾为凯旋先驱国际公共关系公司的湖北代理，湖北卫视“创意无限”栏目点评专家。

《公共关系学原理》内容提要

《公共关系学原理》是一本既与国际接轨又具国情特色、既反映学科传统又体现当代素养的公共关系学著作，理论与实践并举，系统与创新兼具，是本书的主要特色。

内容包括“Public Relations”的词汇演变、观念变迁、范式转移、理论建构、本质属性、特点功能、主体客体、工作内容、流程步骤等内容，每一章都设计有本章概要、案例讨论和思考练习，以方便理解、学习和模拟训练。

本书主要适用于公共关系学、新闻学、广告学、传播学、市场营销学、公共管理学、行政管理学等专业的本科生、研究生、教师以及相关领域的专业人士和研究人员。

另外，本书配有教辅工具，请点击以下网址：http：//www. chenxianhong. cn。

序　言　公共关系是民主的沟通

——李金铨* 答陈先红问

金铨教授：

假期刚刚完成了武汉大学出版社邀约的书稿《公共关系学原理》，今天要赶写一些前言、后记什么的，心里很忐忑，想起今年5月在香港城市大学访问期间，常常聆听您的教诲，受益匪浅，特此请教：

我对公共关系的理解是“公共关系是一门说真话、做善事、塑美形的科学和艺术”，真正的公共关系是组织—公众—环境关系的“居间者”，是超越甲方、乙方的第三方立场，从某种意义上说，公共关系应该是公共领域的代言人。

您的看法呢？

谢谢赐教！

陈先红

2006年9月2日

---

* 李金铨为香港城市大学传播学讲座教授，美国明尼苏达大学荣休教授，曾任香港中文大学讲座教授，中央研究院客座教授。2006年4月，我受邀赴香港城市大学英文传播系作为期一个月的学术交流。其间，得到了李老师的热情指导和悉心教诲，尤其是这封电子邮件，并非刻意邀约，但却非常精辟地诠释了公共关系的本质，佐证了本书的主要观点，征得李老师同意，故实录在此，以为序。

先红老师：

记得当年我念大学本科，公共关系的老师整个学期只重复一句话："有来有往双线道"。容我从此引申吧。

我大胆把"公共关系"理解为"公共沟通"的意思。英文和法文的public，即是中文里的"公共"，正如您提到的，媒介和"公共关系"是"公共领域"的一环，不止是上情下达、下情上呈的上下沟通，更是平等的平行沟通，总之就是民主的沟通。在美国学界，李普曼和杜威曾经对于"精英式"或"草根式"的"公共沟通"有著名的辩论，但他们从促进民主的角度来理解媒介角色却殊无二致。

反之，德文里的"public"在中文里译为"公开"。例如德国传播学者Elisabeth Nolle-Neumann的"沉默的螺旋说"，即指群众为了怕被孤立而不敢拂逆多数意见的"公开"压力，以至于多数意见逐渐占领支配的地位，少数意见逐渐沉寂甚至消失。

尽管学术渊源、旨趣和立场互异，但追求民主却贯穿了整个西方学术的脉络：前面提到杜威，他是美国实践主义的巨擘；欧陆法兰克福批评学派第二代领袖哈贝马斯对"公共领域"更有深刻的阐发，也引起广泛的辩论；其他，不论政治经济学或文化研究，其背后都有这样的理想在支撑。一言以蔽之，所谓"公共领域"，就是免于政治压制以及免于商业异化的场域，一方面批评恶质资本主义，一方面抨击专制列宁主义，追求的是"第三条道路"的理想境界，使人们能够充分沟通，互相争鸣，并使理性更澄明。在这个共同阵线上，各派学者于是从自己的角度，批评当今权势结构（主要是政府和财团）垄断言论，使公意不得伸张。

我不太知道"公共关系"的教学现况。教科书讲起"公关"，是不是站在权势结构的立场作"软性推销"，以取代"硬性宣传"？如果这个印象是对的，那么整个精神不啻与民主的理想背道而驰。

这是我粗浅的理解，请指教。

李金铨

2006年9月3日

前　言

1984年，美国电视记者比尔·莫耶斯在采访公共关系先驱爱德华·伯纳斯时说：

“你知道的，你有办法要爱迪生、亨利·福特、洛克菲勒、胡佛、柯立芝、库立奇等20多位美国名人和广大美国人民按照你的意思去做。你让全世界在同一时刻关掉电灯，你使得美国妇女得以在公共场合抽烟，这已经不能算是影响了，而应该说是一种力量。”

爱德华·伯纳斯回答：

“但你知道吗？我从来没有把它看成是一种力量，我也从来没有把它当做权力来运用。人们只有在心甘情愿的情况下，才会被人领着走。”

在公共关系诞生之初，它只不过是企业家手中的一件“小玩具”而已，但是，发展到今天，公共关系作为一种“社会支持发动机”，已经广泛地影响到政治、经济、文化、道德等各个层面，比如政治上的总统竞选、军事上的战争宣传、经济上的商品推广，还有舆论上的议程设置等都离不开公共关系的身影，以至于当今思想大师哈贝马斯认为，公共关系已经成为一种能够动员社会的“半政治力量”。

在广告界有一句名言：“不当总统，就当广告人。”事实上，应该是“不当总统，就当公共关系人”才对，从美国前总统里根到布什，从克林顿到他的三大手下，都是卸任后真正投身公共关系行业的范例。

据中新网华盛顿2000年8月24日消息：美国前克林顿政府的国家安全团队三大巨头——国务卿奥尔布赖特、白宫国家安全顾问伯杰及国防部长科恩，今年全部转行开设公关咨询公司。这三位影响全球外交及安全的巨头，有克林顿政府国家安全ABC团队之称（因为奥尔布赖特、伯杰及科恩，姓氏刚好是以ABC起头），这三位前政府官员卸任后全部都待价而沽，默默投身公关顾问行业。

由此可见，公共关系是一个仅次于总统的金领职业，许多美国总统自身就是出色的公关高手，比如，美国前总统克林顿通过巧妙的公共关系运作，使他二度入主白宫，许多人认为克林顿最大的本钱就是长于沟通和善用媒体。同样，英国工党新任首相布莱尔使用公关手段使工党反败为胜。与此同时，最高级的公共关系从业者如艾维·李、伯纳斯，都是美国历任总统的高级顾问，他们可以坐在总统府高谈阔论、出谋划策，真可谓是“布衣亦可傲王侯”了。

公共关系对个人素质要求非常高。有人说，一个优秀的公共关系人员应该有着“科学家的头脑，哲学家的智慧，政治家的手腕，外交家的风度，演讲家的口才，宣传家的技巧”，简直就是对一个国家总统的要求，这大概是由于公共关系的跨学科根基和应用特点所致吧！

由于公共关系学是一门“显学”，公共关系学的知识体系历来都是非常庞杂的。本著作借鉴了国外公共关系研究的思路和成果，并结合国内大专院校的教学需要和读者的学习兴趣，将全书分为8个章节，每一章都设有本章概要、案例讨论和思考练习，以便于各个层次的读者学习和思考。

第1章绪论部分主要探讨了公共关系学中一些“剪不断、理还乱”的核心问题，比如“Public Relations”一词在不同国家的内涵和表达方式、公共关系观念从私利—互利—公利的演化、公共关系定义的传播型界定和关系型界定、理论范式从传播向关系的转变等。本章还创造性地提出了“关系生态说”的公共关系定义，提出了公共关系的理论建构模型和知识体系，这些内容既有对传统公共关系的继承，更添加了许多新颖的观点和内容。

第2章按照人物线索介绍了国际公共关系的发展历史，特别增加了许多有创意的、新颖生动的历史个案，以便于读者进一步了解巴纳姆、艾维·李、伯纳斯等公共关系先驱的历史贡献，同时讲述了中国公共关系的历史。

第3章明确提出了公共关系的本质属性、基本特征、主要功能和与相关学科的辨析。其中关于“公共性”本质、“说真话、做善事、塑美形”基本特征和“说服、倡导、管理、咨询”四大功能，都是一些新观点、新思维，更凸现了公共关系的学科差异性。

第4章系统梳理了公共关系工作的基本类型、主要内容、基本原则和社会责任与法律等问题。其中，对“诉讼公共关系”这个崭新的研究领域给予了相当的关注。

第5章介绍了公共关系的主体构成、主体定位、组织机构和从业人员。其中，在主体构成中首次将个人、国家纳入公共关系的视野，反映了网络时代个体公共关系的抬头和国家公共关系的兴起；在主体定位中，首次提出了“生态系统观”、“社会文化观”、“社会好公民观”等思想观点，并介绍了公共关系机构和人员情况。

第6章介绍了公共关系的客体——公众的界定、分类、内部公众和外部公众的构成、特点、相关理论和处理技巧，具有一定的实际指导性。

第7章公共关系传播是公共关系的战略工具和手段，与一般同类书籍不同的是，本章分别从信息传播和关系传播两个角度，介绍了相关的传播理论和实际运用，尤其是关系传播理论带来了崭新的公共关系研究领域。

第8章介绍了公共关系的调查研究、制订目标、传播实施、结果评估4个步骤流程，虽然与其他公共关系书籍的流程相同，但是内容略有不同，更加简单明了，容易操作。

总之，《公共关系学原理》是一本既与国际接轨又具中国国情特色、既反映学科传统又体现当代素养的公共关系学著作。主要适用于公共关系学、新闻学、广告学、市场营销学、公共管理学、行政管理学等专业的本科生、研究生、教师，以及相关领域的专业人士和研究人员。

在本书的写作过程中，由于时间紧迫和本人学识和能力有限，书中难免有不成熟之处，欢迎各位同仁批评指正。

陈先红

2006年9月　武昌喻家山

目　录

第一章 绪　论

本章概要

- “Public Relations” 一词在美国、德国、韩国、日本和中国等不同国家的发展演变。
- 公共关系观念从私利—互利—公利的3个发展阶段，进一步探讨了公共关系倡导的6大新观念：关系观念、传播观念、形象观念、长期观念、诚信观念和双赢观念。
- 公共关系定义可以分为两大类：传播型公关和关系型公关。传播型公关定义主要包括劝服说、传播沟通论、管理职能说、传播管理说、传播策略说以及组织形象说；关系型公关定义主要包括“社会关系说”、“关系管理说”、“关系策略说”、“建立社区感说”和“关系生态说”等。
- 20世纪80年代，“Public Relationships”一词的出现，标志着公共关系理论开始从传播范式向关系范式转移，作者提出了一个公共关系理论建构模型。
- 探讨了公共关系的3大学科基础、两大研究对象和基本的理论体系。

核心概念

Public Relations　Public Relationships　公关观念　公关定义　公关理论范式

第一节 公共关系一词的地理演变

从历史上看，公共关系是一个美国概念，其英文是“Public Relations”，这个词很难翻译成其他语言，以至于有专家指出“直到本世纪（21 世纪），在欧洲语言中都没有一个统一的公共关系概念”。一份来自 25 个欧洲国家的调查表明，几乎所有语言（除英格兰和爱尔兰所使用的原始英语外）都在“公共关系”的术语翻译方面存在着巨大的问题——译文和原文在意义上有着显著的差异，不同国家的学者对“什么是公共关系”有着不同的理解，下面，我们从英语、德语、韩语、日语和汉语 5 种语言进行考证。

一、英语演变

在英语中，“Public Relations”一词最早起源于 1842 年，豪科·史密斯（Hough Smith）在其《公众情感理论和规范》书中使用了这个词。

“Public Relations”的含义，按照美国传播学家戈登（L. L. Gordon）所定义的，应该是“Relations With the Publics”，即与公众的关系，传统公共关系理论都是以美式英语为主导的文化解读。

在英语中，与“Public Relations”一词同时使用的术语还有“PR”、“Corporate Communication”（公司传播）、“Corporate Relationships”（公司关系）、“Public Affair”（公共事务）、“Public Information”（公共资讯）和最新出现的“Public Relationships”等词汇。

美国公共关系学会名词研究小组认为，“PR”带有侮辱的意味，就好像把外科医生称作“锯骨师”一样，但无可否认的是，“PR”仍然在世界各地被广泛使用。在许多情况下，有些组织和公司很明显地喜欢使用“公司传播”和“公共资讯”来代替“公共关系”，其中，“公共资讯”多用于社会服务机构、大学和政府部门。人们使用这些代名词的目的是为了避免围绕公共关系术语的所有否定意义，以至于丹尼尔·J. 爱德曼呼吁“我们的任务是为公共关系带来荣誉和尊重，而不是抛弃它”。

不过目前，除美国以外的 69 个国家的全国性公共关系协会和学会中，有 64 个采用“公共关系”这个名称。这些事实表明，“公共关系”一词已经在全球通用，并不会遭到淘汰。

19 世纪 80 年代中期，公共关系学界又出现了一个新的词汇“Public Relationships”，在某种程度上，“Relationships”和“Relations”的区别，就好像“Friend”与“Friendship”的区别，它们都源于同一个词根，代表具有内在的因果关系，与“Public Relations”相比，“Public Relationships”一词更加强调关系的相互性、情感性、主观能动性，更加强调一种和谐的关系性质和状态。

这个新词汇的出现，标志着公共关系研究的重心开始从以传播为中心转向以关系为中心，关系管理正在成为公共关系理论的主流理论典范。

二、德语演变

在德语中，“Public Relations”的德译文是“Öffentlichkeit sarbeiten”，它有两层含义：

第一层含义是指“公众工作”（Public Work），意为“公共关系是在公共机构中就公众问题为公众服务”。

第二层含义是指“公共领域”（Public Sphere），意为“公共关系不仅仅是公众间的关系，还包括一个公众圈与另一个公众圈，一个公共机构与另一个公共机构间的关系”。

在欧洲，“公共领域”作为公共关系的核心概念之一，更加凸现出其合理性和合法化，因为公共领域的质与量涉及“Öffentlichkeit Meinung”——即“民意”（Public Opinion），公共关系与新闻舆论一样有服务民主政治的职责，公共关系有助于营造一种自由、新鲜的言论气氛，有助于人们对公共生活的广泛关注，对公共话题的深入探讨，有助于提高和发展公共领域的水平与规模。

目前，德译词“Öffentlichkeit”和英文术语“Public Relations”在德国同时使用，并具有不同的内涵：“Public Relations”更强调它的“公众性”，而“Öffentlichkeit”更强调其“公共性”。

三、韩语演变

在韩语中，其韩译词是“**홍보활동**”。他们也常常使用“Hong Bo”来表示“Public Relations”，二者具有相同的意思，而且韩国和英国运用“PR”的含义是一样的。

在韩国，商业人士更多地把公共关系的功能看成是宣传公众信息或广告和市场营销的一部分。在一些领域里，公共关系仅仅被理解为一种宣传的形式。因此，韩国的公关组织习惯性地采取自卫的手段来影响媒体，比如试图阻止公众了解到商家不想让他们知道的信息。

韩国运用个人影响模式来指导大部分的公共关系实践活动。公关人员通过对公司重要人物施加影响，从而使公司获得利润；他们会定期把礼品和金钱送给一些重要的政府官员和媒介管理人员。

韩国公关的传播模式主要有新闻代理和公众信息发布两种，偏向于单向传播，业务主要集中在媒介公关方面，随着公共关系的日益发展，目前正在向政府服务、危机管理等更加专业性公共关系业务发展。

四、日语演变

在日语中，公关的日文翻译是“广报”，即广而报之，它是与广告的广而告之相对而言的，并被看成是广告和市场营销的对立面。日本公司里的公关部职责是建立与公众的密切关系，通过各种交流手段使其了解公司的目标及真诚，以便得到他们的支持。公关活动以服务和回报公众为理念，使公司的政策得以实施。一位富有经验的公关人员将日本的公关活动定义为“通过独特的沟通技巧、政策和发展阶段的综合表达，以便获取公众对其产品和服务的认可”。

在大多数日本公司里，有 3 个部门与公关活动有关：公关部，广告部，公共事业部。起初，公共事业部实施公关和广告功能且重视公关概念。随后，在经济高速发展时期，公关部从公共事业部中分离出来，主要发挥公关和广告功能。其后，随着公关作用的迅速增强，有些公司在董事长和总经理办公室下直设公关办公室。在这种情况中，公关办公室比一般公关部的规模小，但担任的是公司的全职发言人。

公关主管的主要职责是：1. 争取公众对公司管理哲学与政策的理解；2. 保持与大众媒体的关系；3. 在公司内部分享信息；4. 处理突发事件。事实表明，不管公司规模如何，通过媒体获得社会及持股人的理解是公关部最重要的工作职责。

总之，日本与美国的公关活动十分相似。日本公司通过媒体向公众发布信息是有压力的，因为不这样做会影响公司声誉。日本比美国更强调保持与媒体的长期协作，同时公关人员也必须提升公司在媒体眼中的形象。

五、汉语演变

在汉语中，其汉译词是“公共关系”或“公众关系”，简称“公关”。一方面，“公关”与“PR”一样，具有较多的负面含义，尤其是当人们在使用“公关小姐”一词时，常常与美女、陪酒女郎、高级女招待甚至从事色情服务的小姐等混为一谈，显得低级庸俗，令人望而生畏，在一些外行人眼里，公关是女人的专利，公关就是女人去攻男人的关，公关就是漂亮的脸蛋加迷人的微笑，公关就是觥筹交错的交际应酬，公关就是科学的拉关系的别名和变种等。

另一方面，当人们使用“公共关系”或者“公关活动”时，则具有较多的正面含义，它常常意味着“咨询策划”、“创意策略”、“品牌”、“形象”等意义，在内行人眼里，公关是文人下海、文化经商、智慧赚钱的一种重要途径。从香港回归到北京申奥，从 APEC（亚太经济合作组织）会议到美国总统大选，从“9·11”事件到伊拉克战争，从 SARS、禽流感到印度洋海啸，到处都是公共关系的战场。

总之，对公共关系一词翻译的文化差异和释义的文化误读现象普遍存在，导致公共关系的含义非常模糊、多变和被误解，即使在美国英语中也不例外，人们甚至抱怨说，英国人对公共关系的误解更深，有时甚至把它与广告混为一谈。在今天，任何一个汽车推销员或酒吧女郎都可以自称是“公共关系从业人员”。

在美国的日常生活中，人们经常将公共关系人员与一系列破坏名誉的词语联系在一起，比如：“叫卖小贩”、“赚钱的厚脸皮”、“鹦鹉学舌者”、“低级生活的骗子”和“自我狂热、习惯说谎的人”。公共关系学者威廉姆·艾林认为，公共关系人员不但没有从“公共关系”这个头衔中得到帮助，反而被它拖累了。

因此，公共关系在世界各地都有“好公关与坏公关”、“黑公关与白公关”之争，比如，“白公关”和“黑公关”这两个词汇出现在 20 世纪 90 年代初期，起初主要在从业者中很流行，接着在学者中传播开来。“黑公关”主要与操纵术有关，在政治公共关系领域，特别是在西方总统选举活动中，操纵术使用得最多。相反，“白公关”是指符合伦理道德的真正意义上的公共关系，它代表了西方伦理的公共关系，这主要源于格鲁尼格等人开展的卓越公共关系项目研究。

许多学者认为，“所谓黑公关并不完全是公共关系，它更像是宣传”、“黑公关并不存在，因为对公共关系的任何误用或滥用都会导致公共关系实践的不道德，这不是公共关系本身的问题，而是一个需要普遍关注的问题，全体从业者都负有责任”。

那么，到底什么是真正意义上的公共关系呢？为什么会出现好公关与坏公关、黑公关与白公关之分呢？我们先不急着下定义，还是从公共关系的观念演变中来寻找答案吧。

第二节　公共关系的观念演变

公共关系经历了好几个蜕变阶段，从最初的零星的无组织的公共关系活动，进而发展为有计划的、系统的公共关系作业；由单向报道进而变为双向沟通；由虚伪的宣传进而演化为对事实的报道。在这种演变过程中，一方面是时势造英雄，由于社会环境的需要，推动了公共关系不断向前发展；另一方面也是英雄造时势，在艾维·李、伯纳斯、格鲁尼格、克鲁克伯格等学者和公关从业人员的披荆斩棘下，将理论和实践相结合，从而形成一门专门知识。

一、公共关系观念的变迁

公共关系观念的演变经历了私利—互利—公利 3 个阶段：

1. 私利观念阶段

这一阶段主要是以"企图影响他人，操纵他人"的劝服报道为传播方式，一味强调单方面的利益，为了实现一方利益，不惜愚弄和欺骗公众。从美国政府的一战宣传到巴纳姆的马戏团演出推广，都是这种私利观念指导下的产物。

美国参加第一次世界大战期间，政府利用公共关系说服民众参加军队，加重税赋，并在当时成立"公共报道委员会"，负责全国性的宣传运动，其目的在于统一民意以支持战争。

当时，伯纳斯由于出生在敌国——奥地利，其特殊的身份使他无法参加宣传，经过艰难的自我推销和多方努力，才获得为国效力的机会，于是，伯纳斯利用福特公司、国际播种者公司以及数十家其他美国公司的650个海外分公司这一渠道，把美国参战的信息告知海外；他也在德国战线的后方，制造不满情绪，为了抵抗德国的宣传攻势，他把美国的文字宣传资料以西班牙文和葡萄牙文印刷发行，夹在出口的报纸中，送达整个拉丁美洲。他协助美国赢得了一场原本不受欢迎的宣传战。当时，伯纳斯在他的一本名著《说服工程学》（The Engineering of Consent）中说："公共关系就是为获得群众的了解和信誉而进行的诱导活动。"

简而言之，私利阶段的公共关系理论和实践，是以"劝服操纵"为基本假设的，这种观念把公共关系定义为：为了实现主办单位的利益而去操纵公众的行为，常常为达到目的而不择手段，尤其在一战和二战期间，德国把"宣传"一词变成了不顾大众利益而极尽宣传之能事的"消极、肮脏"的词汇，"公共关系"几乎是"宣传"的同义词。

公共关系的演变过程中，私利观念存在的时间最长，这一时期的大部分实践都是说服和操纵等不对称性宣传，时至今日，仍然有人相信，公共关系就是一种单向的劝说性报道活动。

2. 互利观念阶段

第二次世界大战后，公共关系开始由单向的报道活动，逐渐转向双向的有组织的沟通。在定义中，机构和公众之间开始出现"相互"、"双方"等字眼，韦氏字典把公共关系解释为"一种相互了解与相互信赖的科学与艺术"。1952 年，卡特利普和森特在其《有效公共关系》的第一版中，用非常清晰的语言表达了这种互利观念：公共关系就是向公众传播和解释组织的思想和信息，同时又将公众对这些信息的观点和看法反馈给组织，以努力保持两者处于一种和谐的适应状态。

其实，从现代公共关系发展历史来看，互利观念一直贯穿其中，比如艾维·李告诉洛克菲勒要讲真话，"因为公众迟早都会发现真相的，如果公众不喜欢你的行为，那么最好改变你的政策，以与公众的需求保持一致"。

另外，在《舆论之凝结》一书中，伯纳斯写道："公共关系顾问的职责是两方面的，既要将客户介绍给公众，又要将公众介绍给客户，公共关系顾问在塑造客户行为的同时，也影响了民意。"约翰·希尔（John Hill）认为："公司管理者理解雇员、邻居和其他人的问题和观点与这些群体理解公司的问题和观点一样重要……公共关系顾问的本质功能就是扮演组织倾听者的角色。"①

互利观念的基本假设在于：组织利益与公众利益是一致的，越能够满足公众的利益，越可获得他们的认同，越有利于组织的发展壮大。

公共关系从单向报道演变为双向沟通，是公共关系观念和功能的一次重大突破，组织不仅要顾及自身利益，进行单向说服，同时也要兼顾公众需求，进行双向交流。

3. 公利观念阶段

虽然公共关系观念一直处于变化中，但是，公共关系对于公共利益和社会责任的特别强调，从来就没有停止过，即使在公共关系的初期阶段，那些

① 张在山：《公共关系学》，五南图书出版公司 1995 年版，第 8 页。

公关家们也非常明白公共美德和社会责任的重要性。现代公共关系之父艾维·李使组织相信，好的宣传是来自组织良好的表现和工作态度。同样，爱德华·伯纳斯呼吁“私人企业的公众责任运动”，他认为，组织需要识别所处的社会环境的变化并对此作出反应，这样才能迎合共同需要。1988 年，克鲁克伯格（Kruckeberg）和斯达克（Starck）提出“公共关系就是建立社区感”的观点，更进一步强化了“公共利益”的观念。

公利观念的基本假设在于：一个健康的组织和一个病态的社会是无法相容的，只有组织和相关公众之间的互惠互利是不够的，这种互利的结果可能会带来一些社会矛盾和冲突，从而损害了公共利益，只有组织利益、公众利益和社会利益互相统一协调的时候，才能够真正实现共赢的局面。

公利观念在公共关系实践中的表现，可以从两个方面来看待：

一方面，公共关系是组织的“良心”，对社会的责任比对员工或客户的责任更重要。对社会构成威胁的那些行为，同样会威胁到组织生产和获利。组织必须考虑他们的社会、政治和经济环境，来识别组织公众的需求，评估所设计的产品和服务，以迎合公众的需要，对未来需求可能出现的增长、下降或者变化作出预测。

另一方面，公共关系是公共领域的代言人，必须为“公众开放”、“公共认可”、“公众舆论”、“公共福利”、“公共权利”、“公共生活”等作出贡献。公共关系在社会上的角色，不仅仅是为某个具体的组织服务，而且要为更大范围的社会服务。从公共领域这个角度讲，我们可以把公共关系看作是社会组织进入公共领域的合法通道。公共关系就是私人利益的公开展示，私人领域的公共化，其目的是保证私人利益和公共政策的和谐一致。

根据以上分析，与私利—互利—公利 3 个阶段相对应，我把公共关系的发展阶段分为反动公共关系（假公共关系）、前摄公共关系、交互公共关系和战略公共关系 4 个阶段。

二、公共关系新观念

公共关系是一个新兴学科，在公共关系中，主要通过倡导以下几大观念——关系观念、形象观念、传播观念、双赢观念、长期观念和诚信观念，从而带给我们开明的经营思想和管理观念。

1. 关系观念

我们中国人的关系观念一直有个怪圈现象：一方面对关系深恶痛绝、嗤之以鼻，另一方面，又对关系推崇备至、钟爱有加，但多数人又觉得讲关系太庸俗，不纯洁，这实在是个误区。

人类社会是关系社会，谁也离不开关系，“人是关系的动物”,① 有生命，就有关系，生命就是一直在人我关系中活动的过程，没有关系，就没有生命，不了解关系，我们就会混乱、挣扎、徒劳无功。所以“问题不在于这个世界，在于你与别人的关系，这一层关系发生了问题，问题再经过延伸，就成了这个世界的问题”。

可以说，搞关系是我们日常生活最重要的内容。据研究表明，一个人一天中60%～80%的时间花在与亲人、朋友、同事、领导等的“听、说、读、写”等关系沟通上，所以有人得出结论：“人生的美好是人情的美好；人生的丰富是人际关系的丰富；人生的成功是人际沟通的成功。”国务院副总理吴仪就认为“良好的关系也是生产力”。关系＋信任＝社会资本。

现代社会是一个开放的社会，开放意味着合作，合作需要的是良好的关系，只要是正当关系，就应该大搞关系，会搞关系是你有魅力、有信誉的表现，因此，现代企业必须树立正确的关系观念，一切以公众为中心，一切为了公众，公众需要什么，就提供什么，而不是企业提供什么，公众就购买什么，比如，客户需要方便，我们就提供方便，客户需要效率，我们就提高效率。

当然，这里讲的公众并不仅仅是指客户，它包含与企业有关的一切关系对象，主要有员工、股东、社区、新闻界、政府、消费者、经销商、竞争者等，任何一种关系未妥善处理好，都会给企业带来不必要的麻烦，公关就是要帮助企业协调好所有关系，营造出一种和谐的氛围。

关系观念的一个重要方面就是要善于合作。关于合作的意义和作用，中国有许多谚语，如“众人拾柴火焰高”，“人心齐，泰山移”，“众人同心，其力断金”，“三个臭皮匠，顶个诸葛亮”等，西方也有“合群的喜鹊能擒鹿，齐心的蚂蚁能吃虎”的说法，这些都道出内部团结、齐心合力的重要性及其巨大作用。缺乏合作观念，这是现代企业人必须逾越的巨大障碍。无数事实证明：合作比自私更有利，遵从某种合作规则要比通过欺诈获得少数几次不义之财更有利。

2. 形象观念

公关的形象观念强调：公关是一门塑造形象的艺术，现代社会里，人们追逐名牌，消费名牌，实际上是追逐形象、消费形象，形象在现代社会里是

---

① 克里希那穆提：《论关系》，方智出版社 1995 年版，第 3 页。

非常重要的，对个人来说，一个有好形象的人是讨人喜欢的，一个形象不佳的人是不受欢迎的，一个没有形象的人是容易被人遗忘的。对企业来说，同样如此，现代企业必须时刻牢记形象意识，树立形象观念。

良好的个人形象可以为你带来“明星效应”，良好的组织形象可以为组织带来“品牌效应”，它们具有神奇的马太效应，能够点石成金，撒豆成兵，化腐朽为神奇。名人的出场费高于普通人十倍甚至百倍，这就是一种形象差异和品牌效应。

3. 诚信观念

公关强调的信誉观念是：态度真诚，信息真实，以真诚赢得信誉。真诚是一种可以感天地、泣鬼神的力量，只有真诚才能换来人心，换来信任。真实是一种以事实为导向的传播原则。

4. 传播观念

公关的传播观念强调：不仅要干得好，而且要说得好，只干不说不是公关，只说不干也不是公关，公关是既要干得好，又要说得好，既要当老黄牛，又要当大叫驴，在竞争异常激烈的现代社会中，如果仍然抱着“天生我材必有用”，“好酒不怕巷子深”的老观念，等着无数的“刘备”来三顾，恐怕你是孔明再世也永远只能高卧隆中，再好的酒也只能酸在深巷里，“先有伯乐然后有千里马”虽古已有之，但这种守株待兔的迂腐之举早已褪色为一个古老的梦，如果你认为自己是匹千里马，就应该主动出击去寻找赏识你和你赏识的伯乐，这样你的人生态势才会更积极、更主动，才能谋求更大的发展空间，所以，个人和企业都要善于运用各种传播技巧宣传自己，有意识地提高自己的知名度和美誉度。

5. 长期观念

郑板桥有一句名言：“若有恒，何必三更起，五更睡，最无益，是一日曝，十日寒。”他的意思是说，无论干什么事情，贵在坚持，只要找对路，不怕路遥远，因为脚比路长。

公关强调的长期观念是：任何组织形象的建立都不是一朝一夕，一蹴而就的，而是通过长期努力，积聚而成的，因此，塑造形象的工作需要持之以恒，不能三天打鱼，两天晒网，一旦见到一点成效就“刀枪入库，马放南山”；更不能急功近利、一味追求立竿见影和轰动的效应。

6. 双赢观念

公关的双赢观念强调：现代企业竞争不是一场体育比赛，必须和对手决出胜负，更不是一场战争，非要将自己的胜利建立在别人的失败上，也就是说，现代竞争已不是我赢你输或我输你也输的竞争，而是一场大家都赢的竞争，而且是你先赢我后赢，比如先让顾客满意，顾客才会让你满意；先让员工受益，企业才会受益，这就是双赢，你好我也好，两好合一好，大家都好，公共关系的工作就是要把零和思维转变为双赢思维。

一般情况下，人们的惯常思维是“零和思维”。零和思维认为，整个世界就是一个巨大的“零和游戏场”，游戏中不是你输我赢，就是我输你赢，任何一方的收益都是对方的损失，因为资源是有限的，当一个人想要获得更多资源时，竞争就产生了，有这样一个故事，表明了零和思维的代价：

有一个以酿造葡萄酒而闻名的村庄，在庆祝葡萄丰收的时候，每一个人都要从家中拿一瓶酒，倒入一个大酒缸里，供大家享用，其中有一个人倒了一瓶水，他想，“我倒一瓶水，大家肯定尝不出来”，结果呢，那个大酒缸里装满了水，而没有一滴酒，因为每一个人都这样想。

这种思维就是“零和思维”：人们都想以最小的付出换取最大的收获，个人利益最大化，在葡萄酒这个有限的共用资源中，表现的只能是个人利益的贪婪，由于每一个人都基于零和思维方式，最终的结果就是，让每一个人得到的更少，失去的更多。

双赢思维则认为，零和思维并不是人类社会的生存之道，弱肉强食只是一种简单概括的说法，并不是生存竞争的全貌，更不是惟一的自然法则。零和思维正在被双赢思维所取代，人们认识到，利己并不一定要建立在损人的基础上，通过有效合作，皆大欢喜的局面是可能出现的，“你扒我的口袋，我扒你的口袋”远不如“你挠我的背，我挠你的背”更可取。

双赢是一种相互的妥协，也是一种良性的竞争，它可以帮助我们实现共同利益的最大化，也就是说，它不但可以使我们分到更多的蛋糕，而且可以使我们一起把蛋糕做大。

总之，公共关系的最大贡献，尤其是对我们中国人的最大贡献在于：公共关系带来了一场思维的革命和观念的更新，这一点是至关重要的。

第三节　公共关系定义的演变

长期以来，公共关系学者和从业人员提出了大量的公共关系定义和比喻，诸如“民意法庭的律师”、“公众满意的工程师”、“善意执行者”、“民意建设者”、“操纵者”、“劝服者”、“分类者”、“催化剂”、“翻译者”、“唱反调者”、“倡导者”、“教育者”、“符号的创造和操纵者”、“新闻工程师”、“宣传博士”、“认知经理”、“中间人”、“关系经理”、“品牌经理”、“声誉经理”等，从这些比喻可以看出，学者和从业者们对公共关系的认识是并不是一致的，“公共关系的概念一直都是不清不楚的”，公共关系教科书在公共关系定义和功能方面是互相矛盾的。

为了进一步理清公共关系的概念，以下从“Public Relations”的内涵解读、传播型公共关系定义和关系型公共关系定义 3 个方面来分析。

一、“Public Relations”的内涵解读

首先，让我们来看看“Public”的内涵。

当代思想大师哈贝马斯在其论著《公共领域的结构转型》一书中，从社会和历史两个角度，深入分析了“Public”（Öffentlichkeit）一词在使用过程中出现的许多不同的意思，具体地说，主要有“公众，公共的，公众舆论，公共领域”4 层含义：

从历史上看，从 17 世纪中叶起，在英国开始使用“公共”（Public）一词，但当时，Public 主要是指“世界”或“人类”，同样，法语中的“公共”（Le Public）一词最早也是用来描绘格林字典中所说的“公众”。而“公众”一词是 18 世纪在德国开始出现，并从柏林传播开来，那时候主要是指“阅读世界”或“世界”，也就是今天所说的“全世界”，后来，阿德隆（Adelung）把在公共场所听演讲或看表演的公众和从事阅读的公众区别开来，但无论是哪种公众，都是在“进行批判性倾听”，这种公众范围内的公断，则具有“公共性”。

17 世纪末，法语中的“Publicite”一词被借用到英语里，成了“Publicity”；德国直到 18 世纪才有这个词。批判本身表现为“公众舆论”，而德语的“公众舆论”（Öffentliche Meinung）一词是模仿法语“Opinion Publique”在 18 世纪下半叶造出来的。英语中的“Public Opinion”大概也是在这个时候出现的。不过，在此之前，英语里早就有“General Opinion”这个说法了。

从社会上看，“公共的（Public）”也有很多内涵：举凡对所有公众开放的场合，都称之为“公共的”，比如公共场所或公共建筑代表着一个公共空间；比如名誉，荣誉的公共性，代表着公共认可；国家权力机关代表着公共权力；民意则代表着公众舆论。

哈贝马斯在《公共领域的结构转型》中，对“公共的”、“公共领域”等词的所有意思进行社会历史分析，比如“公众开放”、“公共认可”、“公

众舆论”、“公共福利”、“公共权力”、“公共生活”等，他认为，所谓公共领域是指介于市民社会和国家之间进行调节的一个领域，在这个领域中，有关一般利益问题的批判性的公共讨论能够得到体制化的保障，形成所谓公共意见，以监督国家权力来影响国家的公共政策。

哈贝马斯对“公共领域”的界定体现在以下几个方面：1. 公共领域的基本功能是形成公共意见；2. 公共领域的运行原则是向所有公民开放；3. 公共领域的运行方式是成为公众的人们，在非强制的情况下，就普遍利益问题进行对话；4. 公共领域的保障条件是作为私人的人们可以自由地集合或组合，可以自由地表达和公开他们的意见，而且这种公共讨论受到体制化的保护；5. 公共领域的公众达到较大规模时，有大众媒介作为公众的传播手段。6. 公共领域的作用在于对国家的公共权力的实践进行批评；作为国家与社会之间的调节者，对国家活动实施民主控制；将政治权力转化为“理性的”权力，使统治遵从“理性”标准和“法律”形式。

从公共领域这个角度讲，我们可以把公共关系看作是社会组织进入公共领域的合法通道。公共关系就是私人利益的公开展示，私人领域的公共化。或者说，公共关系是公共领域的代言人，其目的是保证私人利益和公共政策的和谐一致。

综上所述，“Public”一词主要有以下4种含义：

其一，公众性（Public）；其二，公开性（Publicity）；其三，公益性（Public Interest）；其四，公众舆论（Public Opinion）。这4个含义聚合在一起似乎也带有动态的、环境的意味，它表明了一种开放系统的开明观念。

其次，我们再来看看“Relations”的内涵。

大家知道，“Relation”作为单数名词时，意思是“关系、联系”，主要是指一种客观的关系事实、静止的关系状态。作为复数名词时，是指“多种关系，多种联系”。那么，如何把这种关系的“复数状态”确切地表达出来是极为关键的，因为在英语中，一旦名词变成复数形式，其内涵就可能发生很大变化，甚至是质的变化。比如，单数的“cloth”是指“布”，而复数的“clothes”则指“衣服”；单数的“good”是“好处”，复数的“goods”是“货物”。

根据英语的这一词性变化规律，我们发现，复数形式“Relations”在公共关系中已经发生了质的变化，如果能够在定义中揭示出来，就可以直接体现公共关系的本质特征，但是如果用“关系丛”、“关系集合”、“关系群”这些概念来定义公共关系，则显得过于静止和狭隘，不能真实地揭示出处于动态的、变化不居的多种关系经过聚合、组合和整合后的性质状态。

因此，本书提出用“关系生态”这一概念表达“Relations”的内涵，表达“Relationships”的和谐性质，“生态”一词不仅包含有公众环境的意义，而且暗含着各种公众环境要素此消彼长的动态变化，“关系生态说”就是基于此提出的。

二、“传播型”公共关系定义

“传播型”公共关系主要包括米勒的“劝服说”，詹夫金斯的“传播沟通论”，哈罗博士的“管理职能说”，格鲁尼格的“传播管理说”，凯木德（Caywood）的“传播策略说”以及组织理论家达福特（Daft）和余明阳的“组织形象说”。

1. 劝服说

米勒把公共关系定义为“竭尽全力用符号控制某些环境的过程”，“竭尽全力用符号控制评估态度和形象，以及相关公众和客户的过程”。他认为，公共关系就是一种说服性的传播活动，传播和说服即使不是同义词，也是一对解不开的结。传播就是人类试图竭力控制符号环境的一种方式：

从生到死，人们寻求温暖而不是寒冷；丰足而不是匮乏；尊敬、喜欢和爱而不是轻视和仇恨，因此，寻求环境控制是我们生活挂毯的一个至关重要的结构，人类活动就好像呼吸一样自然和普遍。再广泛地说，寻求控制的功能与道德无关，或者说是超道德的，就好像互动和吃饭是超道德的一样，它是人们生活中不可避免的一个方面。

“劝服说”以自我利益为中心的功利主义以及功能化结果作为基本假设，公共关系就是一种达到组织目标的手段，组织无须改变其行为或不需妥协，它所反映的是一种工具理性和不对称世界观。

2. 传播沟通论

英国公关专家弗兰克·詹夫金斯（Frank Jefkins）认为：“公共关系是由为达到与相互理解有关的特定目标而进行的各种有计划的沟通联络所组成的，这种沟通联络处于组织与公众之间，既是向内的，也是向外的。”①

这种观点以公共关系的运作特点来强调，公共关系是一种社会组织与公众之间的一种传播沟通。

---

① 熊源伟：《公共关系学》，安徽人民出版社1990年版，第3页。

3. 传播管理说

格鲁尼格和亨特在《公共关系管理》(1984 年版)一书中提出:“公共关系就是组织和它的公众之间的传播管理。”这个定义以“传播”为中心,以“管理”为原则来界定公共关系,组织、公众、管理、传播是公关的 4 个重要因素。传播管理说一直在 20 世纪的公共关系理论中占据主导地位。

格鲁尼格把公共关系等同于传播管理或组织传播。他认为,传播管理比传播技术的概念更广泛,也比专门的公共关系活动如媒体关系、宣传等更广泛,公共关系和传播管理涵盖了所有与组织内外部公众进行传播的计划、执行、评估。同时,传播管理包括组织内部和外部的传播,它比组织传播更丰富,因为组织传播在很大程度上被用来描述组织内部的个体传播,也就是说,组织传播是描述高级主管、下属、中层管理者以及其他一些雇员之间在组织内部的传播,虽然组织传播也会关注外部传播、内部宣传和组织中群体之间的传播系统,但是它们的主要兴趣是组织个体成员之间的内部传播。而把公共关系等同于组织传播,则表明组织传播可以是内部的,也可以是外部的。所以,传播管理主要包括公众信息管理、公众舆论管理、公众关系管理和公众形象管理等内容。

4. 传播策略说

凯木德(Caywood)以“策略”为中心,重点强调了人们在组织传播时是怎样运用公共关系策略来达到令人满意的组织效果的:公共关系是对一个组织性的、现有的、持续的社会关系的有效整合。通过各种传播途径,对社会管理者包括一般群众进行整合,以创造并维护组织的品牌度和声誉度。

5. 组织形象说

组织理论家达福特(Daft)以“形象”为中心,认为公共关系是通过组织之间的相互联系来控制环境资源的一种手段。“公共关系的开展应该试图在顾客、供应商和政府官员的心中塑造良好的公司形象。”

“组织形象说”的另一个倡导者,是国内著名公共关系专家余明阳教授,他认为:“公共关系是社会组织为了塑造良好的形象,运用传播沟通手段去影响公众的一门科学和艺术。”

6. 管理职能说

美国公关学者雷克斯·哈罗(Rex F. Harlow)博士的公关定义是:

公共关系是一种特殊的管理职能。它有助于建立和维持一个组织与其公众之间的交流、理解、认可与合作;它参与处理各种问题与事件;它帮助管理部门了解民意并对之作出反应;它确定并强调企业为公众利益服务的责任；它作为社会趋势的监视者，帮助企业保持与社会变动同步；它使用有效的传播技能和研究方法作为基本工作。①

这个定义说明，公共关系的性质是“一种特殊的管理职能”，是组织的“早期警报系统”。公共关系的目标是建立和维持组织与公众之间的“互相沟通、理解、接受与合作”，公共关系的功能是“处理各种公众问题”，掌握公众舆论并及时作出反应，适应和预测环境变化；公共关系的主体是组织，客体是公众；公共关系的原则是“合乎道德”，公共关系的手段是调查研究，传播沟通。

三、“关系型”公共关系定义

此类定义主要包括“社会关系说”、“关系管理说”、“关系策略说”、“建立社区感说”和“关系生态说”。

1. 社会关系说

美国普林斯顿大学教授（一说耶鲁大学教授、《舆论学季刊》创始人）哈伍德·L. 蔡尔滋（Hawood L. Child）认为：“公共关系是我们所从事的各种活动、所发生的各种关系的统称，这些活动与关系都是公众性的，并且都有社会意义。”②

他认为，公共关系“不是一种观点的阐述和解释，不是调和人们态度的艺术，也不是诚实和利益关系的开发，而是对我们社会中个体或组织的具有社会意义的行为在公众利益方面的协调和调整”。

这一定义强调，公共关系的本质属性是“公益性、社会性的”；公共关系的行为特征是“双向性”的。

2. 关系管理说

美国著名公共关系学者斯科特·卡特利普和森特在其《有效公共关系》一书中提出：“公共关系是这样一种管理职能，它建立并维护一个组织和决定其成败的各类公众之间的互惠互利关系。”③

关系管理说的其他代表人物主要有，关系管理的倡导者玛丽·佛格森

① 弗雷泽·P. 西泰尔（Fraser P. Seitel）：《实用公共关系学》，天一图书有限公司 1999 年版，第 5 页。

② 熊源伟：《公共关系学》，安徽人民出版社 1990 年版，第 3 页。

③ 斯科特·卡特利普、艾伦·森特，格伦·布鲁姆著，明安香译：《公共关系教程》第 8 版，华夏出版社 2001 年版，第 7 页。

(Mary A. Ferguson)、关系管理的推动者格伦·布鲁姆(Glen M. Broom)、关系管理的响应者格鲁尼格，以及关系管理的主要领导者约翰·莱丁汉姆(John Ledingham)。

3. 关系策略说

美国公共关系学者赫顿则将重点放在“关系策略”上，提出“公共关系是一种策略关系管理学”。他认为，公共关系的情境角色有6种：说服者、拥护者、教育者、改革者、信息提供者、品牌经理。其履行的主要职责是调查、形象塑造、商议、管理、诊断、解释、传播、磋商。公共关系常用的策略性工具主要包括宣传、产品销售、新闻发布、公开演说、人际交流、网站、出版、贸易展销、公司常规活动、公司广告活动等。

4. 建立社区感说

克鲁克伯格和斯达克把公共关系定义为一种“恢复和保持社区感的积极努力”。

5. 关系生态说

作者在其专著《公共关系生态论》一书中提出：“公共关系是组织—公众—环境系统的关系生态管理。具体地说，就是社会组织运用调查研究和对话传播等手段，营造具有公众性、公开性、公益性和公共舆论性的关系生态，以确保组织利益和公共政策的和谐。”①

公共关系包括关系资源网、关系传播流和关系生态位三大范畴，公共关系的目的是通过“织网”、“造流”和“占位”，营造和谐、持久的关系生态，以保证组织利益和公共政策的和谐。

综上所述，传播型公共关系是一种理性主义的策略型公共关系，关系型公共关系是一种理想主义的伦理型公共关系。策略型公共关系的基本特征是以策略为研究取向，以工具理性为基本假设，以非对称为传播模式，以劝服为核心概念，最终达成单赢或双赢之结果。伦理型公共关系的基本特征是以道德为研究取向，以沟通理性为基本假设，以对称式为传播模式，以双向传播为核心概念，最终达成双赢或多赢之结果。

在本书中，作者把公共关系的定义分为广义和狭义两种，广义的公共关系定义是关系取向的“关系生态说”，而狭义的公共关系定义是“公共关系是一门说真话、做善事、塑美形的科学和艺术”。

---

① 陈先红：《公共关系生态论》，华中科技大学出版社2006年版，第142页。

第四节　公共关系理论范式的演变

通过前面对公共关系定义的梳理，我们可以看到，在公共关系学科领域里如何定义和描述公共关系，一直存在分歧：到底是以传播作为发展公共关系理论的研究框架，还是以关系作为研究框架？公共关系理论到底应该以关系为研究起点，还是以传播作为研究起点？选择不同，所建立的公共关系理论范式也不同。

一、公共关系理论范式从传播范式转向关系范式

从历史上看，公共关系理论是以传播为中心发展起来的，因为早期的公共关系人员都是记者出身，公共关系实践也强调媒体关系，因此学者们在回答“公共关系从哪里来，要到哪里去”这类元理论的哲学问题时，是把新闻和大众传播作为这个领域的理论基础和逻辑起点的，比如，格鲁尼格把公共关系等同于组织传播，把公共关系看成是被组织管理的传播，特别是被组织的传播专家管理的传播。这种观点在20世纪的公共关系理论中一直居统治地位，在这种观点的引导下，公共关系理论建构是围绕着传播手段、传播结果来进行的，从而形成了传播管理学派、语艺（修辞）学派和整合营销学派。

20世纪80年代的新媒体时期，是公共关系理论创新的一个分水岭。在此之前，公共关系是“Public Relations”，传统公共关系理论如管理学派、语艺（修辞）学派和整合营销学派都将研究重点放在“Public”上，即对公众的传播策略的制定、传播效果的评估上。在此之后，公共关系变成了“Public Relationships”，人们开始发出这样的追问：“个体从哪里结束，关系从哪里开始？”并且提出：“把关系还给公共关系”，“关系应该成为公共关系理论研究的焦点领域”。公共关系被看成是对组织—公众关系的管理。公共关系的成功在于组织—公众关系的质量，公共关系理论的核心是互惠互利的关系。由于关系管理学派的出现，公共关系研究的重点开始从“传播”转向“关系”，即开始研究如何建立、维持和提高组织—公众关系的质量。

关系观点的倡导者玛丽·佛格森指出，“以关系为研究单位的组织—公众关系为范式的集中提供最多的机会，它将会加速公共关系领域的理论发展”，关系观点的推动者莱丁汉姆指出，关系管理观点是一种“在众多的观点中，能够孕育出一个新的关于公共关系形式和功能的有吸引力的观点之

一”。另一公共关系学者艾林也认为，关系管理观点的出现标志着公共关系开始从对民意的操纵转向关系的建立，这是公共关系根本使命的重大变化。

关系管理理论使得公共关系研究的核心从传播转向关系，由此带来“关系”、“传播”、“管理” 3 个核心概念在公共关系理论体系中地位和功能的变化。

首先，就关系概念而言，第一，关系观点解决了长期以来争论不休的“对称世界观”等元理论问题，它能够为公共关系元理论提供一个合理的、被广泛认可的基本假设，能够成为一种研究范式，为各个层次的公共关系理论研究提供支撑，关系观点能够被运用于各种公共关系研究中，比如议题管理、危机管理、社区关系、媒体关系和政府—市民关系等。第二，关系观点认为，公共关系的主要功能在于管理组织—公众关系，使组织和公众同时获益。也就是说，公共关系的结果不仅有利于所服务的组织，而且有利于组织所服务的公众和所在社区和社会，由此明确了公共关系“第三方立场”的身份，澄清了公共关系在组织结构中的功能。第三，关系观点认为，组织—公众关系的质量是评估公共关系效果的主要指标，由此为衡量和评估公共关系效果提供了一个框架。

其次，就传播概念而言，传播从公共关系的目的变为实现组织—公众关系的一种战略工具。传播在关系管理中充当着形成、培育和维持组织—公众关系的一种工具和手段，在这个框架中，传播的价值取决于它对组织—公众关系质量的贡献大小，也就是说，在现实社会中，公共关系活动的成功与失败取决于组织—公众关系的质量，而不在于制造的或是发布在公共媒体上的消息数量。这使得公共关系的效果测量从传统的注重短期的传播效果，比如测量发布在大众媒体上的信息或故事的传播质量，转向注重长期的关系质量。

最后，从管理概念来看，关系管理理论使得公共关系的管理功能得到进一步明确和扩大。关系视角的出现，使得公共关系快速地走出传统的聚焦信息制造和传达的局限，进入一个以目标为导向的、问题解决为目标的更宽阔的管理功能领域，将管理概念视为关系管理过程的一部分，将公共关系从技术驱动的战术努力提升到战略计划的核心地位，由此使公共关系的管理角色更加名正言顺，并进一步增加了公共关系专家跻身高层管理的机会。

总之，关系范式可以成为公共关系的一般理论，为公共关系研究和实践提供一个纲领性的解释框架，一方面，它为学术研究提供了一个范式，为公共关系教育提供了一个观点，也为从业者提供了一个计算项目成本的工具；

同时使得公共关系经理的工作，如目标设置、战略计划和评估等，更加具有管理性。

二、公共关系理论模型的建构

公共关系理论建构的出发点是建立在生态学的“相互联系与相互依赖”世界观基础上的，对这一世界观的理解有两个方面：一是强调系统的道德价值，正如哲学家埃博提出的“系统的相互依赖与相互联系具有深远的道德意义”。二是强调系统的策略价值。这两种价值代表了两种不同的系统思维方式，它们能够引导公共关系学进入两个不同的方向。究竟哪一个方向更适合公共关系学呢？这是公共关系所面对的具有深远意义的选择，这个选择将会怎样影响公共关系理论的自我理解能力及其未来的命运？

作者曾在其博士论文《基于关系生态管理的公共关系理论研究》中，提出了一个公共关系理论建构模型。如图 1-1 所示：

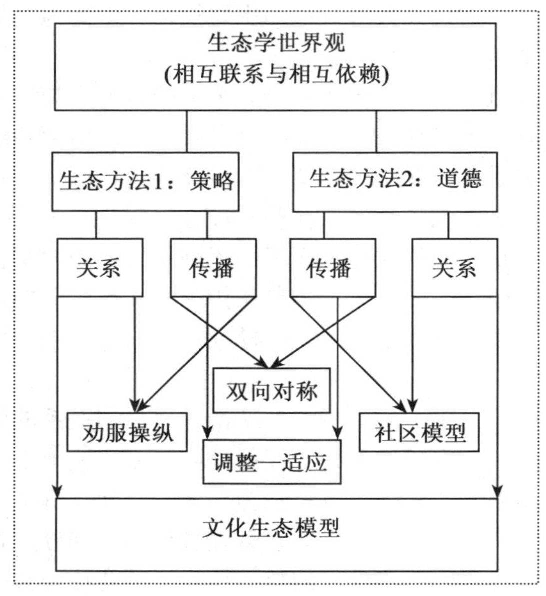

图 1-1　公共关系理论建构模型

在图 1-1 的最高处是处于世界观地位的生态思维，生态思维所提倡的“相互联系与相互依赖”的理念是公共关系理论应遵循的指导原则。在这一世界观指导下，公共关系学者可以采取两种生态方法建构公共关系理论，它们是策略方法和道德方法。

在图 1-1 的最左侧，是纯粹以传播为中心的劝服操纵型公共关系，早期的公共关系实践都在此列，我把它们称为理性主义的策略型公共关系，其特征就是以传播为中心，以劝服为手段，最终达成利己单赢关系状态，关系只是一种被利用的工具，其代表观点为米勒的“劝服说”。

在图 1-1 的最右侧，是纯粹以关系为中心的社区型公共关系，这是一种最新观点，我把它称为社群主义的伦理型公共关系，其特征是以“建立社区感”为己任，通过积极主动承担社区责任，来减少社会冲突，提升社会关系，它强调关系质量和承诺；强调社会认同感，强调核心价值和信仰的重要性；强调权力和责任的平衡，市民的知情权。其代表观点为克鲁克伯格和斯达克的“社区感假设”和罗伊·利普（Roy Leeper）的“社群主义假设”。

在图 1-1 中间的上方，是以传播核心的双向对称公共关系，在双向对称模型中，组织—环境关系主要是一种研究背景，作为传播的外部变量或者干扰变量出现的，在这种情况下，传播既是目的也是手段，既是伦理的也是策略的。格鲁尼格把它称为理想主义的伦理型公共关系，该模型奠定了公共关系的世界观基础。同时也受到广泛争议和攻击，其代表观点是格鲁尼格的“传播管理说”。

在图 1-1 中间的中部，是调整—适应模型，此模型强调了传播与关系的相关性，在组织—环境关系的适应与协调中，传播的协调作用改善了组织对关系变化的适应性。该模型仍然是以传播策略为重点，组织—环境关系为调节变量的。其代表观点是卡特利普、布鲁姆的“关系管理说”。

在图 1-1 中间的底部,或者说整个区域的底部,是文化生态模型。该模型以关系为中心,把原来处于背景地位的组织—环境关系纳入到一个由组织—公众—环境构成的复合关系生态中,从组织的社会文化角色出发,通过对话和研究,达到伦理和谐的关系生态。其代表观点是本人提出的“关系生态说”。

本人认为，无论是策略型公共关系还是伦理型公共关系理论所建构的都属于微观公共关系学的理论范畴。这些理论在公共关系主体的目标达成和目标选择等方面具有一定的解释力和预测力，但是它们在建构公共关系理论体系、体现公共关系整体价值追求和关怀方面则显得力不从心。其主要原因就是宏观公共关系理论的缺位，本人提出的“关系生态管理”就是试图建构一个宏观公共关系理论体系。“关系生态说”紧紧围绕着“公共关系是组织—公众—环境系统的关系生态管理”这一中心观点，力图建立一门以关系为逻辑起点，以和谐理性为基本假设，以组织—公众—环境关系为基本概念，以系统论的道德取向为研究方法，以生态学为元理论基础，以人际传播和社会资本理论为理论依据，以社会文化系统的组织扮演社会好公民为主体定位，以对话和研究为传播手段，以多赢为价值追求，以关系资源网、关系传播流和关系生态位为三大范畴的公共关系理论体系。

第五节　公共关系学的研究对象

一、公共关系学的学科界说

公共关系学是研究公共关系的基本理论、运行机制、运作方法和发展规律的一门学科。从学科性质来讲，公共关系是一门应用社会科学，其研究可以利用10个或更多不同的研究传统，比如生态学、心理学、社会心理学、经济学、管理学、哲学、修辞学、语言学、传播学、文化学、营销学等，这种多学科根基和边界，决定了公共关系是一门综合性、应用性和边缘性的学科，也是一门非常复杂的交叉学科。

由于这种跨学科性质，要决定公共关系的学科归属是很困难的，比如，在美国大学的教育体系中，公共关系长期以来没有作为一种独立的、系统的学科门类而存在，而仅仅附属于传播学、新闻学、工商管理学或者公共政策学的门类之下，这就导致人们觉得它不是一门独立的学科。

不过，公共关系学的学科性日益被学术界所认可，可以说，公共关系学以生态学的世界观和方法论作为元理论基础，既有管理学基本原理的继承，又有传播学研究方法的创新，是一门集生态学、管理学与传播学于一体的交叉学科，以下从这3门学科来探讨一下公共关系的学科基础。

1. 生态学基础

当代公共关系理论和实践模型都是以公共关系在组织—环境关系中的意义和角色为基础的，因而具有生态学的特征。从1952年卡特利普和森特提出的调整—适应模型，到格鲁尼格1984年提出、1992年又修改的公共关系实践的对称模型，都是属于生态观点，由于这些观点在公共关系领域的传统教科书中占有统治地位，因此，生态观点无可争议地成为公共关系理论的基础，最有力的证明就是自1990年以来出版的五本主要的美国公共关系教材①中的基本主张，都是直接镶嵌在组织生态范畴中的。

就世界观而言，生态学认为，一切现象之间有一种基本的“相互联系与相互依赖”关系，从系统观点来看，生存的单位根本不是实体，而是机体与环境的关系，这些关系都不是线形的，而是一个有次序的整体的一部分。人、社会和生态要保持系统的一体化倾向。

就方法论而言，生态学不主张孤立地考察单一的事物，而是把它与其环境中事物种群一起考虑，从整体着眼，了解事物之间的关系，进而对事物作具体分析，换言之，进行分析的基本单位并非个别事物，而是某种程度的集体，例如某种群的集结和存在于一个群落中的各个生物种群。

1985年，卡特利普、森特和布鲁姆正式把生态思想纳入公共关系定义，用以描述组织角色和公共关系的功能意义，这就是公共关系理论模型“调整—适应模型”。他们认为，“生态研究把公共关系看成是组织适应其环境的一个路径”，在一个生态模型中，公共关系的功能是：为了达到组织的目标，组织对环境的调整、改变或者维持。公共关系的过程就是一方面调整组织对环境的适应，另一方面调整环境对组织的适应。

总之，生态学为公共关系提供的“相互联系与相互依赖”的世界观和系统论的研究方法。

2. 管理学基础

大多数公共关系定义都认为公共关系是管理的一部分，这已经在公共关系领域里达成共识，事实上，公共关系既是按照“公共关系是一种特殊的管理职能”来定义的（哈罗博士，1975年），按照“组织和公众之间传播管理”的角色来定义的（格鲁尼格，1984年），按照“声誉管理”来定义的（欧洲公共关系协会），同时，公共关系也是按照“组织—环境之间的关系管理”来定义的（卡特利普、森特，1994年），几乎所有的公共关系理论学派，都无一例外地把公共关系归到管理学的门下。

---

① 这五本教材分别是卡特利普、森特和布鲁姆的《有效公共关系》（Effective Public Relation）、格鲁尼格和亨特的《公共关系管理》（Managing Public Relations）、道·纽森（Doug Newsom）、朱迪·特克（Judy V. Turk）、迪恩·克鲁克伯格（Dean Kruckeberg）的《这就是公关》（This is PR）、弗雷泽·P. 西泰尔（Fraser P. Seitel）的《实用公共关系学》（第7版）（The Practice of Public Relations），以及丹尼斯·威尔柯斯（Dennis L. Wilcox）、菲利普·奥尔特（Phillip H. Ault）和华伦·艾格（Warren K. Agee）的《公共关系战略与战术》（Public Relations：strategics and tactics）。

但奇怪的是，公共关系中管理的这种“特殊性”并没有得到研究者的充分重视，人们并没有把管理学理论和公共关系理论联系起来。与此同时，管理学本身也没有充分认可公共关系的这种管理属性，管理者更多地认为，公共关系主要是一种战术传播功能，主要与信息收集技术和外部表现有关。因此，公共关系从业者的传播技术人员角色常常被扩大，而管理者角色却被忽视，很少有公共关系管理者进入组织的权力中心，对组织战略的形成提供建议。

本书认为，如果要提升公共关系的学科地位，就必须在管理框架内来研究公共关系，将公共关系学建立在管理学的母体基础上，建立公共关系学和管理学的理论联系和实践联系，只有这样，才能够很好地揭示公共关系学科的真正价值。当然，这并不是说，其他领域不会有助于对公共关系的理解，在这里只是想特别强调，只有通过管理学的视角，才能够更加清晰地认识公共关系现象及其在现代社会中的位置，更加有助于解释公共关系管理对于组织整体管理所作出的贡献。

公共关系和管理学的关系表现在以下几个方面：

首先，公共关系是一种管理哲学，它强调了管理的社会要素和政治要素，从而推动了管理者对社会责任的重视。

其次，公共关系是一种战略管理，它通过“边界扫描者”的角色，来培养组织的核心竞争力，发展组织的竞争优势战略。

再次，公共关系是一种策略管理，它通过传播策略、关系策略和文化策略等，实现组织的危机管理、议题管理、声誉管理和品牌管理。

3. 传播学基础

现代公共关系与传播学有着天然的血缘联系，具体地说，公共关系是起源于大众传播，定位于组织传播，正在转向人际传播，最终将归属于关系传播的一门传播哲学和应用传播学。

大众传播的基本原理是把公共关系学科视野限制在信息设计、信息传递、尽可能地宣传和促销，以及尽可能地告知、说服甚至操纵上。概括地说，大众传播范式的公共关系研究主要有以下3个特点：第一，以“说服和操纵”为目标，强调单向控制；第二，以“策略和效果研究”为重点，强调“如何说”；第三，以“不对称”为基本世界观，强调私利性。

大众传播为公共关系贡献了许多实用的概念、模型和理论，主要理论有：施拉姆的反馈理论、宣传分析理论、说服矩阵理论、海德的平衡理论、纽科姆的对称理论、奥斯古德的调和理论、议程设置理论、冲突理论、信息处理理论和哈贝马斯的交往理论等。

从组织传播视角去观照，公共关系研究呈现出以下特点：第一，以“理解与认同”为目标，强调双向传播；第二，以“内容和功能研究”为重点，强调“说什么”；第三，以“对称性”为基本世界观，强调互益性。

许多学者以“公共关系作为组织传播”为前提，探讨了传播学和社会科学理论对公共关系理论的建构，比如，美国爱荷华州立大学玛西亚·普赖尔（Marcia Prior）教授认为，符号互动理论、交换理论、冲突理论、结构功能理论为建构新的公共关系理论提供了一些有价值的假设和命题，而美国科罗拉多大学詹姆斯·K. 万纽文（James K. Vanleuven）教授认为，劝服—学习效果理论、社会学习理论、低介入理论、认知一致性理论、价值改变理论这5种公认的理论模式提供了理解公共关系活动效果的概念体系。可以说，这些理论及其运用构成了组织传播视角下的公共关系知识体系。

从人际传播视角去观照，公共关系研究呈现出以下特点：第一，以“组织—公众关系”为核心概念，强调“对谁说”，强调共主体性；第二，以“关系质量”为重点，强调关系结果；第三，以“对话性”为基本世界观，强调对话式的传播体系。

从人际传播模型和理论来看，传送模型、反馈模型、变量模型和互动模型、关系发展四阶段模型、互动阶梯模型、稳定—变化模型、双向性模型、间接感知模型、传播行为多维模型等，都为理解、发展、保持、增长以及培育组织—公众关系提供了深入系统的理性思辨，为关系管理者提供了一套对话体式的传播体系。

二、公共关系学的研究对象

综观当今国内外的公共关系教材，其内容就像一个“社会科学的大百科全书”，几乎无所不包，从伦理到法律，从政治到环保，从历史到文化，从媒体到广告，从品牌到礼仪，从策划到演讲等，说得学术一点，就是“泛传播”、“大文科”的概念，说得通俗一点，就是“大杂烩”、“大拼盘”。这些问题说明，公共关系学的研究对象未能体现其独特的学科特征，公共关系学研究对象存在以下误区：

1. 模糊性。笼而统之地将公众作为自己的研究对象，实际上与社会学发生了较大程度的重合，其结果是丧失了自己独特的研究对象而难以获得独立存在和发展的合理依据。

2. 片面性。将公共关系研究范围中的某一方面或几个方面作为自己的研究对象，比如前面提到的国际上对“关系管理”的研究主要集中在组织—公众关系(OPRS)的研究上,缺乏或者忽视对组织—环境关系(OERS)的研究,这导致了公共关系学研究对象的缺失,既无法囊括公共关系理论与实践已有的发展成就,又难以体现其更高层面,如战略咨询者的发展潜力。

3. 单一性。孤立地从主体层面、客体层面或者目的层面揭示公共关系学的研究对象。比如，传统公共关系理论仅仅是把“公众”作为其研究对象，而没有把“关系”列入其中，也就是没有把“组织—公众—环境关系”作为一个整体进行研究。

事实上，科学研究的发展与学科间的互相渗透，正在日益填补纯客体意义上的学科研究对象的鸿沟，例如信息、网络曾是通讯工程的研究对象，而今天正在被传播学、新闻学、经济学等学科蚕食，这使得我们从纯客体的角度把公共关系学的研究对象与其他学科的研究对象截然分开已不可能，同时，完全从目的论角度来确定公共关系学的研究对象也是不可取的。

从生态学的观点来看，组织所面临的所有客体都是环境，一个组织的生态系统包括生命系统和非生命系统，公众属于生命系统，环境属于非生命系统。传统公共关系理论只是研究组织与生命系统如顾客、竞争者、消费者等的公众关系，忽视与非生命系统如政治、经济、科技和文化等的环境关系研究，它们只是作为一种背景出现，这样使得公共关系理论仅限于一种战术层面的微观研究，而无法涵盖宏观层面的战略研究。

所以，本人认为，将组织—公众关系和组织—环境关系进行区分并加以整合，既有利于概念体系的正确和完整，也能够从主、客体两个层面上统一而全面地把握公共关系学的研究对象。

作者用“组织—公众—环境系统”来涵盖所有的公共关系研究对象，公共关系的研究对象包括两大子系统：

生命系统的 OPRS 和非生命系统的 OERS，即组织—公众系统（Organization—Public System，简称 OPRS）和组织—环境系统（Organization—Environment System，简称 OERS）。其中：OPRS 主要包括组织—员工关系、组织—持股者关系、组织—消费者关系、组织—社区关系、组织—媒体关系、组织—政府关系、组织—竞争者关系、组织—金融关系等。OERS 主要指组织与政治、经济、文化和科技之间的关系。

三、公共关系学的理论体系

一般来说，理论体系包括该学说或理论的主要内容和内部逻辑结构两个方面。

作为理论体系的主要内容，其特点是从总体或根本上揭示事物发展的客观规律，即该理论系统正确地回答了它所研究领域的一系列基本问题，提出了科学地观察、分析、解决一系列基本问题的立场、观点和方法。

作为理论体系的内部逻辑结构，其特点是内在的统一性、完整性和不可分割性，即构成该理论体系的基本理论、观点，使彼此互相联系的有机统一整体，它们既是理论体系的一个组成部分，在整个理论体系中有自己特定的位置并发挥着不同的作用，同时又独立成章，自成系统。按照这个要求，本书提出了一个公共关系理论建构模型和主要内容，以供参考。

1. 公共关系学的三大范畴

在上一节中，本书提出了一个公共关系理论建构的一般模型，它包含了“传播”和“关系”两个研究起点。在本节中，仅以“关系”为研究起点，建立一个公共关系三大范畴模型。如图 1-2 所示：

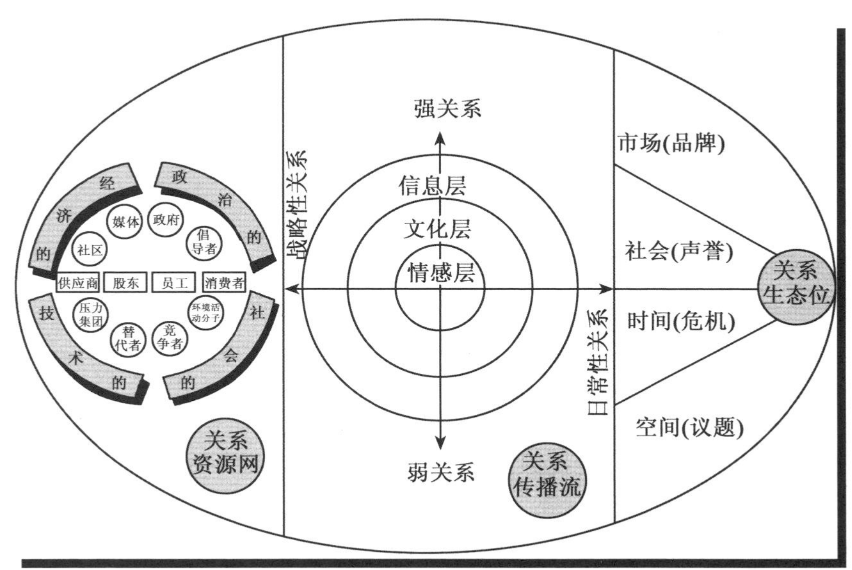

图 1-2 公共关系三大范畴模型

该模型在关系管理理论的框架下，提出“关系资源网、关系传播流和关系生态位”作为公共关系的三大范畴，公共关系的主要任务就是“织网”，“造流”和“占位”。

关系资源网就是由组织—公众—环境系统所构成的具有资源配置功能的关系网络，它反映了公共关系的对象要素和关系结构在这一范畴，公共关系主要研究如何有效地建立与管理关系网络，让各种资源畅其所流，流于其必需之处，止于其当止之地。

关系传播流是指由战略性传播和日常性传播构成的目的维度、由强关系和弱关系构成的性质维度、由信息层、文化层和情感层构成的内容维度所组成的三维传播统一体。

关系生态位是指关系主体在时间和空间上的相对位置及其机能，比如组织声誉、品牌地位、危机管理、议题管理、社会资本等。从生态位的性质角度来看，声誉可以代表组织的社会生态位，品牌代表市场生态位，从生态位的时空角度看，危机代表时间生态位，议题则代表空间生态位，四者之间并没有严格的界线，它们是互相渗透、动态转化的。

2. 公共关系学的主要内容

公共关系学的主要内容，可以从纵向、横向和斜向 3 种向度进行划分：

（1）纵向研究：公关研究的历史扫描

感性认识：无意识的公关活动

理性启蒙：有意识的公关活动

理论形成：公关思想的形成

科学创建：公关学的产生和发展

学科群研究：公关学的全面广义化。构建公关学科群，可以从以下 4 个层面展开：其一，元公关层面；其二，分支公关之间关系层面；其三，各分支公关内部；其四，亚分支公关层面。

（2）横向研究：公关研究的平面划分

哲学层次的公关研究（元公关问题研究）：公关本体论（公关概念、公关本质、公关分类）、公关认识论、公关方法论、公关价值论等哲学领域。

横断科学层次的公关研究（一般公关理论）：公关的基本特征、公关的主要功能、公关三要素、公关的内容构成、公关过程研究、公关工具研究、公关策略研究等。

分支公关研究：公关心理学、公关语言学、公关历史学、公关伦理学、公关文化学、公关传播学、公关策划学、公关思维学、公关美学、公共关系管理学等。

（3）斜向研究：公关研究的深度推进

亚分支公关研究（应用层次的公关研究）：企业公关、政府公关、高校公关、财金公关、体育公关、军事公关、酒店公关、服务业公关、非营利性组织公关等。

比较公关研究（外延的层次划分）：公关与广告比较研究、公关与行销比较研究、跨文化公关研究。

分层公关研究：宏观公关研究（战略型公关研究，环境层次）、中观公关研究（战术型公关研究、管理层次）、微观公关研究（战斗型公关研究、活动层次）。

专题公关研究：公关与社会变迁的动态研究、公关与环境变化、危机公关研究、主题公关研究、议题公关研究、公共事务研究。

全息公关研究：公关产业研究、公关行业研究、公关职业研究、公关专业研究、公关教育研究。

以上这些内容基本上包括了历史篇、结构篇、活动篇和方法篇 4 大部分，它们既是公共关系学科的重要组成部分，同时又是有着自己特定的研究对象的一门独立的学科，并且它们在内部逻辑结构上都是互相关联的，元公关理论是公共关系学科的哲学基础，它为整个公关研究提供了本体论、方法论，是全部学说的基础理论。分支公关研究和亚分支公关研究都是以元公关理论为指导所进行的应用性研究，而斜向公关研究则是公关研究的进一步深化和分化。

案例讨论：黑公关？白公关？

1974 年 8 月 8 日，尼克松总统充满耻辱地辞职。由于安置窃听器和偷拍文件等非法活动，使他的政府灰头土脸。这件事情是在华盛顿的水门大厦民主党全国总部里发生的。

尼克松和他的顾问们一直不肯承认，并在电视上否认他们在水门大厦里所做的一切。

他对外界的指责，开始时态度非常强硬，使人难以置信。

——他下令把新闻界讲他坏话的人，全部列入“黑名单”。

——他把政府指派追查水门事件的检查官柯克斯免职。

——违抗他的命令的司法部长和副手也被免职。

——尼克松历来与媒体关系不佳，当时更加坏到不可挽救的地步。

在一次记者招待会上，他答复哥伦比亚的记者的提问时说：“我不是一个骗子。”最后全国民众在电视上惊讶地看到，尼克松的手下在国会听证会上，承认了潜入的行为和以后企图掩盖真相的举动。

尼克松的辞职是史无前例的，许多人把他的下台归咎于一件事——就是过分重视公共关系，太在意以所谓的公共关系手段，掩盖事实真相。

你是如何看待“水门事件”的？真的是公共关系的过错吗？为什么？

思考练习

1. 试比较美国、德国、日本、韩国和中国在“公共关系”一词上的使用差异。

2. 公共关系观念经历了哪几个发展阶段？

3. 公共关系倡导哪些新观念？

4. 公共关系的定义有很多种，从第一章所列的诸多定义中，选出你认为最满意的一个，并说明理由。

5. 如何看待公共关系理论从传播范式转向关系范式？

6. 你如何看待公共关系的三大范畴——“织网”、“造流”和“占位”？

第二章　公共关系的历史演变

本章概要

- 公共关系起源于19世纪30年代的美国，由于便士报的兴起，以马戏团老板巴纳姆为代表，信奉“公众要被愚弄”的主张，激起了新闻界的“清垃圾运动”，由此成为现代公共关系的导火索。
- 艾维·李是现代公共关系职业的创始人，他提出“公众要被告知”的宣传主张，他提出“原则宣言”、“说真话”、“公共关系动力来自最高层”等思想，被称为“现代公共关系之父”。
- 爱德华·伯纳斯是现代公共关系学之父，是第一个理论家兼实践家。另外，卡特利普和格鲁尼格都对当代公共关系的发展作出了杰出贡献。
- 自1986年起，中国公共关系经历了4个发展阶段：70年代末至80年代初为酝酿期（即导入期）；80年代中期至90年代初为徘徊成长期（即普及期）；90年代为专业发展期（即实践期）；2000年以后为快速增长期。公关市场基本形成，行业规范尚待建立，发展前景十分光明。

核心概念

巴纳姆　清垃圾运动　艾维·李　爱德华·伯纳斯　卡特利普　格鲁尼格

公共关系学是一门新兴的学科，公共关系却是一项古老的活动。可以说，公共关系活动的历史和人类的沟通史一样古老，例如，巴比伦、古希腊、古罗马和中国历朝历代，统治阶层说服老百姓接受政府和宗教的权威，所使用的沟通技巧如演讲、事件、宣传、文学等，都是具有公共关系性质的活动。

从国外来看，人类有史以来最著名的公共关系事件，就是11世纪英国贵妇哥黛裸体骑马通过科文奇镇大街，因而成功地说服其丈夫减税。还有，西班牙探险家散播有关7个从未被人发现的黄金城市以及“青春之泉”的传说，以吸引其他人前往所谓的新世界。最早探讨“公共关系理论”的专著，是古希腊著名哲学家亚里士多德的《修辞学》，该书大量论述了如何运用语言来影响听众的思想与行为。最早论述“公共关系实务”的书籍是古罗马大帝恺撒撰写的《高卢战记》，该书是一本专门记载其丰功伟绩的纪实性著作，被西方公共关系学者称为“第一流”的公共关系著作。

从国内来看，“公共关系”思想可以追溯到有文字记载的远古时代，从盘庚迁都的三次演说，到大禹治水的“三过家门而不入”，从《左传》中的“子产不毁乡校”，到苏秦、张仪的“合纵连横”，从诸葛亮“七擒七纵孟获”，到张骞出使西域、郑和七下西洋，都是具有公共关系性质的传播活动。

严格地说，这些公共关系思想和活动，只是“准公共关系”或者叫“前公共关系”，真正意义上的公共关系历史，是指现代公共关系历史，这就好像我们计算人的年龄，是从出生之日算起，而不是从十月怀胎之日算起一样。所以，本章主要是对现代公共关系历史的回顾和展望。

第一节　公共关系问题的提出

现代公共关系起源于美国，在19世纪初的艾维·李时期，公共关系成为了一门职业；在19世纪30年代的爱德华·伯纳斯（Edward Bernays）时期，公共关系成为一门新兴的科学。由于现代公共关系的历史非常短暂，但发展非常迅速，很难以年代为界进行划分，因此，我们以不同年代的杰出公共关系人物为线索，探讨公共关系的兴起和发展。这些人物都是一些有趣且极富创意的知名人士：巴纳姆（Phineas T. Barnum）、范德比尔特、艾维·李（Ivy Ledbetter Lee，又名李贝特）、爱德华·伯纳斯（Edward Bernays）、亨利·福特（Henry Ford）等，这些人在过去的100多年里，共同促进了公共关系的发展。

从现代公共关系形成的历史来看，它与传播有着天然的渊源关系，早期的公共关系就是从大众传播中分化出来的，公共关系本身是现代社会传播高度发达的产物。

一、便士报和巴纳姆

19世纪30年代，美国出现一种廉价的报纸，它以广大市民为读者对象，只要1便士就可以买到一份，又称“便士报”，像当时的《纽约太阳报》、《纽约先驱报》和《纽约时报》等都属于便士报。由于便士报价格低廉，内容新奇刺激，很快便风行一时并拥有大批读者。“在大街小巷，旅馆饭店，商店银行……到处可以看到报纸，几乎每一个看门人和马车夫手里都有一份报纸”。由此可见当时的空前盛况。

报纸发行量的迅速增长，引起了工商界的注意，它们开始雇请专门人员来撰写文章，宣传企业及其产品，为了使自己成为舆论注意的中心，不惜歪曲捏造事实，编造一些神秘离奇的故事吸引读者，而报刊为了迎合下层读者的阅读心理，增加内容的娱乐性、刺激性，也乐于发表这类新闻，这样，你情我愿的结果就兴起了一场声势浩大的报刊宣传活动。

这场报刊宣传活动由《纽约太阳报》倡导，奉行“凡宣传皆好事”的信条，不管别人爱也好，恨也好，只要能出名就是好事。这与我国秦桧的人生信条“大丈夫不能流芳百世，亦当遗臭万年”颇相吻合。《纽约太阳报》的编辑主任傅加特提出了“狗咬人不是新闻，人咬狗才是新闻”的新闻主张，在这一思想的指导下，有谁还会考虑社会大众的利益呢？为了达到自己的宣传目的，新闻代理人争相愚弄和欺骗公众。

在20世纪初期，一些非常感人的能够吸引免费宣传的噱头非常盛行，听从宣传家的建议，一个马戏团可能会说一些最危险的动物逃跑了，或者一个女演员会说她的珠宝被盗窃了或宣布与另外一个客户私奔了、消失了，等等。噱头时代的代表人物是3个早期的公关人员：哈里·瑞切巴奇（Harry L. Reichenbach）和詹姆士·摩伦（James S. Moran）和菲尼斯·巴纳姆（P. T. Barnum）。

哈里·瑞切巴奇是一家电影公司的公关人员，他通过编写一些实用的无伤大雅的笑话而获得免费的宣传。他说“当我们使它们就像亲眼看到的那样，具有真正的新闻价值的时候，人们无法不报道它们”。他说，他从来不做坏事，也从来不伤害任何人。

他的同事詹姆士·摩伦也是一个很有名的爱开玩笑的人，被称为“在宣传界最后一个高明的行骗艺术家”。他也做过一段时间的记者，后来从事他的新职业——公共关系达40年之久，从1937年一直到1985年才退休。他发明了许多滑稽的噱头来获得免费宣传，比如，为了帮助一个奶制品的宣传，他把一头母牛染成紫色，让它见诸报端；为了推销冰箱，他到阿拉斯加旅行以证明他能够把冰箱卖给爱斯基摩人；为了推广电影《The Egg and I》，他坐在一个鸵鸟蛋上直到小鸵鸟被孵化出来（这个技艺表演一共花了19天4小时32分）。

菲尼斯·巴纳姆是三人中最具代表性的人物，被称为“宣传之父”和“世界上最伟大的表演家”，1810年，他出生于美国康涅狄格州，是一个滴酒不沾、十分顾家、热衷慈善事业，很有创意、精力充沛的人，他以前是一个报纸编辑，非常了解新闻出版以及如何通过报纸中的广告来获得编辑的好感，后来，他成为马戏团的老板，他所经营的“巴纳姆与百利马戏团”是19世纪美国最受欢迎的马戏团，这个马戏团共有3个场子，两个表演台，800名员工，号称“全球最大的马戏团”。尼尔·哈里斯（Neil Harris）在他所著的《诈骗：巴纳姆的成功之道》一书中，形容这个马戏团是巴纳姆的“成名纪念碑”，使巴纳姆得以名留历史。

作为一个表演家，巴纳姆让那些令人发笑的新发现、新故事充满报纸的版面，他强调消息内容要不同寻常，他编造谎言，制造一些伪造的逮捕案，制造一些桃色诉讼。为了使他的故事更加真实可信，巴纳姆经常隐瞒消息来源。例如，他说，江豹是迄今为止人们所发现的世界上最大的大象，它曾经救了一个被孟加拉虎攻击的小女孩。在一次国际性的巡回演出期间，他为了宣传这些卖点，让一些有残疾的小孩免费骑大象，当然这些小孩都是当地编辑的孩子，成千上万的人把门票抢购一空，他在6个星期就赚了30万美金。

巴纳姆发明了许多的标新立异、哗众取宠的宣传方法。其中，最为人津津乐道的宣传手法之一，就是自己撰写引人注目的新闻稿，而且在标题处理上下功夫。他给马戏团里每一个成员都起了短而易记的绰号，然后将这些绰号写在新闻标题中进行宣传，他又推出各种标新立异的活动，如让最瘦的男人与最肥的女人举行婚礼等活动，吸引传播界及大众注意，获取免费宣传效果。他策划了一系列让美国人刺激难忘的宣传活动：

●他曾经成功地制造了一个海斯的“神话”，引起整个美洲的轰动，他收买了好几家报刊，同时刊登一则“新闻”说：他发现一位160岁高龄的黑人女奴，名叫海斯，100年前养育过美国第一位总统乔治·华盛顿。此消息一发表就引起很大反响，为了取得更大的轰动效应，巴纳姆又以不同的笔名向报纸寄去所谓的“读者来信”，人为地掀起一场讨论。爱好新奇的美国人纷纷赶来一睹海斯老太的风采，巴纳姆为此大发横财，每周可获得 1 500 美元的门票收入。海斯老太死后，经过解剖发现事实上她只有 80 多岁而非宣传的 160 岁，骗局揭穿后，巴纳姆却装模作样地说："我对此深感震惊。"

●巴纳姆塑造的侏儒"拇指仙童"，是 19 世纪最轰动的一件大事，"拇指仙童"史特拉顿只有 5 岁，身高只有二尺一寸，体重 15 磅，巴纳姆把他称作"拇指仙童"，后来又封他为拇指将军，并且安排他和另一位女侏儒结婚，并轰轰烈烈地宣传了一番。接着，巴纳姆又带着他前往欧洲作巡回表演。但是，欧洲人已经看过太多的侏儒表演——早在中古时代，欧洲各国王室就已经拿侏儒做娱乐。所以，巴纳姆为了引起欧洲人的注意和兴趣，放弃了由迷你马拉着迷你马车，让拇指仙童乘坐游览的原有计划，而是邀请伦敦的社会名流到他的乡间别墅做客，介绍他们认识个子虽小，但聪明有趣的"拇指仙童"，以此影响欧洲的舆论领袖，此举使得"拇指仙童"声名大噪，最后应邀到英国王宫作表演，从此以后，"拇指仙童"的表演，每晚客满，这就是巴纳姆发明的迂回宣传法。

●"瑞典夜莺"珍妮。林德是欧洲最著名的女高音之一，但是在美国一直默默无闻，为此，巴纳姆开展了一场规模空前的新闻宣传活动，向美国大众展示她美妙的歌喉。巴纳姆还宣布把林德小姐在各地区演唱会的首夜收入的部分所得捐给慈善机构，因而造成首场之夜必定爆满。也因为这项活动带有慈善性质，所以引起许多城镇舆论领袖的注意，使得以后的每一场演出也场场爆满。巴纳姆成功地向美国大众灌输了这样一种观念：凡是来自欧洲的，文化水平必定比较高。今天的美国人仍然保持着这种看法。

巴纳姆之所以能够成功，有一大部分应该归功于托迪·汉密尔顿（Richard F. Tody Hamilton）所领导的一大群新闻代理人。著名的马戏团小丑"修梧大叔"形容汉密尔顿是语言的魔术师，他所使用的每一个单词都是多音节的，"即使是哈佛教授也听不懂"。

巴纳姆在 1891 年去世，当时几乎举世哀悼，伦敦《泰晤士报》甚至为他发表了一篇颂词："他的去世使我们损失了一个经典人物，而他的名字早已经成为欢乐的代名词，并将一直维持下去，直到人类再也无法从游艺活动经理人的宣传喜剧中得到乐趣——而这是善意欺骗与乐于被骗的无害喜剧。"

尽管巴纳姆的宣传宗旨与今天的公共关系宗旨大相径庭，但是他的标新立异的噱头与手段却极大地推动了近代公共关系的发展，尽管这段历史很不光彩，但人们还是承认巴纳姆为近代公共关系的鼻祖。

二、垄断经济和范德比尔特

19 世纪末 20 世纪初，美国经济开始由自由竞争走向垄断集中，像铁路、石油、钢铁、金融等行业都出现了一些垄断寡头。比如，铁路大王范德比尔特、石油大王洛克菲勒、钢铁大王卡内基、金融大王摩根等，这些大亨们以“尽量谋利”为目的，根本无视公众的利益，人们称他们为“强盗男爵”，这些人中又以范德比尔特为代表。

据说有一次，一位记者去采访铁路大王范德比尔特，问他为何要取消纽约—芝加哥的一班火车。范德比尔特说：“让公众见鬼去吧。”由此可见他对舆论与民意的轻视。

由于以范德比尔特为首的财阀的暴利主义和对民意的漠视，使美国企业界出现了普遍的信任危机，一般公众对于大公司的惟利是图、剥削大众的政策非常痛恨，成为企业发展的阻力。

与此同时，他们视员工为“机器人”、“经济人”，认为只要用金钱做动力，就可以使员工像机器一样昼夜运转，根本无视员工的心理需要和情感需要，导致劳资关系不断激化，工人罢工运动此起彼伏。

三、揭丑运动与麦克卢尔

由于便士报中虚假新闻、黄色新闻的泛滥成灾，垄断寡头的倒行逆施，激起了社会大众的极大愤慨，一批有正义感的、受过正规教育的新闻记者，纷纷撰文揭露不法资本家的丑恶行径，终于酿成了美国现代新闻史上著名的“揭丑运动”，又称扒粪运动。

“扒粪”一词出自美国第 26 届总统西奥多·罗斯福之口。当时的美国政府也成为揭丑的对象，作为国家领导人的罗斯福觉得有点过火，于是在一次演讲中，借用英国作家约翰·班扬的《天路历程》中那句“手拿粪耙的人”，把这些揭丑的记者称为“扒粪者”，“扒粪”一词由此而来。

正义而勇敢的记者们并没有被指责吓倒，反而自豪地称自己为“清垃圾者”。雷金厄说：“搜集丑闻……是美国工业发展的副产品——不合法与不道德的必然结果。”据统计，1903～1912 年的 10 年间，美国共发表了 2 000 多篇揭露丑闻和阴暗面的文章和漫画，历史上称这一运动为“揭丑运动”或“清垃圾运动”。

揭丑运动的全盛时期是在 20 世纪初，以专门揭丑的《麦克卢尔》杂志为代表。麦克卢尔以自己的姓名创办了《麦克卢尔》杂志，把矛头直接指向企业界和政府的腐败行为。该杂志发表了大量真实可信的揭露文章。

在揭丑运动刚开始时，工商寡头们对此并不以为然，认为几个小泥鳅掀不起什么大风浪。然而随着揭丑声势愈来愈大，他们开始感到惶恐和不安，起先他们采取强硬手段来对付记者，比如，诬告记者或雇佣流氓殴打记者，企图以此来平息“揭丑运动”。然而无济于事，他们又采取收买、贿赂方法，仍然无效。最后他们终于认识到不能忽视社会公众和社会舆论的重要性，开始考虑如何与新闻界和社会公众打交道；如何在报纸上为自己树立良好的形象和信誉，巴纳姆时代从此宣告结束。

四、杜邦公司和新闻代理人

杜邦公司是一家生产炸药的化学公司，由于当时炸药生产属于新兴工业，生产工艺和技术还不太先进，公司难免会发生一些爆炸事故，这自然引起了公众尤其是记者的关注。记者多次上门采访，想了解爆炸的原因和炸药生产流程等情况，而杜邦公司却一律封锁消息，拒不接受采访，但是爆炸的消息却总是不胫而走，在社会上传播开来，久而久之，杜邦公司在人们心目中留下了个“杜邦——杀人”的可怕印象，再加上受到“揭丑运动”的冲击，杜邦公司的业务扩展受到极大影响。

杜邦为此非常苦恼，专门请教一位报界朋友，这位朋友告诉他：与其闭关锁国，不如门户开放，只有把真相公之于众，才能使谣言自生自灭，而最有效的方法，就是借助新闻记者。杜邦采纳了朋友的建议，请他担任公司新闻局局长之职，此后，公司在宣传方面改弦更张，不仅在发生事故后积极向新闻界告之、解释，而且在平时也注意开展各种宣传活动。比如重金聘请专家、学者在公众场所演讲，广泛宣传公司的口号“化学工业使你的生活更美好”。另外，又积极赞助社会公益事业，组织员工在街头义务服务等，通过一系列宣传活动，消除了人们的误解，改变了人们心目中“杜邦——杀人”的可怕形象。

杜邦公司的成功，向那些被扒粪运动搞得狼狈不堪的企业展示了一条走出困境、重塑良好形象的有效途径——提高透明度。于是企业家们开始纷纷效法杜邦公司，走出封闭的“象牙塔”，建造向社会和公众敞开的“玻璃屋”。他们开始取悦新闻界，取悦社会大众，开始聘请懂行的人专门从事改善与新闻媒介的关系的工作，这些人被称为“新闻代理人”。他们可以被看成是现代公共关系人员的前身。他们为企业作新闻宣传，在新闻媒介之间进行游说，经常与报界联系，主动邀请记者到企业参观访问，或为公司的政策进行解释、辩护等。

而此时惶惶不可终日的政府官员、社会名流影星们，因担心自己成为“揭丑”的对象，也纷纷开始聘请新闻代理人，为他们处理越来越多的与新闻界联系的事务，例如接受记者采访、提问等。

1900年，美国第一家新闻宣传机构在波士顿市成立，当时称之为“新闻宣传局”。不久一些从事过报纸工作的记者、新闻代理人、新闻广告员等创办起好几家类似的机构。

不过，早期的一些新闻代理活动并没有摆脱“为宣传而宣传”或“粉饰太平”的传统观念，一味夸大其词，混淆视听；并没有真正获得新闻界和社会大众的认同和支持。这种状况一直维持到现代专业公共关系的真正祖师——艾维·李的出现，才有所突破。

第二节　公共关系的兴起和发展

一、艾维·李与公共关系的职业化

艾维·李是现代公共关系的创始人，研究现代公共关系，必须要研究艾维·李的公关思想和公关实践。

1. 艾维·李生平简介

艾维·李（1877～1934年）出生于美国佐治亚州的一个牧师家庭，早年就读于普林斯顿大学和哈佛大学，大学毕业后，受雇于《纽约日报》，后在《纽约时报》和《纽约世界报》当记者，撰写经济文章，在企业界颇有影响。在几年的记者生涯中，他深切地感受到企业界、新闻界和社会大众之间的关系不协调，不仅严重影响了新闻报导的真实性，误导了社会大众，而且阻碍了企业的发展。因此，在1903年（又一说1904年）艾维·李辞去记者工作，与当时一位声名显赫、记者出身的政治宣传家乔治·派克一起，在纽约创立的一家“宣传顾问事务所”——派克和李公司，其宗旨是进行新闻代理业务，为尽可能多的公众服务，收取营业所必需的报酬。在公共关系历史上，大家都认为派克和李公司的成立，是现代公共关系诞生的标志，也是公共关系职业化的标志。

艾维·李从事公共关系工作31年，他从一个“单纯的代理人”，成为“企业最可信任的顾问”。他通过自己的实践和宣传，使公共关系占领了一块领地。有评论说：“第一次世界大战以前，艾维·李作为一个公共事务专家的声誉轻易地埋没了创造这一崭新行业其他人的力量。在20世纪初期，艾维·李通过为大企业解决问题树立了他的威望。”

艾维·李于1934年去世，据说在他逝世的前一年曾受雇于一家染料公司，获取年薪2.5万美元，而这家公司是纳粹党的情报组织。尽管如此，艾维·李在世界公共关系历史中的地位仍是无人可代替的，他被称为“现代公共关系之父”。

2. 艾维·李的公共关系思想

艾维·李公共关系思想的核心是“公众必须被告知——向公众讲真话”。这一思想主要是针对巴纳姆式的宣传方法而提出的。他认为，一个企业或组织要想树立良好的形象和信誉，不是依靠向公众封锁消息或以欺骗手段愚弄公众，而是必须把真实情况公之于众，才能获得公众的支持和信任。一旦披露实情对企业不利，企业就应该调整其自身的行为，而不是去极力掩盖事实真相。一般而言，企业与内部员工与外在环境关系紧张的原因是由于平时缺乏真诚的沟通、交流所致。因此，企业想获得新闻界的支持和社会公众的支持就必须“说真话”。

这一公共关系思想的贡献在于：第一，它打破了封闭隔离的企业和组织状态，使企业和组织成为主动协调与各界关系的主体。第二，它奠定了公共关系行业的理论基础即以事实为基础进行真相暴露，使之不同于以往的宣传、广告和新闻代理。

艾维·李的公共关系思想集中地体现在1905年他给报界的一份《原则宣言》中，他指出：“（公共关系事务所）不是秘密新闻部，我们的一切工作都是公开进行的。事务所也不是广告代理部，如果阁下收到我们的资料认为应该交由贵刊的营业部（广告部）处理，请随意取舍，斟酌采用……总而言之，我们的计划是公开而坦诚地代表企业和公共事务机构，将对公众有影响且为公众乐闻的课题或信息向报界和公众提供，并保证其准确性、迅速性。”

这一原则的提出，在当时可谓石破天惊，对企业界、新闻界和其他各界都产生了极大影响，也使他本人和他创办的公共关系事务所脱颖而出，在社会上享有很高的知名度和美誉度。在艾维·李以后的公共关系实践中，他身体力行，积极贯彻他的公共关系思想，从而得到了社会各界的广泛认可。他总结了4项公共关系工作原则，它们是：

（1）企业利益必须与公众利益保持一致。

（2）公共关系动力来自上层，公共关系应参与管理，获得高层管理人员的理解和支持。

（3）保持与新闻媒介的联系。

（4）强调企业人格化的必要性，从而使公共关系工作面向企业的各类公众。

这些无疑是对巴纳姆时代的挑战，也是对新闻界和企业界的公然背叛，更是对宣传咨询和公共关系事业的前途预测和前瞻。这些原则的提出，使公共关系不仅为社会所理解，而且也为社会所接受，使其成为当之无愧的“公共关系之父”。《原则宣言》是他在公共关系发展史上立下的第一块里程碑，派克和李公司也是世界上第一家真正意义上的专业公共关系公司。

3. 艾维·李的公共关系实践

在艾维·李57年的生命历程中，他将后半生的31年都投入到公共关系这一行业，为公共关系这一新兴职业的确立作出了不可磨灭的贡献，他提出的一些公共关系原则和方法，至今仍是公共关系人士遵循的黄金法则，他使用的一些公共关系技巧也一直沿用至今。

自从派克和李公司成立后，艾维·李曾为美国煤矿公司，宾夕法尼亚铁路公司、洛克菲勒财团、美国电报电话公司等许多大企业和政府官员提供过公共关系咨询服务，都取得了巨大的成功。

案例一：处理美国煤矿公司矿工罢工事件

1906年，艾维·李作为公共关系顾问受雇于美国煤矿公司，负责处理矿工罢工事件。当时煤矿公司的处境可以说是四面楚歌：一方面矿工坚持不答应复工；另一方面新闻记者在上门采访遭到断然拒绝后，对煤矿当局进行了猛烈抨击；第三方面社会大众对煤矿公司议论纷纷，指责其不顾工人死活，一味牟取暴利；第四方面煤矿当局内部互相指责、推诿，局势一片混乱。万般无奈之下，他们聘请艾维·李来力挽狂澜。

艾维·李接手后，提出两项条件，第一，他必须有权直接和这一企业的最高管理者接触，能影响最高层决策过程；第二，在他认为必要的时候，他有权向社会公开全部事实真相。只有这两个条件被认可，他才接受委托。

现在看来这两个条件似乎不足为奇，而在当时却是不同凡响。因为企业界的一贯的做法是漠视舆论，封锁消息，拒绝采访。而那些大财阀们更是目空一切，不可一世，他们视员工为“草介”，视记者为“仇敌”，更没有把一个小小的公共关系顾问放在眼里。但是，在持续的罢工和强大的社会舆论压力下，煤矿当局只好勉强接受艾维·李的条件。

在解决罢工问题期间，艾维·李采取了3项重大举措：

第一，他向报界发表了著名的《原则宣言》，第一次系统地阐述了公共关系事务所的工作目标，提出要向新闻界提供真实素材，要向公众介绍企业和其他组织的运作情况，这是第一次向社会各界洗脑。

第二，他代表煤矿当局起草发表了《煤矿当局致新闻界的公开信》，信中写道："公司已充分认识到本矿工人的利益。在目前情况下，公司愿意向新闻界提供一切可能提供的信息。"这封公开信是第二次洗脑，它标志着企业置社会舆论于不顾的时代已经结束。

第三，他积极协助记者了解罢工情况，安排劳资双方接受记者的采访。记者们发现人们变得乐于合作了，采访进展顺利，写出的报道不但真实而且内容丰富。劳资双方通过这些报道，了解了对方的态度和立场，以及社会舆论对整个事件的看法。终于，劳资双方在相互了解的基础上，同时做出了让步，罢工平息了，企业又恢复了生产，而艾维·李也随之名声大噪。

案例二：处理科罗拉多州洛克菲勒石油子公司镇压工人罢工事件

艾维·李最大的一个客户是洛克菲勒家族。1914年，科罗拉多州洛氏子公司工人举行罢工，洛氏采取武力镇压，受到舆论界的抨击，人们称他为"镇压罢工的财阀"，"强盗大王"，艾维·李受雇处理此事，艾维·李采取了3项措施：

第一，说服洛克菲勒本人访问这家子公司，并说服其和工人一起用餐、喝啤酒，一起下矿井，亲临现场"关心"工人，这样，缓和了工人和洛氏家族的矛盾。

第二，艾维·李邀请新闻界对洛克菲勒的访问活动进行跟踪采访。洛克菲勒的访问活动频频见报，他活动的照片经常成为新闻报道的主题，所有的报道几乎都把洛克菲勒写成"关心"工人的人，与工人打成一片的人。

第三，艾维·李向科罗拉多州州长提呈了一份公司处理罢工事件的报告。比如，将事件原因如实公布于众，向社会各方诚恳道歉，为死者家属提供赔偿，为伤者支付治疗费等，这些处理意见得到州长的支持。由于艾维·李采取了一系列有效的公共关系行动，很快平息了这场罢工。

在这场危机处理中，艾维·李又首创了一条公共关系原则：在处理突发性事件中，要争取新闻界和知名人士的支持。这条原则至今仍被奉为"黄金法则"。

艾维·李对洛氏家族的贡献还不止于此，他最大的贡献是通过劝说洛克菲勒向大学和慈善机构捐款，向新闻界提供洛克菲勒与家人打球、与朋友用餐、给行乞者扔钱等照片，帮助洛克菲勒改变了“冷酷、贪婪”的社会形象，重新树立了一个“慈善和富有人情味”的企业家形象，甚至于洛氏死后被新闻界、舆论界誉为“世界上最可亲的老人和杰出的人道主义者”，洛克菲勒本人也称赞艾维·李为他的家族史增添了十分光彩的一页。

艾维·李为现代公共关系的兴起和发展作出了许多开创性的贡献，但是，艾维·李的公共关系咨询工作并不十分成熟和完善，比如，他的咨询对象主要是企业尤其是垄断资本家，而且只是单向地向公众提供信息，他本人从未进行过系统的公众舆论调查，而是凭多年的新闻工作经验以及直觉、直感展开咨询，另外，他虽然提出过一些开创性的公共关系思想，但没有进行过系统而科学的阐述。因此，艾维·李时期被人们认为是“只有艺术而无科学”。这是艾维·李的不足，也是时代的局限，但并不影响他在公共关系史中的地位。

二、伯纳斯与公共关系的科学化

艾维·李等人公共关系咨询工作的成功，极大地促进了公共关系的发展，到了20世纪20年代，公共关系不仅在广度上，而且在深度上都得到了进一步的发展，出版商出版了有关这一职业的书籍，学校也开设出这一专业的课程，社会科学家也开始注重这一新兴的领域，报界也对此发表评论。有人认为，1924年美国《芝加哥论坛报》发表的社论是公共关系科学化的标志，也是现代公共关系理论和实践系统化的标志。这一时期的代表人物是爱德华·伯纳斯（Edward Bernays）。

1. 伯纳斯生平简介

伯纳斯是继艾维·李之后在美国早期公共关系活动中有重大贡献的人物，生于1891年，是著名的奥地利心理学家弗洛伊德的外甥，在刚满周岁时随父母移居美国，在美国接受教育，并且对公共关系产生了极大兴趣，他把公共关系比喻为“公众支持的发动机”，定它为自己的终身职业。从历史上看，伯纳斯比艾维·李投身公共关系行业略晚了几年，但就个人成就来说，却大大超过了艾维·李，真可以说是“前无古人”，在公共关系历史上，他有许多破纪录的贡献：他是世界上第一位公共关系理论家兼实践家；他撰写了世界上第一部公共关系专著；他是第一个促使公共关系由职业化转向理论化、科学化的人。伯纳斯从事公共关系职业80多年，前50年是全身心地投入公共关系顾问工作，他曾先后担任过多位美国总统和大企业家的公关顾问，如库利奇总统、威尔逊总统、艾森豪威尔总统、发明家爱迪生、汽车大王亨利·福特等。二战以后，他开始减少公共关系顾问工作，全力著书立说，从事公共关系教育工作。由于伯纳斯对公共关系学的特殊贡献，进入20世纪90年代之际，99岁高龄的爱德华·伯纳斯第二次成为“20世纪美国100位重要人物”之一，《生活》杂志称他为杰出的“形象塑造家”。

2. 伯纳斯的公共关系思想

伯纳斯几乎以毕生的精力从事公共关系研究，他的一生著述甚丰，主要著作有：

1923年，他总结10多年公共关系实践经验，出版了《舆论之凝结》一书（又名《舆论面面观》、《公共关系透视》）。这是公共关系学的第一部经典著作，在这本书中，他首次提出了“公共关系咨询”的概念，同年，他首开先河，在纽约大学开设公共关系学课程。

1928年，伯纳斯又出版了《舆论》一书，更加系统地阐述了公共关系基本原理和方法，使其成为较为完整的体系。1952年，他又出版了第一本《公共关系学》。截至1978年，伯纳斯已出版了16本有关公共关系、宣传和舆论方面的著作，他参与撰写的公共关系著作达56本之多，他发表了近300篇公共关系论文和文章。

更令人称奇的是，1995年前后，他97岁时，还到香港公开讲学，参加讲座及研讨会。99岁时，还在著书立说，发表公共关系理论文章，他穷其一生的精力，对自己的公共关系实践进行了全面而系统的概括，从而在理论上深化和发展了公共关系学，使之从新闻代理的领域中分离出来，最终成为一门独立、完整的新兴学科，因此，伯纳斯被称为“现代公共关系学之父”。

伯纳斯公共关系思想的核心是“投公众所好”，他认为，企业不仅要被社会公众所了解，而且更重要的是了解社会公众，并投其所好，只有这样，企业才能获得公众的支持和合作，才能获得稳定而持续的发展，并不会被意外打击所击倒，这一观点与我国一句古谚“宝剑赠壮士，红粉赠佳人”颇相吻合，公众需要什么，公共关系就提供什么，只有“拍”在对方的需要上，才能“一拍即合”，达到预期的公关效果。这一思想比艾维·李的“公众必须被告知”思想又前进了一步，他命名的企业公共关系由企业本位转向了公众本位，这一转变具有历史性意义。

3. 伯纳斯的公共关系的实践

伯纳斯并不是一位“生而论道”的学院派理论家，他是一位堪称“奇才”的公共关系实践家,无论是长达80年的公共关系从业史,还是他为多位总统和实业巨子的成功咨询,都堪称“一绝”。下面仅举几例,以飨读者。

案例一：美国总统库利奇的形象策划

20世纪20年代，伯纳斯担任库利奇总统的形象顾问，当时，舆论界给库利奇起了一个“古老石山”的绰号，讥讽库利奇沉默、呆板、不苟言笑，这种形象自然难有好的声望，令库利奇非常烦恼，库利奇便礼聘当时已小有名气的伯纳斯为他改变形象，伯纳斯建议总统在白宫举行一个豪门夜宴，邀请国内名人、明星、记者等参加，让国人认识到总统和蔼友善、平易近人的一面，这在当时是破天荒的创举。自该晚会以后，库利奇总统的形象开始变好，于是他定期举行这种宴会，而且以后的美国总统也竞相效法，尤其是在就职时，举行这样的答谢盛会，以博取更大的支持。

案例二：美国烟草公司的市场推广策划

20世纪20年代，美国烟草公司有感男性烟民市场已趋于饱和，若想进一步扩大市场，惟有鼓励女性吸烟一法。可是，碍于当时的道德标准，这种做法非常冒险，稍有偏差，不仅不能打开女性烟民市场，反而会受到卫道士的攻击，从而失去男性烟民市场。幸好他们请到了伯纳斯这位大师，伯纳斯想出了一条“绝招”，即指导烟草商们赞助大城市每年都要举行的盛大的花车游行。伯纳斯的做法是先做出代表烟草的花车，以自由女神为主题，物色若干位美女扮作女神站在花车上，在适当的时候，公然拿出香烟来抽，美其名曰“点燃自由之火”。由此顺利地带出女性在公开场合享有吸烟自由这一社会风气，这一活动成功地打破了当时的传统禁忌，使妇女在公开场合吸烟，成为合理合法的事。

伯纳斯此举能成功，有赖于他本人对当时社会风气的深刻研究，当时美国妇女刚获投票权不久，接着是妇女解放运动的出现，这个时候推出一些象征女性人身自由的东西，比如吸烟的自由，便会为大众接受，这正是伯纳斯的高明之处，非一般人可比。

案例三：“好彩”香烟的促销策划

“好彩”香烟是专门为女烟民设计的，它的包装以绿色为主，因这种颜色很难和当时女性服饰搭配，上市后销路一直不畅。伯纳斯受命为其作形象宣传。他经过仔细研究后并没有采取通常的做法即改变包装颜色迎合女性烟民，而是采取逆向思维的方法，与时装专家合作鼓吹以绿色为主的时装，把绿色变为时尚色。他又举行了一个以全城名流为嘉宾的豪华晚宴，请柬上特别标明：穿以绿色为主的晚礼服赴会。该晚会获得空前的成功，事后仍然为人们津津乐道。“好彩”香烟的销路也因此不打自开。据说 20 世纪 90 年代初期，毒药牌香水在香港推出之时，如法炮制，邀请嘉宾穿着以绿、紫二色（香水包装色）为主的礼服，同样传为美谈。

案例四：电灯发明 50 周年庆祝活动策划

1939 年，伯纳斯受发明大王爱迪生委托，为其策划纪念电灯发明 50 周年的庆祝活动。伯纳斯建议：（1）在白宫举行盛大庆祝仪式，邀请当时的美国总统胡佛及各界名流参加；（2）由爱迪生在胡佛总统及众嘉宾面前，当场表演发明电灯泡的全过程；（3）邀请全球的电力公司，在当天某个时刻，同时停电一分钟，以示庆祝。这种史无前例的国际庆祝仪式，轰动了全世界，获得了巨大的成功，甚至美国邮政总局也为此活动而发行了一枚 2 美分的邮票。

通过一系列成功的公关咨询活动，伯纳斯获得了极高的社会声望，使他不仅名闻美国，而且名扬四海。传说二战初期，希特勒曾力邀伯纳斯前往德国协助纳粹宣传，但被他坚决拒绝了。又有人说，曾亲眼看到纳粹党总部希特勒的书房里，有不少伯纳斯的公关著作。由此可见伯纳斯的影响之深远。

综观伯纳斯一生之成就，的确是前无古人，令人惊羡。

三、卡特利普与公共关系的学科化

一般而言，一种科学的理论必须具有构造性，才能成为一门学科。20 世纪 50 年代以后，作为科学的公共关系，又一次经过实践的洗礼开始成长为一门具有完整理论体系和科学操作程序的独立学科。这一时期，公共关系教育蓬勃发展，公共关系协会纷纷成立，是促使公共关系进入学科化阶段的强大推动力。

1. 学科化发展进程

继 1923 年，伯纳斯在纽约大学首先公开讲学之后，1937 年，美国公共关系学创始人之一——雷克斯·哈罗博士，在斯坦福大学开设公共关系课程。1947 年波士顿大学开办了第一所公共关系学院，吸收经过两年大学文科班训练并且有技术修养的学生专修公共关系理论和业务，培养公共关系学学士和硕士。

时至今日，全美有50多万人从事与公共关系有关的工作，美国200个最大的公司每家雇用公共关系人员至少在100名以上，大型公共关系公司的雇员多达500名，公共关系人员的薪水比新闻记者高出25%左右。

1948年，美国最具权威的公共关系组织全国公共关系协会成立。该协会由万余名“有信誉的公共关系专家”组成，哈罗博士担任第一届主席。协会制定了行业法律——“公共关系人员职业规范守则”。这标志着公共关系职业格局在美国的确立。

1955年，美国有28所学校设置了“公共关系”专业，66所学校开设了“公共关系”课程。其中有许多学校设有新闻学系，这表明新闻学系仍是公共关系教育的大本营。

1978年，全美国已有292所大学教授“公共关系”，其中10所大学设立博士学位，23所设立硕士学位，93所设立学士学位。这表明公共关系教育开始走向高层次。

80年代公共关系教育开始向其他课域发展，出现了企业公共关系，政府公共关系、新闻界公共关系等行业公共关系教育。

2. *学科化时期的代表人物*

在公共关系学科化时期，最具代表性的人物是美国公共关系理论家、学者卡特利普。

卡特利普生于1915年，1941年获威斯康星大学哲学硕士学位，1971年获西弗吉尼卫斯理学院文学博士学位。早期曾任记者、编辑，历任威斯康星大学教授、副院长，Hewry W. Grady新闻传播学院院长，长期从事公共关系科研与教育管理工作。

卡特利普的主要贡献表现在对公共关系理论的研究上。1952年，卡特利普与森特合著《有效公共关系》。这是一部集公共关系理论研究成果之大成的代表作，再版7次，被翻译成10多种版本，被人们称为“公共关系圣经”。该书对公共关系研究有三大贡献：一是提出“公共关系工作四步法”的概念，奠定了公共关系实务科学操作的理论基础；二是提出“调整与适应”的理论模式，极大地拓展了公共关系的发展空间（这一模式收录该书第7版中，由新加盟的作者布鲁姆提出）；三是提出公共关系实践的系统化研究方法，揭示了未来公共关系研究的方向。

卡特利普另一本公共关系大作《看不见的力量：公共关系史》是一本完整的美国公共关系发展通史。卡特利普在理论上的贡献，对20世纪中后期公共关系理论的发展起了重要作用。

四、詹夫金斯与公共关系的国际化

1. 现代公共关系的国际化进程

公共关系在美国兴起，20 年后才开始普及，1924 年《芝加哥论坛报》发表的社论，是公共关系在美国普及的标志。

之后，公共关系走出国门，最先进入英国。1926 年，英国成立了第一家正式公共关系机构——皇家营销部。

二战期间，西欧各国充分领略到美国政府和军队运用公共关系的威力，开始重视公共关系。二战后由于世界政治格局的变化，经济的恢复和发展，国际贸易的频繁，公共关系在世界各国得到了蓬勃的发展。

首屈一指的是英国公共关系的发展。法国把新成立的公共关系机构取名为“玻璃屋”，象征着公共关系是一种开明的经营观念和方法。接着加拿大、比利时、意大利、挪威、瑞典、芬兰、联邦德国等相继成立公共关系协会。

1950 年，英国公共关系协会（IPR）成立于伦敦。该协会现在已经成为欧洲最大的职业公共关系组织，拥有 50 个国家和地区的 2 000 名会员。

1969 年，英国公共关系顾问协会（PRCA）成立。

1955 年，国际公共关系协会（IPRA）在英国伦敦成立，第一批会员包括欧、美、亚、非各大洲多个国家和地区。国际公关协会的成立，是现代公共关系国际化的重要标志。

日本和东南亚一些国家的公共关系也是二战以后由美国传入的。1947 年 3 月，美国陆军总司令麦克阿瑟进驻日本后，强制性在日本各级县政府设立公共关系办公室。1949 年，盟军教育主管 J. F. 沙利旺先生齐集日本地方政府官员、广告业人士 100 多人，在东京举办历时 3 个月的公共关系讲习会。这次公共关系传播产生了深远的影响，使日本电通广告公司成长为日本的“PR 王国”。1957 年以后，公共关系作为一个独立的行为在日本进一步发展起来。一些专家认为：战后由美国导入的公共关系是日本经济突飞猛进的一个重要因素。

2. 弗兰克·詹夫金斯的公关理论

弗兰克·詹夫金斯是英国著名的公共关系教育家、理论学家，他是英国公关协会顾问，英国公共关系学院教授。他早年学习经济，大学毕业后，投身于公共关系与传播事业。1968 年，他创办了英国公共关系学院，并亲自主讲《公共关系学》、《市场学》、《广告学》等多门课程。与此同时，他周游 20 多个国家和地区，传播公共关系。他一生编写了几十部著作，主要有

《公共关系与市场管理》、《有效的公共关系学设计》、《公共关系·广告和市场营销》、《公共关系学》、《公共关系与成功的企业管理》、《市场学·广告学和公共关系学词典》以及其他广告、市场营销的著作。他的著作简明扼要，通俗易懂，是非常实用的普及读物。

3. 格鲁尼格的公共关系理论

格鲁尼格是一位美国公共关系界大师级人物，美国马里兰大学新闻学院教授。1984 年，与托德·亨特合著《公共关系管理》，书中提出了不少新颖、独到的观点，其中最有影响的是公共关系实践的 4 种模式：

第一种，新闻代理模式。旨在通过新闻宣传制造轰动效应，以吸引公众注意力，传播性质为单向。

第二种，公共信息模式。偏重于经常性地对外发布信息，传播组织的真实情况，以便公众了解组织，传播性质为单向。

第三种，双向非对称模式。其目的在于通过科学方法，诱导和劝服公众接受组织的有关观点，并进而支持组织的行为方式，传播性质为双向，但传播效果并不平衡，相对来说对组织有利。

第四种，双向对称模式。强调对话，注重坦诚，既不偏重组织，也不偏重公众，而是达到双向对称，互相改变态度行为。

这 4 种公共关系模式中，“双向对称模式”影响最大，它体现了公共关系的本质，反映了公共关系实践的发展方向，是现代公共关系的重要标志。

第三节　中国公共关系的兴起和发展

公共关系在欧美各国风行半个多世纪之后，于 20 世纪 60 年代传入我国的香港和台湾地区，于 70 年代得到了蓬勃的发展。80 年代初，公共关系又伴随着“改革开放”的春风传入中国大陆，就像是一团酵母掺进了面团，公共关系在中国大陆迅速地发展起来。

一、中国公共关系兴起的背景

1. 闭关锁国走向对外开放

1978 年以前，我国的政治、经济、文化等各个领域都处于较封闭的状态，与外界交流、沟通和对话很不够。1978 年，对外开放成为我国的一项基本国策，人们终于明白一个道理：国家运行与地球运行一样，在自转的同时，必须绕着太阳公转，才不会脱离出轨道。必须打开国门，以世界化为目标，才可以被纳入整个国际运行的大轨道。

正如唐诗所云："忽如一夜春风来，千树万树梨花开。"公共关系正如一棵小梨树，终于迎来了梨花盛开的春天。

2. 计划经济走向市场经济

早在100多年前，马克思就指出，商品经济是人类社会发展史上一个不可逾越的阶段。遗憾的是我们这些马克思主义的信使仍然绕了一个很大的弯子才意识到这一点。我国在强调生产资料公有制的基础上，建立了计划经济体制，在这种体制下，国家是全天候、多功能的保姆。从产品开发，原材料供应到销售分配，都大包大揽，全部统管，致使企业不是真正意义上的企业，而是惟命是从的产品加工厂或制造车间。企业面对的是市长而不是市场，产品面对的是仓库而不是顾客。企业完成国家任务就算大功告成，"皇帝的女儿不愁嫁"。企业与外界的关系比较简单、固定，企业与企业之间也不存在竞争，因此，也不需要市场观念，当然也不需要公共关系。

对外开放以后，对内搞活的重点，首先落在经济体制改革上。由计划经济转变为有计划的市场经济，最后发展为完全的市场经济。根本的改变就在于竞争机制的引入，争顾客、争市场、争资金、争人才、争企业生存和发展的立足之地。在这场竞争中，企业取胜的关键就在于良好的形象，谁拥有了良好的形象，谁就拥有了打开市场之门的金钥匙，而这正是公共关系的要旨所在。

3. 政府本位走向企业本位

随着市场经济体制的逐步确立，中国城市改革开始从政府本位走向企业本位。

政府本位是计划经济的产物，它的最大特点就是权力高度集中，政府部门手握四大"法宝"，即行政指令、资金、物资和隶属关系，这种体制在计划上大包大揽，在财政上统收统支，在外贸上统进统出，管得多、管得细、管得死，企业完全处于从属地位。企业只对上，不对下，只要把上层关系处理好，要钱有钱，要政策有政策。此时，不需要现代化的公关手段，传统的交际手腕足矣。

企业本位是市场经济的基本要求，企业是城市中经济结构的核心要素，搞活经济就是要搞活企业。市场经济的建立如同引进了一渠"活水"，激发出企业前所未有的活力，使企业开始从附属物变为相对独立的经济单位。国营企业"狮子出笼"了，军工企业"老虎松绑"了，甚至于那些集体企业、个体企业也开始"猴子上树"了。企业的这种转变，就好像是一直被抱着的孩子，突然被放到地上，必须学会自己站立和行走，必须学会自己去面对错综复杂的社会关系。在这种新形势下，企业家们感到传统的协调手段、宣传策略不够用了，驾轻就熟的关系行不通了。因此，当公共关系这个新型的关系概念登陆中国后，立刻被各大企业当做“金羊毛”似的到处猛吹，这就导致公共关系在中国的迅速发展。

二、中国公共关系的发展历程

古诗有云：“一团茅草乱蓬蓬，蓦地烧天蓦地空，争似满炉煨榾柮，漫腾腾地暖烘烘。”用这首诗来形容中国公共关系的发展历程，再形象不过了。

80 年代初，西风东渐，公共关系登陆。其登陆进度之快令人震撼，几乎是在一夜之间就遍及大江南北，形成燎原之势，然后忽明忽暗，几乎奄奄一息。现在终于从一团乱蓬蓬的“茅草”变成了耐燃的榾柮（树根），“漫腾腾地暖烘烘”了。

短短 20 多年间，中国公共关系经历了 4 个发展阶段：70 年代末至 80 年代初的酝酿期（即导入期）；80 年代中期至 90 年代初的徘徊成长期（即普及期）；90 年代的专业发展期（即实践期），2000 年以后的快速增长期。

1. 导入期（70 年代末至 80 年代初）

自 80 年代初到 1986 年，这一阶段的特点可以概括为三个“一”：一见钟情、一夜成名、一帆风顺。中国人传统的“人情大于义理”的“关系情结”，使得人们对公共关系“一见钟情”；电视连续剧《公关小姐》的播出，使公共关系一夜成名；酒店公关活动的成功开展以及新闻界、学术界及社会各界的广泛传播使得公共关系的发展一帆风顺。

这一时期的公关事件有：

●1984 年，美国伟达公关公司在北京成立办事处。

●1984 年，广州白云山制药厂成立公关部，这是大陆第一家企业公关部门。

●1985 年 8 月，中国第一家职业公共关系公司——国际环球公共关系公司应运而生，该公司是美国博雅公关公司与中国新华社联合成立的，它是公共关系在中国兴起的标志。

●1986 年，第一本公关著作《塑造形象的艺术——公共关系学概论》问世。

2. 普及期（80 年代中期至 90 年代初）

1987 ~ 1993 年，这一阶段是徘徊成长期，其特点可概括为 3 个“内外有别”，即内冷外热、内忧外患、内通外联。

内冷外热指新闻界、学术界的热炒使公共关系成为人们津津乐道的话题和趋之若鹜的职业，而实际上人们对公关不求甚解，知之甚少，想当然地认为公关不过是庸俗关系的别名和变种。

内忧外患是指美女“公关”、拉关系的公关、行骗的公关、赶时髦的公关纷纷涌现，使公共关系成为一头“四不像”的麋鹿，恶化了公共关系的外部生长环境，致使人们谈公关而色变。而已经成立的公关机构或职能部门则形成只有牌子而无路子的局面，长期无事可做。这一时期公关是“矮脚鸡婆飞不高”，徘徊不前。

内通外联指公共关系在徘徊中成长，在成长中发展，对内通过构筑“洋为中用，古为今用”的中国特色公共关系理论，奠定公共关系成长的理论基础；对外则通过与广告、营销、新闻、宣传等相关领域的对接，开展“救亡运动”，寻求立足之地。这一时期的公共关系事件有：

●1987 年，中国公共关系协会成立。

●1991 年，中国国际公共关系协会成立。

国家专业协会的成立，大大推进了公共关系在中国的发展进程。

3. 实践期（90 年代）

1994 ~ 1999 年，是专业发展期，其特点是公关工作开始从宣传接待型走向咨询策划型，其标志是公共关系向策划业的进军、对 CI 领域的介入，公共关系策划和 CI 策划的兴起使公共关系摆脱了画地为牢的自我局限，既解决了公共关系的生存危机，又开拓了公共关系的发展空间。在这一时期，公关策划活动频繁开展，策划类型主要包括以下 4 种：

第一，单一活动策划。比如开业庆典策划、市场推广策划等，策划人物有崔秀芝、赵强等。

第二，全方位的整体策划。比如 CI 策划，策划风云人物有余明阳专家团等。

第三，大型活动策划。庆祝香港回归为主题的大型公关活动成为这一时期的公关热点。其中最为引人注目的有新华社、《中国品牌》杂志社等单位策划和主办的“香港回归祖国倒计时活动”。这一活动以“祖国迎香港，同胞盼团圆”为主题，历时 932 天，于 1997 年 7 月 1 日零时在北京天安门广场 10 万人齐声读秒的欢庆气氛中达到高潮，在海内外产生了重大而深远的影响，《中国经营报》将其评为“1997 年度中国最佳公关案例”。

第四，城市形象策划。以居易为首的公共关系专家为革命圣地延安进行了系统策划。

与此同时，在公关教育和研究方面也开始从量的扩张走向质的提升，中山大学 1994 年开设了全国第一个公关专业本科班。“中国政府形象战略研究工作委员会”在北京成立，由中共中央党校、中国社会科学院、《求是》杂志社等单位共同组建的“中国政府形象战略”这一课题，也被列入 1997 年国家社会科学基金“九五”规划项目政治学类组自选课题。

1997 年，网上公关交流逐渐成为中国公关界的一种时尚。3 月，广州中山大学的“网上公共关系学术论坛”开通。7 月 5 日，中国国际公共关系协会设立的“中国公关网站”（http：//www. chinapr. com）开通。

4. 增长期（2000 年以后）

2000 年，公共关系作为一种正式的职业获得国家劳动保障部的官方认可，其标志是由国家劳动保障部将公关职业编入了《中华人民共和国职业分类大典》，并组织编写了一系列部颁教材，比如公关高职高专系列教材、成教教材、自考系列教材等，公关职业得到政府认可，专业水准得到提高，市场服务继续细分以及行业规模基本形成，这一时期北京成功申办 2008 年奥运会被评为 2000 ~ 2001 年度最佳公关案例。与此同时，跨国企业的本土化公关运作极为频繁，从最初的媒介公关发展到政府公关、消费者公关、市场公关、整合营销齐头并进，公关行业的业务范围日益拓宽。

目前世界上前十大公关公司都已经进入中国，比如奥美、博雅、爱德曼、凯旋先驱、伟达中联、宣伟、福莱灵克、罗德、安可、普乐普、霍夫曼、奥波达等，国际著名公关公司出于战略考虑，纷纷抢滩中国市场，极大地推动了国内公关市场的形成和发展，目前国内较具规模的公关公司有中国环球等 30 多家。

随着网络时代的大众化趋势，传播受众已经从未知的、模糊的、分散的广告受众转变为已知的、明确的、集中的公共关系对象，公共关系的声音会越来越大，2002 年，以“定位概念”改变了广告界发展方向的国际营销大师阿尔·里斯（Al Ries）与女儿劳拉·里斯（Laura Ries）在其新著《公关第一，广告第二》中明确提出“几乎所有成功的国际品牌主要都是公共关系的胜利，而不是广告的成功”，同年，齐尔曼（Sergio Zyman）和布瑞特（Armin Broit）在其新著《如我们所知的广告业的终结》一书中明确提出：“广告已死，公共关系万岁！”可以说，在网络时代的引领下，公共关系行业迎来了真正的春天。

三、中国公关发展现状

回顾20多年的发展历程，可以说，公关在中国得到了广泛的传播。据统计，中国目前已有1 000多本公关著作问世，中国公关协会、中国国际公共关系协会活动频繁，中国国际公关协会每两年举办一届的中国国际公关大会，中国最佳公关案例大赛，成了公关界极具权威的活动。国家劳动和社会保障部从2000年7月1日起实施的公关从业人员持证上岗制度，进一步确立了中国公关业进入了职业化、专业化的阶段。

公关教育更加系统、深入和多样化。学历教育有大专、大本、硕士与博士教育；形式包括：重点高校、普通高校、辅修专业、业大、电大、自考、函大、民办大学；党校教育、中专、职教、各种师资培训、各级协会举办的各类培训班、专题讲座。中央党校将公共关系课由讲座升为计划内的课程，取得质的进步与认可。

公关市场基本形成，公关业务需求稳定增长。根据中国国际公关协会2000年市场调查表明：

●中国公关市场（不包括港澳台地区）继续保持快速增长势头，整个行业年增长率为50%。

●全行业具有三个以上长期客户、员工人数超过20人的专业公关公司数目估计达到100家，专业公司从业人数超过5 000人。

●全国80%以上的专业公关公司仍集中在北京、上海、广州、深圳，其市场份额估计占全国的70%以上；北京市场仍占主导地位，上海市场较去年活跃。

●服务形式前三位：整合营销传播、一般媒体宣传、大型活动管理。国际公关公司仍以品牌管理见长，而本地公司更推崇整合营销传播，为客户提供包括广告、会议、培训、宣传品制作等在内的综合服务。

●客户对象前三位：IT、一般消费品、医疗保健。90%以上的公司涉及IT客户服务并成为主要服务领域；主要客户仍以外国客户为主，外国客户继续保持90%以上的比例；中资IT客户、医保客户、金融客户服务需求开始增加；计算机软、硬件、通讯产品、网站成为IT客户的三大服务领域，网站类市场宣传服务是2000年的一个亮点；

●本地公关公司在服务质量、服务技术、整体素质以及服务收费等方面缩短了与国际公关公司的差距。国际公关公司仍以企业声誉、技术力量和整体素质争取客户，而本地公司以执行力量、服务质量和创新能力作为竞争武器；国际公关公司长期客户月代理费均超过8 000美元，而本土公关公司基本上不超过6 000美元，当然也有个别本土公司月代理费达到8 000美元，个别国际公司向竞争客户收取5 000美元月代理费。

●国际公关公司紧缺人才的前三位：高级咨询顾问、高级管理人员、客户经理，而高级文案、客户经理、高级管理人员则列本土公关公司紧缺人才的前三位；国际公关公司人才选拔标准强调客户沟通能力、外语水平、文案写作能力，而本地公关公司人才选拔标准强调客户沟通能力、公关工作经验、外语水平，并且非常强调能适应高强度、具挑战性的工作。

四、中国公关目前存在的问题

1. 社会公众对公共关系的认识还存在很多误区

例如，认为公共关系只是一种知识而不是技能，或者认为公共关系可以“包治百病”，无所不能，而相当多的人仍将“公共关系”与“人际关系”混为一谈。这是当前开展公关业务最大的障碍。

2. 整个公关市场仍处于无序状态，缺乏统一的收费标准和服务规范

比如麦肯锡的咨询策划费用可以高达1 000万元人民币，少则也要200万~300万元，而国内公关公司的服务费最高不超过100万元，最低只要2万~3万元。至于接了项目以后如何服务，是提供策划文案，还是跟进服务，中外公关公司操作标准不一样。这种混乱状况导致客户和社会公众对公关业服务认识不足，长此以往将影响整个行业的发展。

3. 高素质公关人才的严重缺乏制约了中国公关业的迅速发展

公关的咨询策划角色要求公关从业人员是一个“百科全书式”的人才，或者说是一个“文艺复兴式”的人才，他的知识结构必须是“致广大而尽精微”的广博深厚，而不是“点水蜻蜓款款飞”的杂而不精，他的思维结构必须是复合型的，能够想人所未想，发人所未发，能够高屋建瓴，指点迷津，他的技能结构应该是演讲、写作、传播、操作等多方面的。但是由于目前中国的公关教育仍以知识教育为主，培养的学生还不能满足专业公关公司在这些方面的要求。

4. 理论研究比较滞后

20年的中国公关发展，公关实践和理论是并驾齐驱发展，但是并不平衡，这种不平衡表现在3个方面：

（1）公关理论水平滞后于公关实践水平；跨国公司进入中国的历史就

是一部中国公共关系的历史，可以说，中国市场的公关实践活动绝不亚于世界上任何一个地方，甚至可以说更加活跃频繁，任何一个国际品牌都为我们提供了大量的公关案例。但是至今也没有对它们的公关思想、策略和方法进行过深入细致系统的分析研究，公关研究催生了公关实践，但是公关实践并没有提升公关理论。与当前蓬勃发展的公关实践相比，公关研究存在明显的滞后性。

（2）公关基础理论研究滞后于应用性研究。“跟进式研究”多，“建构式研究”少；公关战略研究少，战术研究多；行业公关研究多，专业公关研究少。虽然公关界有形象学派、协调学派、传播学派、管理学派之说，但是并没有形成科学的理论体系。国内公关理论研究严重滞后于国际公关理论研究。对90年代以后的国际公关理论知之甚少，只知道格鲁尼格、卡特利普、森特，不知道其他的公关学者，至于其他的理论，比如“语艺修辞学派”都不了解。造成这种状况的原因主要有：

① 公共关系的学科地位不稳定。由于公关学的学科地位一直受到质疑，导致公关学成为传播学的“十字路口”，来来往往的人很多，真正驻足的人很少。

② 公关研究的专业化程度不高，大多数人是全天候的学者，常常穿梭于理论和应用性研究之间，从公关基础理论研究到操作实践研究，从传播艺术到传播技术，从公关心理学到公关策划学，从企业公关到政府攻关，从危机管理到议题管理几乎都可以涉及，而这些研究都没有为公关实践的发展提供足够的理论支持和理性选择。

（3）公关研究者的理论视角存在偏差。由于公关研究人员的价值取向多是问题导向，其理论视角也多是应用性的，缺乏整个人文社科的理论支撑，导致中国的公关研究既缺少社会科学的方法论基础，也缺乏人文学科的价值论指导，因而一方面研究成果缺乏形而下的科学说明，另一方面也缺乏形而上的理性参照。最典型的例子就是目前最热门的公关咨询策划研究，这些研究从方法上基本没有足够的经济学模型的论证，在价值观上往往又将单纯强调经济利益最大化，而忽视了对社会、政治、伦理和人类文化、美学、哲学层面的关照。公关话题完全成为一个经济学话题，实际上，公关的本质必须与人文事业联系在一起，公关理论和实践才会有一个正确的思路。

（4）公关理论研究资源严重缺乏，目前仅有的《公关世界》和《公共关系》都属于实务性杂志，缺乏学术性和理论权威性；国际上的研究资料更少见到。

五、中国公共关系的发展趋势

随着亚洲经济的高速增长，中国市场经济的发展，1997 年香港回归，1999 年澳门回归，1999 年财富论坛，2001 年 APEC 会议，2008 年北京奥运会，以及中国加入 WTO 这一系列重大的政治事件，将推动中国公关业的全面发展，使中国真正成为全球瞩目的焦点和亚太区的一大公关中心，所以在未来的 5 ~ 10 年内，中国市场的公关业务继续保持良好的增长势头。

1. 公关运作的国际化和本土化融合趋势大大增强。

目前进入中国大陆市场的世界 500 强企业所采取的市场策略是“国际化的视野，本土化的操作”，它们本土化的核心就是“关系本土化”，即通过积极参与和赞助中国各项社会、文化、体育和教育事业的发展，从而与中国政府、合作伙伴、客户与消费者建立水乳交融的本地亲和关系。比如 IBM 积极投身中国教育事业，截至 2000 年，对中国高校的捐赠总额已超过 1 亿美元，高露洁一次性投资 400 万元在 14 个主要城市针对 1 ~ 3 年级的小学生推行口腔护理卫生教育，联合利华的“黑发迎奥运”活动，可口可乐支持北京申奥、百事可乐的街头足球赛，麦当劳的“庆生会”等。由此，我们可以说，公关运作的国际化和本土化融合是大势所趋。

2. 公关公司的定位要从代理性发展为咨询顾问性。

公关服务层次日趋提高，将从简单项目执行向高层次整合策划和顾问咨询方面转变。目前国内策划力量主要来源于新闻界、政界、广告界、设计界、营销界和管理界以及公关界。在历年评选的“十大策划风云人物”中，公关界总占有一席之地，在迎香港回归、北京申奥等重大活动中都有公关的贡献，公关咨询策划的功能目前已经获得上至政府，下至企业的广泛认可。公关人员的咨询策划地位日益稳固，公关策划人才成为中国咨询策划市场的一股主导力量。

3. 公关专业服务进一步细化和深化，团队建设与员工公关、市场推广与品牌建设、政府公关、媒体公关、城市公关、体育公关、教育公关、金融公关、危机公关、高科技公关、议题管理、网络公关等服务市场将会逐步形成。小型化、专业化中资公关公司将有机会显示其较强的生命力。

4. 中资客户将成为中国公关咨询业市场新一轮竞争的焦点，中外公关公司真正的较量将从此开始，今后中资公关公司的实力会体现在其“联网”合作上。

5. 公关人才市场竞争将更趋激烈。中资公关公司（即便像“环球”这样的大公司）今后如何留住人才，将成为一个日益突出的大问题。

6. 公关理论研究更加深入。

案例讨论：陈子昂一夜成名

唐代大诗人陈子昂21岁来到京师，满腹经纶无人知，心里非常苦闷，有一天，陈子昂在街上遇见个卖琴的人，开价百万两黄金，围观的人很多，大家议论纷纷，却无人购买，陈子昂见机当场买下，四周的人很好奇：“想必您一定琴弹得非常好。”陈子昂说：“我确实善于此道。”大家要求欣赏一下演奏。陈子昂说：“可以！请大家明天来我家。”

第二天，大家都到了，陈子昂准备一桌丰盛的酒肴，捧出琴，高声哀叹道：“我陈子昂有文章上百卷，大家不知道，居然对这区区弹琴小技感兴趣，真是遗憾呀！”说完把琴举起来，当场砸碎，在一片唏嘘声中，陈子昂趁机把上百卷文章分送给大家。从此，陈子昂名满京城。“前不见古人，后不见来者，念天地之悠悠，独怆然而涕下”等诗句，由此流传千古。

思考练习

1. 现代公共关系产生的社会背景是什么？
2. 何谓“扒粪运动”？它对现代公共关系的产生具有何种影响？
3. 简述艾维·李的公共关系思想。
4. 评述爱德华·伯纳斯的公共关系贡献。
5. 中国公共关系的发展经历了哪些阶段？

第三章 公共关系的一般原理

本章概要

- 公共关系的本质属性是“公共性”，即“第三方立场”，具体表现为4P特征：公众性（Public）、公开性（Publicity）、公共舆论性（Public Opinion）和公益性（Public Interest）。
- 公共关系的3大基本特征是：说真话、做善事、塑美形。说真话是有效公共关系的必要条件；做善事是积极公共关系的活动方式；塑美形是成功公共关系的追求目标。
- 公共关系的主要功能是说服、倡导、咨询和管理。
- 公共关系与新闻、广告、行销、人际关系都存在着联系和区别。

核心概念

第三方立场　4P属性　真善美特征　四大功能　相关界定

第一节　公共关系的本质属性

根据黑格尔的本质论，所谓本质属性，是指事物的质的规定性，公共关系之所以是公共关系，而非广告、宣传、新闻和营销，就在于公共关系自身的质的规定性，这种质的规定性，是公共关系区别于其他学科的内在依据，而其他的公共关系特征则是这种本质的具体表现。我们要了解公共关系这门学科，首先要认识它特有的质的规定性，如果这种质的规定性变了，公共关系也就变了，换句话说，公共关系这门学科也就没有必要存在了。

事实上，关于公共关系学科的正当性一直受到质疑，其原因之一就是，公共关系的本质属性始终受到相关学科如广告、营销等的挑战。

大家知道，广告的本质属性是“付费性”，新闻的本质属性是“真实性”，营销的本质属性是“交易性”，人际关系的本质属性是“个体性”，与这些学科相比，公共关系的本质属性究竟是什么呢？

本书认为，公共关系的本质属性是“公共性”，通俗地说，就是“第三方立场”。简单地说，公共关系是一种“组织—公众—环境”关系，一种组织与相关公众的沟通对话关系，一种组织与所处环境的研究监测关系，在这种复合型的关系中，公共关系是一只脚站在组织里，一只脚站在公众关系和社会环境中，既要对组织负责，又要对公众负责，还要对社会负责。公共关系所扮演的是一个超越甲方、乙方的“关系居间者”角色，它必须成为组织与相关公众之间相互沟通与了解的渠道，它必须在政治、经济、文化和社会等各个领域平衡彼此的关系，并且诠释和整合不同的意见和观点。

从组织角度看，公共关系通过倡导组织对社会责任的担当，来预测、监督和制造民意，公共关系人员扮演着“组织的良心”和“道德卫士”的角色，相当于组织的“公共事务官”，如果从公众和环境角度看，公共关系则代表公众和民意，是社会公共领域的代言人。

公共关系的这种“公共性”本质，具体表现为4P特征：公众性（Public）、公开性（Publicity）、公共舆论性（Public Opinion）和公益性（Public Interest）。

一、公众性（Public）

公共关系的一切工作都是为了争取公众，讨好公众而展开的，从艾维·李的“公众必须被告知”，到伯纳斯的“投公众所好”，再到格鲁尼格的“双向对称传播”，以及与公众对话，都反映了公众性的不断增强。公众性反映了公关的对象属性。

二、公开性（Publicity）

公共关系本着“好事要出门，坏事要讲清”的原则，采取一切公开合法的创造性手段，进行公共宣传，努力提高组织信息的透明度，提高组织形象的知名度和美誉度。公开性反映了公关的手段属性。

三、公共舆论性（Public Opinion）

公共舆论是公共关系的生态环境，公共关系通过制造媒体效应、口碑效应、议题效应，来形成民意，或者改变民意，以此形成对组织有利的生存环境，或者来影响组织的决策导向。公共舆论性反映了公关的内容属性。

四、公益性（Public Interest）

任何组织机构都是以自身利益最大化为原则的，它们能够善尽社会责任，并不是完全自愿的，而是在公共关系的倡导和推动下完成的，公共关系就像一只看不见的手，引导组织重视社会责任，照顾公众利益，营造一个和谐的生态环境，以谋求组织机构的竞争优势。公益性反映了公关的伦理属性。

总之，由于公共关系的这种“公共领域”性质，它可以实现私人关系的公开化，广告传播的免费化，新闻信息的舆论化和行销推广的情感化，从这个角度上讲，公共关系是公共领域的代言人。

第二节 公共关系的基本特征

关于公共关系的基本特征，国内教材普遍认同的提法是“以事实为基础，以传播为手段，以美誉为目标，以互惠为原则，以真诚为信条，以长远为方针”。

在本书中，笔者给公共关系的通俗定义是：公共关系是一门说真话、做善事、塑美形的科学和艺术，可以用以下公式来表示：

公共关系 = 说真话 + 做善事 + 塑美形

并据此把它们作为公共关系的三大基本特征，其目的是要突出强调公共关系的专业特质。

一、说真话：有效公共关系的必要条件

从历史起源上讲，“公共关系之父”艾维·李对“真实”的倡导，是现代公共关系职业化的原因。现代意义上的公共关系产生于美国的“报刊宣传”运动，这场运动提出了“凡宣传皆好事”的主张。当时马戏团老板菲尼斯·巴纳姆鼓吹“公众要被愚弄”，铁路大王范德比尔特高嚷“让公众见鬼去吧”，都是受到这种宣传思想的影响，在这种信条下，各种愚弄、欺骗的宣传手法被发挥到极致，终于引起了公众的愤怒和抵制，并导致了“清

垃圾运动”。巴纳姆本人也被当做“反动公共关系”时期的代表人物。

正是在这种背景下，艾维·李倡导“说真话”、“公众必须被告知”，使公共关系进入了一个“说真话”的时代。他坚信，公司响应外界批评的惟一方法就是诚实地、准确地、有力地表述自己这样做的理由。他在实践自己主张的过程中，也获得了巨大的成功，他帮助洛克菲勒家族顺利地解决了危机，并树立起其美国慈善捐助事业榜样的形象。

从理论上讲，公共关系的“说真话”区别于广告的“说假话”，等同于新闻的“说真话”，既突出了与广告的区别，又强调了与新闻的联系。从信息来源角度来看，广告是“王婆卖瓜，自卖自夸”，缺乏公信力，而公共关系则是组织—公众关系的居间者，是组织和公众利益的维护者，是新闻信息的第三方来源，具有可信度。

从内容上讲，公共关系的“说真话”，具体表现在以下4个方面：

第一，信息真实。公共关系面对现实，以事实说话，而不是虚构故事；公共关系面对媒体，是新闻来源，是同时代表组织利益和公众利益的公共领域代言人。

第二，态度真诚。公共关系面对公众，处理各种组织—公众—环境关系时，要以真诚赢得合作，建立信誉。

第三，好事要出门。公共关系强调“Do Good，Then Tell Them”，就是说，公共关系不仅要做得好，而且要说得好，有意识地、有计划地保持组织和公众之间的信息对称和情感对称。

第四，坏事要讲清。公共关系面对危机，必须“两面提示”，既传递好消息，也要告知坏消息，一方面可以让公众感到组织是负责任的、有人情味的，另一方面也可以增强公众的“免疫力”，掌控局势，避免他人无意或有意地制造谣言，中伤组织。

随着公关实践的发展，人们越来越认识到对“说真话”和“真实性”的强调并不是公关理论界的一厢情愿，而是有效公共关系的必要条件。“让公众知道发生了什么事情，并提供一个有关组织的特质、理想和运作实务的正确图像”，“不管是好是坏都应该让公众知道……不采取故弄玄虚、无中生有或胡乱吹嘘、捧高自我的宣传伎俩”。一个失败的公共关系就是，“认为它们可以对公众隐瞒事实或相信事情与公众无关”①。

---

①　雪莉贝吉尔著，赵敬松主译：《媒介与冲击：大众媒介概论》，东北财经大学出版社2000年版，第291页。

如果说“真实”是新闻的生命，那么，“真实”同样也是公共关系的生命，更是公共关系的专业特质。

二、做善事：积极公共关系的活动方式

苏格拉底把“善”比喻为“太阳”，因为太阳代表着阳光下的一切，无独有偶，阿尔·里斯也认为“公关是太阳，广告是风”，所以，本书提出，公共关系是一种“善”，是一种以“双向对称”、“双合目的性”为价值取向的文化活动。

在公共关系领域，“霍普斯丛林时代”结束了，“零和思维”被“双赢思维”取而代之。公共关系要的是双赢或多赢，要求组织和其群众共同利益的最大公因数。

公共关系在精神上的最高指导原则，就是利己利人。艾维·李曾提出，凡有益于公众事业的，必将有利于组织，这体现了公共关系最初利己利人的动机，即利人是为了利己。但是，公共关系的“善”不是也不应该只停留在“主观为自己，客观为别人”的认识层面上，因为这种认识仍是以组织为中心的，它会制约公关实践的高度。

正如人类中心主义要向生态中心主义转变一样，公共关系也将由以组织为中心，向以组织—公众—环境生态关系为中心转变。公共关系的“善”不仅是有利于自身的“小善”，而且也是“兼济天下”的“大善”；它不仅发展自己，而且乐善好施，有着“先天下之忧而忧，后天下之乐而乐”的情怀。只有这种转变，才能将公共关系“善”的本质彰显出来，才能塑造企业真正的美，才能真正完成公共关系的使命。

公共关系的这种“大善”，具体表现在对社会责任的担当上。格鲁尼格认为，“公共的或社会的责任已经成为一个组织拥有公共关系功能的一个主要原因”。“事实上，每一个公共关系决定都建立在正确的、富有社会责任的企业原则基础之上，那是公共关系最有效的时候”。

研究表明，公共关系实践与社会责任理论有极大相关性：正是现代公共关系的产生，唤醒了企业的社会责任感，使得卓越企业对社会责任更加敏感，并推动了社会责任理论的形成，正是在社会责任理论的引导下，公共关系是“做善事”的概念也变得越来越清晰。企业通常会通过捐赠、社区参与、公益宣传、员工志愿者、设立慈善基金会，以及提供分销渠道的使用权等多种形式，来支持社会公益和慈善事业。

近年来，越来越多的企业意识到，“做得好”和“做好事”是密切相关

的，如果一个企业从建立伊始就能够把对社会和环境的关心，整合到经营战略中，有利于形成前沿创新和竞争优势。

美国运通董事长哈维·戈卢布认为，“慈善行为 = 经营之道……企业回报其置身的社区，这不仅是恰当的，而且是精明的做法，健康的社区对社会安定和总体经济非常重要，而且，还可以为企业提供一个良好的环境，有助于企业发展、创新和吸引杰出人才”。

而福特汽车公司董事长小威廉·福特则认为，“好企业和伟大的企业之间是有差别的，一家好的企业可以提供优秀的产品和服务；一家伟大的企业不但可以提供优秀的产品和服务，而且还要努力让这个世界变得更加美好”。

总之，“做善事”的价值可以用道德价值辩证法来解释：道德的基础是利益，道德归根到底是为一定的经济利益服务。而真正的道德又是超功利的。通过超功利的道德境界，归根到底达到为一定的经济利益服务的目的。

营销之父菲利普·科特勒认为企业在做好事时有 6 种选择：公益事业宣传、公益事业关联营销、企业的社会营销、企业的慈善活动、社区志愿者活动、对社会负责的商业实践。

例如，曾一度入选《财富》杂志的“最值得尊敬的企业”，并在 2001 年被《华尔街日报》评为企业社会责任声望第五名的麦当劳公司在 2002 年 4 月发布了第一份“社会责任报告”，声称麦当劳的责任是“要做一个好邻居、好雇主和环境好管家”，并且“对社会责任的重要性坚信不移”。报告重申了公司致力于成为对社会负责的领导企业的承诺，并且详细介绍了公司在社区、环境、公众以及市场等领域内的广泛活动，概述了相关的目标和计划，同时也承认了麦当劳在信息收集和进展评价方面要面对的挑战。

麦当劳公司的例子涉及了几个主题：儿童健康、有特殊需要的儿童和家庭、灾难救助、环境保护。表 3-1 是麦当劳公司社会活动的一些例子：

表 3-1 **麦当劳公司社会活动**

公益事业宣传	在澳大利亚悉尼举行的“奥林匹克青年营”活动
公益事业关联营销	在 2002 年 11 月 20 日的“世界儿童日”，参与活动的麦当劳餐馆每卖出一个巨无霸或其他指定产品，就向儿童公益事业捐款 1 美元

续表

企业的社会营销	麦当劳鼓励及时对儿童免疫接种
企业的慈善活动	“麦当劳之家”为孩子患有重病的家庭提供治疗期间的住所
社区志愿者活动	在“9·11”灾难现场，麦当劳为志愿者提供免费饮食
对社会负责的商业实践	麦当劳改用再生材料的包装，并减少了包装材料的用量

三、塑美形：成功公共关系的追求目标

首先，让我们来看这样一则案例：

一家小旅馆是这样装潢的：

门口摆着一把中提琴，门的两侧以黑白两色的钢琴键作装饰，墙上画着五线谱……更妙的是，客人踩上楼梯，便闻琴声叮咚，一步一个音符。除此之外，楼梯两侧的墙上，悬挂着许多艺术名人的题词和照片，地上摆着他们曾经用过的各种乐器……

很明显，这家小旅馆展示给公众的形象主要是“凸现自己的气质美”：优雅、从容、含蓄、彬彬有礼……而且，这种形象气质是经过精心设计、塑造出来的。

从哲学层面上讲，美是形象的化身，形象是美的载体，塑造形象就是一种对美的追求，一种追求“内在美的外在化，外在美的内在化”的过程。

从历史上看，形象首先是一个审美概念，其影响主要是在艺术领域，而由于现代公共关系的产生，形象由此演变成为一个经济概念，直至20世纪40年代，形象逐渐发展为一种经营战略，即CIS战略，其影响则是整个世界。公共关系作为一门塑造形象的科学和艺术，让全世界明白了这样一个道理：形象也是生产力。

从内容上看，公共关系对美的追求表现在两个方面：一是对艺术美的追求，主要表现在对审美层面的追求，它对应于狭义的美；二是对组织美誉度与和谐度的提升，这是公共关系对审美价值的升华，对应于广义的美。具体地说，它体现在理念美、行为美和视觉美3个方面。

理念美主要包括沉淀于企业、产品及其员工心中的经营理念、管理宗

旨、办事风格、管理制度、企业文化等企业的风格、性格和品格，它是企业形象的核心要素；行为美主要体现在企业市场行为、员工行为和社会行为等；视觉美主要包括建筑外观、周围景观、内部装修、运输工具、办公用品、员工服装、产品包装、商标广告等一切可视、可听、可感觉到的企业静态实物和动态言行，它是组织形象的具体体现。

总之，良好的组织形象是组织“内求团结，外求发展”的根本保障，在现代市场中，拥有资金、技术、人才和信息优势已不再是一流组织的标志，组织和企业间竞争已上升为综合实力的竞争，组织形象的竞争。人们往往会依据对组织印象的好坏来选择商品，人们用手中的钞票作选票，支持其符合愿望的组织，良好的组织形象就是组织发给顾客的信用卡，让其放心大胆地采取购买行为，良好的形象虽然不能给组织直接带来销量和利润，但是，却可以创造出一种消费信心，一种向心力和凝聚力，从而使组织保持长久良性的发展状态，可以说，组织形象是现代组织的生命线，是现代组织的无形财富和宝贵资本，也是成功公共关系的主要目标。

第三节　公共关系的主要功能

所谓功能，指的是任何一个事物或组织在与环境相联系时所表现出来的适应能力和能动作用。公关功能就是指公共关系结构诸要素与环境相互作用时所体现的能力和结果。从公共关系的主体立场来说，公共关系的功能被概括为塑造形象、沟通信息、协调关系和咨询决策四个方面，国内许多教科书都是这么论述的，本书从公共关系的本质属性——第三方立场出发，提出公共关系的主要功能表现为：说服、倡导、咨询、管理。下面分别介绍。

一、说服

现代公共关系实践，深深扎根于基于弗洛伊德精神分析理论的劝服理论，公共关系学之父伯纳斯的公关实践深受他舅舅弗洛伊德的影响，在他的第一本公共关系学著作《舆论之凝结》中，就明确提出：“公共关系是通过创造性的传播，达到说服之目的。”格鲁尼格和亨特也将“科学劝服”归结于公共关系实践的四模式之一。

所谓说服（persuasion），又译为“劝服”，是指在没有强迫的情况下，他人的传播影响一个人的态度或行为的过程。根据史密斯（Smith M.）1982

年的概括，关于“说服”有六种类型。“过程式”把说服看成是改变人们信念、态度的过程；“效果式”认为只有产生了效果的说服才算是说服；“意图式”认为主体有意施加影响才叫说服；“反应式”认为有意无意发出的信息都能产生说服效果；“注入式”则把说服理解为单向影响过程；“交互式”把说服理解为双向信息交流的结果。

在公共关系的视野里，说服不仅仅是一种手段，而且是一种过程，不仅是追求的效果，而且是欲达成的目标。公共关系的第一个功能就是说服。通过说服，使组织适应环境和环境适应组织。具体地说，说服功能体现在以下3个方面：

(1) 改变组织或公众的态度和行为

公共关系人员站在组织利益和公众利益的结合点上，通过创造性的说服传播，达到态度改变的目的，要么减轻负面态度，要么强化正面态度；要么改变公众的态度和行为，使他们从消极变为积极、从敌对变为友善、从厌恶变为喜爱等，以有利于组织的生存和发展，比如培养消费偏好和品牌忠诚；要么努力改变组织的政策和行为，使之符合公众的需求和利益，比如，组织在公关专家的建议下，放弃污染环境的原料而采用环保原料等。

(2) 制造舆论

舆论标志着大多数社会公众对组织的基本态度和行为，是组织生存的社会生态环境，而公共关系的功能之一就是要通过说服，制造舆论，优化社会生态环境，使社会生态环境朝着有利于组织的方向发展。

那么，什么是舆论呢？舆论是相当数量的个人、群体或社会组织对某一社会问题或公共事物所发表的倾向性大体一致的意见，是社会群体意识的反映。在任何一个社会圈内，只要出现某一个能引起多数人关注的问题或事件，这个社会圈内上上下下的不同社会群体就会对这个问题或事件议论纷纷，形成一种道德的、情感的、意志的氛围，给人们以某种无形的压力。这种情况就是一种舆论现象或者是一项舆论活动。因此，舆论是社会的晴雨表，是某种共同性社会心理和社会思潮的公开表露，是实现社会调控的制约力量。

“舆论”一词在公共关系学中指社会公众对组织的政策、行为、人员或产品所形成的意见、看法、评价的总和，即大多数人对组织的看法和意见的公开表达，舆论是无形的关系。

公共关系舆论可以分为3种：人际舆论、大众舆论、分众舆论。人际舆论是通过人际传播、社会传言而形成的“口碑”或“口头舆论”；大众舆论是由大众传播媒介形成的公众舆论、热点舆论；分众舆论是由社区、社团或者互联网所形成的主题舆论、类型舆论，比如博客舆论、播客舆论等。

制造舆论的目的主要有3种：防御性引导、影响和扭转负面舆论和建设性地创造正面舆论。前两项突出表现在危机公关时期，后一项则表现在公共关系创建时期。

一般来说，制造舆论可以通过参与公共话题，设置公共议题来实现。例如：

世界知名化妆品美体小铺通过倡导“保护动物”的公共议题，来制造舆论，塑造一个“纯天然化妆品”的品牌形象，与此同时，其创始人阿妮塔·罗迪克，周游世界，为顾客寻找她的天然化妆品原料，这种行为带来了无休无止的媒体报道和社会舆论。

（3）影响民意

什么是民意？至今为止，难以定论，也许柏瑞斯（Lord Bryce）在现代民主（modern democracies）中所叙述的民意最为完备：

“民意是各种矛盾的见解、幻想、信仰、偏见，以及愿望的集合体。它是迷惑、纷乱、无定规的东西，而且每天都不一样。在纷乱复杂的意见中，每一个问题都经过不断的澄清、提炼，而后显露出它的观点或是整套的观念体系来。这种观点或观念被一批人接受从而采取行动，就变成力量。这种东西就是民意。”①

民意形成及转变的过程，可分为5个阶段：

第一阶段，开始。有一些人觉得某种问题正在形成中，于是决定采取行动，找寻资料，探求解决途径。

第二阶段，结集。志同道合者逐渐凝聚，他们试拟可行方案，并辗转商讨，逐渐形成团体意识，群众情绪高涨。

第三阶段，制度化。成立组织，分配工作，制定规章办法。产生共同追求的目标，群众渐趋理性。

第四阶段，衰退。已获得相当成果，群众兴趣逐渐消失。内部意见分歧，利益发生冲突。领导权受到挑战。

第五阶段，消失。已达成目的，或主要分子离去，群众兴趣已经转移或

---

① 张在山：《公共关系学》，五南图书出版公司1995年版，第126页。

消失。除非有新的特别事件发生，不易重振声势。

从民意的性质来看，民意可能是正确的，也可能是错误的，那么，公共关系应该如何处理民意呢？其实，民意无所谓好坏，无所谓对错，好民意是民意，坏民意也是民意。民意在形成之初及演变过程之中，冲突矛盾，变幻无常，但最后总要归结到一个平衡点。就如同近处观海，浪潮起伏，波涛汹涌，看似杂乱无章，其实水平面从未改变过。

因此，公共关系在处理民意时，要遵循一个基本原则——因势利导，借力使力，迎接并诱导民意而不抗拒民意。

传说，有一位教主传教时对听众说，他的法力无边，可以叫对面的一座山过来，听众怀疑他真有如此本领。于是他就高声大喊："对面的山啊，你过来！"听众屏息以待，对面的山并未过来。于是，他有点生气，提高嗓门大喊："对面的山啊，你过来！"对面的山依然毫无动静，他忽然面带笑容说，"山既不过来，那我们就过去"！

这是个颇有哲理的故事。对面的那座山就是民意，如果它能过来当然最好，公共关系从事说服，目的在改变民意。如果它不能过来，也就无法左右民意，那你只有去迁就它。

一般来说，公共关系人员在处理民意时，要注意以下两点：

第一，民意与个人利益有关，民意一旦涉及私人利益，就不容易转变、传播或其他刺激等，仅与个人利益有显著关系时才能影响民意。

第二，民意受重大事件的影响。一般而言，民意受事件的影响远大于受传播的影响。当某一民意支持的人尚不太多时，或正在发展之时，一件突发事件可以使民意的方向立即转变。

民意虽然是无形的，不可捉摸的，但它却是一股势力，像网一样伸展在民众之中，能够左右或控制决策过程，公共关系人员需要正确而巧妙地处理民意。

总之，公共关系的说服功能秉持一种第三方立场，追求组织利益和公众利益的同时最大化，从而达到双赢之目的。说服功能与一般的"沟通信息"功能相比，更能够体现独特的公共关系传播特征：不仅仅是告知，不仅仅是收集信息和传递信息，更重要的是说服，是改变组织或公众的态度和行为，制造舆论，影响民意。

二、倡导

倡导功能是公关第三方立场的又一体现，倡导功能强调，公共关系从业者必须明确他们在社会中最主要的角色是什么，这个角色就是他们不仅为客户服务，而且要为更大范围的社会服务，对社会构成威胁的那些行为，同样会威胁到生产和获利。组织必须考虑它们的社会的、政治的和经济环境，来识别组织公众的需求，评估所设计的产品和服务，以迎合公众的需要，对未来需求可能出现的成长、下降或者变化作出预测。

倡导功能具体表现在以下几个方面：

第一，公共关系倡导一种组织定位和品牌个性。

第二，公共关系倡导一种文化认同，比如尊老爱幼、孝敬父母、帮助他人等。

第三，公共关系倡导优惠的产业政策、优良的经营环境、健康的消费理念。

第四，公共关系倡导组织的道德良心和社会责任感，比如农夫山泉倡导“喝一瓶水，捐一分钱”的公益广告。

第五，公共关系倡导对公共事务的关注、对公共利益的贡献，比如保护环境、保护动物、预防艾滋病、帮助残疾人等。

例如，农夫山泉上市之初，养生堂就一直把为国人提供一种有益于健康的好水，作为生产、经营水的基本定位，他们始终坚持“热爱生命”这一理念，倡导“好水喝出健康来”的饮水观念，提出了“千岛湖的源头活水”的口号，主张要“好水喝出健康来”，提出水源好坏，决定了水质的好坏，这个观念彻底破坏了很多纯净水厂的传统做法，将公众注意力引导到水源问题上来了。与此同时，他们又提出一个引起关注和争议的主张——天然水比纯净水更健康，通过实验和辩论，使农夫山泉品牌的“天然水”主张被广泛认同。由此塑造了一个高档优质瓶装水的品牌形象。

2001 年，养生堂成为第一个中国奥申委的合作伙伴，借助申奥契机，又策划了“喝农夫山泉，为申奥捐一分钱”的公关广告：“再小的力量也是一种支持。从现在起，你买一瓶农夫山泉，你就为申奥捐出一分钱。”

2002 年，养生堂又推出“学子阳光工程”，消费者每买一瓶农夫山泉，就捐出一分钱支持中国西部小学的体育设施建设。以此活动来延续体育战略，也同样延续“1 分钱”的公益概念，激发全国人民的爱国热情，在全国掀起支持体育事业的热潮，塑造农夫山泉健康公益的社会形象。

2003 年 10 月，“神舟五号”载人航天飞船发射成功，农夫山泉又成为中国航天员专用饮用水，对航天事业的赞助，再一次表达了对国家公共利益和社会热点议题的关注，彰显了企业实力和形象。

农夫山泉向来是利用公关营销的行家，它推出的“一分钱工程”、“阳光工程”、“神舟五号工程”等一系列公共关系活动，都是倡导功能的具体运用。

三、咨询

公共关系提供的是智力服务，是组织的问题解决者和策略传播者，在组织内部，公关人员向组织决策层及各级主管部门提供有关公众的各种信息，这是平时的咨询建议功能。而当组织面临重大决策时，则应邀请公关部门负责人参加，从公众的角度对组织的决策进行评估，以免对公众的利益造成重大伤害，破坏组织形象。这就是公关部门的咨询决策职责，所以，有人将公关部称为组织的“决策参谋部”。其咨询决策功能具体体现在以下 4 个方面：

1. 为确立决策目标提供咨询建议

现代组织的决策日益专门化，整体的决策目标体系需要分解为各个职能部门的专门决策目标，如生产决策目标、技术开发决策目标、财务决策目标、市场营销决策目标等。公共关系则以一种相对超脱的、客观的角度，即从社会公众的角度，去评价决策目标的社会制约因素和社会影响效果，努力使决策目标与公众利益和环境因素相容，敦促有关部门或决策当局，依据公众需求和社会价值及时修正可能导致不良社会后果的决策目标，使其决策既反映企业发展的要求，也反映社会公众的需求，使公共关系本身成为整体决策目标系统中的组成部分。

2. 为决策提供信息咨询

为决策提供的各种信息咨询，主要包括广泛的外部信息和及时的内部信息，并根据决策目标将各种信息整理、归类、分析，提供给最高管理阶层或各个专业部门作为决策的客观依据。公共关系的咨询信息一般包括下述 3 类：

（1）公众的一般情况咨询

这类咨询主要提供社会组织与公共关系状态的一般情况说明，如内部员工的归属感、本组织的社会口碑、消费公众对组织产品的反映、新闻媒体对本组织的社会舆论、同行们对本组织的评估等。其目的是要让社会组织的领导及时了解和掌握公众的一般情况，以便适时调节本组织的运行机制，为实现组织目标创造有利条件。

（2）公众的专门性情况咨询

这是指社会组织举办某个专题活动，公共关系从业人员提供与该活动直接有关的情况说明和意见，使专题活动更加有效地开展。如社会组织举办新闻发布会，公共关系专业人员应当提供新闻媒体近期宣传动向、新闻记者对本组织的了解程度等情况，还应建议安排邀请出席会议者名单、会场的布置等。

（3）公众心理变化和趋势咨询

这类咨询是将在长期观察和积累的基础上形成的对公众心理变化和趋势分析的意见，结合社会组织的中长期规划，向决策层所作的通报。上述的公众的一般情况咨询，主要是对公众现状的分析和说明，但是由于社会环境的变化，公众的心理状态也会随之发生变化。公共关系专业人员必须在对公众讯息的长期积累和收集的基础上，对公众心理变化及时进行分析和作出预测，并向组织的决策层通报。这类咨询常常能为社会组织中长期的战略规划的制定和变更提供可靠的根据。

3. 协助拟订和选择决策方案

决策方案是实现决策目标的各种方法、措施的总和。公共关系的咨询功能又表现在运用公关手段为决策者评价、选择和实施有关的决策方案，特别关注决策方案在经济效益和社会效益方面的统一协调，敦促决策者重视决策行为的社会影响和效果。同时，调整公关手段，广泛征询各类公众对象的意见，促进决策过程的民主化和科学化。

4. 从公共关系角度评价决策效果

公共关系的咨询功能也表现在分析和评价决策实施的公众影响和社会后果，以及这种后果对决策目标的制约作用。运用公众网络和公关渠道，对那些付诸实施的决策方案进行追踪和回馈，使组织能够及时了解情况，并根据回馈的情况来调整决策目标，完善决策方案。

四、管理

公共关系是一种独特的管理职能，它与一般的“生产管理”、“技术设备管理”、“供销管理”、“人事管理”、“财务管理”等有着根本的不同，从性质上讲，公共关系是一种管理哲学，它强调管理组织的社会责任；公共关系是一种战略管理，它通过“边界扫描者”的角色，来培养组织的核心竞争力，发展出组织的竞争优势战略；公共关系是一种策略管理，它通过传播策略、关系策略和文化策略等的设计创意，实现组织的管理目标。总之，公共关系管理是一种对无形资源的软管理。

公共关系的管理功能主要体现在战略管理、信息管理、传播管理、关系管理、声誉管理、危机管理、议题管理、活动管理等8个方面。

1. 战略管理

战略管理主要对组织的外部环境、内部资源、潜在机会、潜在危机进行调查研究，以此确定与组织发展战略相匹配的公共关系战略。战略管理的具体内容包括战略环境、战略目标、战略公众和战略任务。

2. 信息管理

即组织与公众之间信息流通的管理。主要包括两个方面：输入信息和输出信息。输入信息管理是指对来自社会、公众的外部信息进行过滤、提炼、分析、整理来提高公众信息的利用质量和效率。输出信息管理是指组织对公众环境的信息输出管理，对公众信息建立快速反应速度渠道，对组织信息输出质量提出要求和规范。

3. 传播管理

公共关系是组织和公众之间的一种传播管理，它主要包括公关活动、广告、公共宣传、新闻、促销等传播活动的管理，具体地说，就是对传播原则、传播创意思想、传播方式、传播策略等进行管理。

4. 关系管理

公共关系是组织—公众—环境系统的关系生态管理。具体地说，关系管理主要包括两种类型、两个层面的管理：

第一，关系管理的类型包括组织—环境关系（OPES）管理和组织—公众关系（OPRS）管理。前者主要是指对组织与政治、经济、文化和科技之间的关系管理，管理手段是调查研究。后者是指对组织—员工关系、组织—持股者关系、组织—消费者关系、组织—社区关系、组织—媒体关系、组织—政府关系、组织—竞争者关系、组织—金融关系等的管理。其中，组织—公众关系管理是核心、是灵魂，组织—环境关系管理是基础、是方向。

第二，关系管理的层面包括高位关系管理和低位关系管理。高位关系管理是指对关系运行方式的总体管理，具体包括关系范围、关系联盟、关系属性、关系状态4个方面。低位关系是指对每一个具体关系、每一个维度、每一个要素的管理，比如对组织—员工关系的信任、相互控制、关系满意、关系承诺等的管理。表3-2为OPRS与OPES高位关系比较。

表 3-2 **OPRS 与 OPES 高位关系比较图**

高位关系构成	组织—公众关系	组织—环境关系
关系范围	十大关系类型： 员工，股东，消费者，社区，政府，新闻界，供应商，竞争者，金融界，压力集团。	政治意识形态 经济发展状况 科技发展水平 社会文化导向 媒体运行系统
关系策略	目标：相互理解，解决冲突 角色：关系建立者，文化传递者，传播管理者，战略咨询者 活动：对话，仪式	目标：营造舆论，争取空间 角色：边界扫描者，战略咨询者 活动：研究
关系属性	分量：直接性依赖 灵活性：竞争与合作 方向：互惠互利	分量：间接性依赖 灵活性：调整与适应 方向：依从
关系结果	选择性：主动 重要性：战略战术关系 成长性：大 效果：长期或短期 有形或无形 战略和战术	选择性：被动 重要性：战略关系 成长性：小 效果：长期的，无形的，战略的

资料来源：陈先红著：《公共关系生态论》，华中科技大学出版社即将出版

5. *声誉管理*

声誉，是指一个组织获得社会公众信任和赞美的程度，以及组织在社会公众中影响效果好坏的程度。声誉管理是指组织以正确决策为核心，通过声誉投资、交往等手段，从每个员工做起，建立和维持与社会公众的信任关系的一种现代管理方法。声誉管理的三大内容是：财务表现、组织文化、社会责任。

——声誉来自更好的财务表现。声誉变化是未来财务变化的指示器，声誉提高自然带来销售上升。在许多公司中，并没有声誉管理的预算，但是都有声誉建立的预算，比如，有人认为，联想市值中有 30% 是企业声誉贡献的，柳传志对联想的合理改制，创造性地解决了企业体制的问题，无形中提升了企业的声誉。

——声誉来自更优的组织文化。声誉管理对组织文化的管理就是对体现组织内在价值观的“组织个性”、体现组织外在价值观的“组织身份”和体现组织的社会公众认知度的“组织形象”的管理。

——声誉来自更高的社会责任。人们更关注组织的公共政策，而不是一个操作议题。公众越来越会支持那些对他们的自身行为以及公共利益负责任的机构，一个组织必须对社会作出积极的贡献，才能够赢得更高的声誉。

6. 议题管理

议题管理是对涉及公共政策事件的系统识别与完整行动，它包括议题沟通、议题监督、议题规划3个方面。

（1）议题沟通。通过讨论各种议题的利弊，能够促进企业和外部公众更好地相互理解。比如，1982年，通过议题沟通，美国政府取消了10%的个人所得税。这种议题沟通可以采取直接联系、大众联盟或公共沟通联盟等形式。议题管理能够管理公司对公共政策议题的反应，也能够影响公共政策议题。议题管理不仅仅被用来保护企业对付不应有的公共政策，也被用来寻求有利的、更可取的公共政策。

（2）议题监督。通过议题监督，组织可以掌握瞬息万变的环境信息，以此来发现企业生存环境的机会和威胁，评估企业的目标与运营标准是否需要改变或被替代。

（3）议题规划。议题规划就是帮助组织把公共政策计划与商业计划整合起来，根据公共政策的变化所带来的商业机会和威胁，提出沟通目标与战术的应变方案，以提高组织的社会责任敏感性。

议题管理被运用于各个方面，最常见的表现形式是分析处理公共事件、公司规划、企业沟通、政府事件、公共政策等。

7. 危机管理

危机管理是一种应急性的公共关系，也是一种预见性的实践活动。是一种高级公共关系管理功能的体现，从横向角度来看，危机管理包括以下5项内容：一般危机和重大危机，内部危机和外部危机，有形危机和无形危机、自然危机和人为危机，以及其他危机的管理。从纵向角度来看，一个危机事件的危机管理包括前期的危机识别和预警、中期的危机处理和反应以及后期的危机调控。

8. 活动管理

活动管理就是对公共关系专题活动的管理，它们包括开放参观、特别庆典、周年纪念、新闻发布会、展览展销会、大型路演、特别事件、节假日促销活动等的组织、实施。

第四节 公共关系的辨析

有人说,公关就是“免费广告”——搞点噱头,制造“假事件”,然后获得媒体报道,起到广告的效果;有人把公共关系矮化到与营销(marketing)平行,或下设为营销附属职能;也有人认为公关就是吃饭喝酒,做做人际关系,是不正之风……

上述种种情况表明,许多人难以区分新闻、广告、营销、人际关系和公共关系,常把它们混为一谈,对公共关系产生了种种误解。那么,公共关系与新闻、广告、营销和人际关系有何不同?解决这个问题对于明确公共关系学科的合理性至为重要。

一、公共关系与新闻

在公共关系界有一句话:“公共关系的一半是新闻。”这句话反映了二者之间的密切关系。从历史上看,公关人员都来源于新闻界,其前身是新闻代理人,主要工作也是提供新闻信息,处理和媒体的关系;从目前来看,离开新闻界的美国记者都是转向从事公共关系工作,比如宣传员、新闻代理等,这是一个继记者之后最容易进入的工作。但是,随着公共关系职业的不断发展,公关工作范围不断拓展,已经远远超出了单纯的新闻工作的范畴,因此,辨析二者的联系和区别是非常必要和重要的。

1. 公共关系与新闻的相同点

公共关系和新闻就像是一只鸟的两个翅膀,二者紧密相关,缺一不可。

首先,它们都是一种信源的提供者,而且在很大程度上,新闻依赖于公共关系人员提供的信息。据估计,在美国,如果没有公共关系人员,新闻记者至少要增加三倍以上,在我国,由于媒体的经营体制不同,这种情况还不普遍,但是近年来中国新闻界对公共关系信源的依赖感有所增强。

其次,它们都享有相似的价值观,即以“事实”为基础,以“说真话”为原则,代表了第三方立场,具有一定的公信力。

它们在舆论上互相控制,在信源上又互相依赖,为了交换资源和达成目标,它们必须协商谈判和互相包容,它们以各自的方式为社会作出贡献。

2. 公共关系与新闻的不同点

公共关系与新闻在角色定位、工作范围、工作对象和传播渠道方面,又存在着显著的区别：

（1）角色定位

新闻记者扮演着“客观的观察者”角色，其主要任务是向社会大众提供新闻和信息；而公共关系人员扮演着“观点的倡导者”角色，其主要任务是站在组织利益和公众利益结合点的第三方立场上，通过提供组织和公众都感兴趣的信息，来改变组织或者公众的态度和行为。

（2）工作范围

新闻写作和媒体关系只是公关职能中两种重要的职能。除此之外，公关人员还肩负着庆典活动的举办、危机的处理、议题管理等职能。为了有效完成各种任务，需要具备策略思考、解决问题的能力。而新闻媒体是专门的传播机构，记者是专职的采、写、编、评人员。公关人员参与的只是整个新闻生产中的一个小环节。简而言之，新闻业和公关业只是在“新闻采写”处出现了一个交集。

（3）传播受众

新闻人员面对的是一般的社会大众。而公关人员为了提高传播效率和针对性，经常依据人口统计或心理特质等变量，将其公众加以区隔或细分成非公众、潜在公众、知晓公众和行动公众，或者首要公众、次要公众、边缘公众等。每一次传播，有着较明确的重点受众，信息就可依据目标公众的需求、利益来设计。因此，公关人员的目标受众范围要小于新闻传播受众。

（4）传播渠道

新闻人员凭借其近水楼台的优势，一般只通过其所在媒体把信息传达给社会大众。公关人员虽不直接掌控媒体，却有条件来选择多种多样的渠道。除了报纸、广播、电视和杂志等大众传媒外，也经常使用 DM 杂志、海报、特殊事件和因特网等工具或渠道，把信息传达给其目标受众。

二、公共关系与广告

有人把“公关”和“广告”比作并肩作战的好兄弟，因为它们是迅速提高组织知名度的两把“利剑”。阿尔·里斯认为广告和公关就像古老的伊索寓言中的北风和太阳，当风拼命吹时，人们往往是把大衣裹紧；而太阳则利用它的温暖的光芒，轻松地让人脱下大衣。这个比喻感性地道出了广告与公关之间的微妙区别。

阿尔·里斯曾用一则伊索寓言来表现公关和广告的微妙区别——

广告是风，公关是太阳

在一则伊索寓言里，风和太阳争吵过两者谁更强。

看到一个旅行者在赶路，它们决定用让这个旅行者脱下大衣的办法来解决这个问题。

风先来，可是风吹得越猛烈，这个旅行者把大衣裹得越紧。

然后太阳出来开始发光。不久这个旅行者就感受到了太阳的热，把他的大衣脱了下来，太阳赢了。

你不可能强行进入潜在消费者的心中。广告被看成是一种入侵，一个被阻止的不受欢迎的入侵者。推销得越厉害，风吹得越猛烈，潜在消费者就越抵制。

广告人谈冲击。报纸上的整版广告、插页广告、折页广告和全色的印刷广告；狂热的行为、疯狂的方式，以及在电视广告中突然跳出来；在电台广告中增大音量，可是恰恰是这些特点在对潜在消费者说："不要注意我，我是一则广告。"

广告越是想强行进入人们的心中，它就越是不可能达到这一目的。有时候，潜在消费者放松了警惕，风就会赢。可是这并不普遍。

公共关系是太阳。你不能逼迫媒体来发布关于你的信息。信息的发布完全地掌握在它们手中。你所能做的一切就是微笑并保证你的公共宣传材料尽可能地有用。

潜在消费者也不会在一条评论信息中觉察到任何的强迫性。恰恰相反，潜在消费者认为媒体在试图提醒他们，又一种优质的新产品或新服务问世了。

资料来源：阿尔·里斯、劳拉·里斯著，罗汉、虞琦译：《公关第一广告第二》，上海人民出版社2004年版。

下面，我们具体从工作范围、工作目标、目标受众、传播渠道和传播手段5个方面来对公关和广告作一比较。

1. 工作范围

广告是一种专业化的传播沟通，公共关系则是一种智能化的咨询服务，公共关系除了沟通工作之外，还要进行传播管理、关系管理、声誉管理等工作。例如，对股东要求的响应、对员工认同感的培养、对危机事件的处理，以及对社会议题的参与等。工作范围更具战略性、全局性、系统性。

2. 工作目标

广告的主要目标是促进产品或服务的销售，而公共关系的目标则是为组织创造一个有利运作的环境，通俗地讲，广告是要大家买我，公共关系是要大家爱我，因此公关比广告更加具有人情味和人性美。

3. 目标受众

广告主要针对目标消费者提供说服性的信息，公共关系面对的公众较为多元化，包括内外部不同属性的公众，例如，股东、员工、社区、领袖、媒体记者、环境保护团体等。

4. 传播渠道

广告人员在信息发布的内容和形式以及媒体选择上具有较强的主控权，在与媒体的关系上较为主动，媒体有求于广告；而公关人员只是将新闻线索或新闻数据提供给媒体的新闻部门，而是否采用和见诸大众媒体则是由作为“守门人”的记者和编辑决定的，在与媒体的关系上较为被动，是公关人员有求于媒体。

5. 传播手段

广告的传播手段偏向于艺术夸张或自我宣扬，公关为了顺利通过“守门人”的审核，其传播手法比较接近新闻或让事实说话。

小资料

阿尔·里斯认为：“广告只有提醒作用……只有在一个品牌已经透过……公关建立其可信度后，才需要运用提醒的功能。”所以“必须透过公关手段，才能建立品牌”。为了强调“广告的式微”和“公关的崛起”，他们分别从14个面向来谈广告与公关的区别，我们特别将这些区别整理，如表3-3所示。

表3-3 **广告与公关的区别**

广告	公关
广告像北风	公关像太阳
广告像爆炸式的扩散	公关却（是）线性式地发展
广告讲究瞬间爆发	公关注重逐步加强
广告重视视觉导向	公关重视文字表达
广告触及每个人	公关专注特定族群
广告是自导自演	公关借媒体引导
广告寿命短暂	公关永生不息
广告收费昂贵	公关经济实惠

续表

广告擅长品牌延伸	公关擅长推新品牌
广告利于旧产品	公关利于新产品
广告逗趣俏皮	公关严肃庄重
广告不需要创意	公关需要创意
广告缺乏可信度	公关具有可信度
广告利于维护品牌	公关利于建立品牌

三、公共关系与行销

公共关系和行销是一对相互渗透、相互影响的概念，从行销学来看，公共关系常常被看作4P行销组合要素之一，是一种行之有效的促销工具和手段。而事实上，公共关系的作用和功能要远远超出行销之上。二者的区别表现在以下方面：

1. 工作目标不同

行销的目标是推销产品和服务，它比较关注市场的供需变化，透过提高市场需求线的斜率，为组织增加利润。

而公关的主要目的则是推销组织形象，它比较关注社会舆论和公众态度的变化，借着与可能影响组织目标达成的各类公众建立关系，来为组织省钱，或为组织带来美誉度。

2. 工作范围不同

行销主要是一种经济行为，其工作主要是围绕着产品或服务的设计、研发、定价、销售、管理等环节而展开的，而公共关系主要是一种文化活动和管理活动，它需要关注社会效益和长远效益，其工作范围十分广泛，除了促销推广外，还要从事危机管理、议题管理、声誉管理和关系管理等，更具战略性和宏观性。

3. 工作受众不同

行销多以“目标市场、消费者、顾客”等名词来称呼它们所要影响的对象；而公关人员则以“公众、阅听人、利害相关人”来称呼他们所面对的公众。可见，公关所面对的对象比行销更加多元或复杂，不仅包括消费者，而且包括员工、股东、社区、政府、媒体等各类公众。

4. 传播渠道不同

行销传播偏重于广告，它偏向于运用各种广告媒体和传播技巧；而公共关系偏重于新闻，主要是充分挖掘各种具有新闻价值的材料或者制造新闻事件，来达到组织目标。

虽然二者有以上的诸多差异，但行销与公关相互支持、相互渗透的现象却越来越普遍。一方面，公关人员大量应用营销观念和研究方法，帮助组织与各种公众建立良好的关系，同时也促进了公关理论和技巧的进一步完善。另一方面，营销人员则广泛运用新闻宣传、事件活动、发言人制度等公关手段，来加强产品的营销力量，以及透过公关为组织所建立的形象和信誉，来提升产品营销的绩效。

就目前的发展趋势来看，行销越来越跨越本来的领域，朝向“关系”或“顾客以外之公众”发展，例如“社会营销”和“关系营销”的出现，导致二者的学科界限越来越模糊，有专家指出：“公关和营销之间的关系，有渐被营销学者或专家定义或掌握的趋势。”

四、公共关系与人际关系

公共关系和人际关系是两个相互影响、相互作用的概念，它们既互相联系，又有所区别。二者的区别主要表现在以下几个方面：

1. 关系性质不同

人际关系是一种个人层次上的关系，是指人与人在相互交往过程中所形成的心理关系。而公共关系是组织—公众—环境关系，主要是一种组织层次上的关系，是一种社会关系。换言之，人际关系较为微观，公共关系较为宏观，它们是两种不同性质的关系。

2. 关系产生的基础不同

人际关系是以血缘、地缘、业缘为纽带所形成的人与人之间的关系，其原始形态与人类的起源同步，是人类社会中十分古老的较低层次的关系形态。公共关系则是以业缘关系为纽带（即社会组织的经营行为所引发的）所形成的关系，是一种特定的社会组织与其相关公众之间的利益互动关系，其原始形态略晚于人际关系，它是以社会组织的产生为依托，可以这样说，有两个人的地方，就有人际关系，但不一定有公共关系，有组织的地方才有公共关系的存在。

3. 关系主客体不同

人际关系的主体是个体的人，客体也是个体的人，而公共关系的主体则是特定的社会组织，客体是与社会组织相关的各类公众，包括个人、群体和组织。人际关系注重个体，侧重于个体的特色研究，如个人的气质、性格、仪表、风度等，而公共关系则注重群体，侧重于个体的共性研究，如公众的需求、意见、评价等。

4. 关系运用的目的和手段不同

人际关系的目的主要是为个体，服务于个体利益，其主要手段主要是一对一的、直接的、小范围的、非公开性的信息传播，如朋友间的交谈、夫妻间的“悄悄话”等，其信息交流一般具有直接性的特征。

公共关系的目的是为了“公”，服务于群体利益，以塑造良好的组织形象为目标，主要运用信息传播的原理，运用大众传播媒介（如报纸、电视、杂志、广播等），在社会组织及其公众之间进行大范围的、公开的、双向的信息传播，如广告、展览、展销、信息发布会、记者招待会等是组织开展公关活动的主要形式，其信息的交流具有间接性，即需要通过一定的中介物来进行。换言之，公共关系的信息传播带有鲜明的开放性、社会性、间接性和复杂性，而人际关系中的信息传播则带有明显的封闭性、个体性、直接性和单一性。

虽然两者所指不同，但却紧密联系。

首先，公共关系工作的成功展开，离不开娴熟的人际关系技能，离不开良好的人际关系。在实践中，公共关系作为“内求团结，外求发展”的管理艺术，要经常借助于人际关系中的某些手段，通过个体交往以构建健康有序、平等、和谐的人际关系，来实现“内求团结，外求发展”，塑造良好组织形象的目的。良好的人际关系是良好公共关系的基础，公共关系的成功首先是人际关系的成功。

其次，公共关系与人际关系在许多基本原则上是相通的。作为人类社会关系的产物，无论是公共关系还是人际关系，在实践中都以互利互惠、诚实信用、平等协调为基本准则，只有这样，关系才得以持久和巩固。

案例讨论：尚未“出世”的印表机

某电脑公司已经开发出一种新型的镭射印表机，比它的竞争对手所生产的印表机价钱更便宜，效果更好。虽然原型机已经制出，但由于生产上的问题，这种新印表机的实际生产要在 3 个月后才能开始。

公司高管认为，从行销观点来看，最好提前宣布这种新印表机目前已有现货供应。因此，他们要求身为产品宣传专家的你，撰写一则介绍新型镭射印表机的新闻稿，并且发稿给各新闻媒体。他们特别嘱咐，不要在新闻稿中提到这个新产品要在3个月后才能上市。

在这种情况下，你会怎么做？这种情形是否违反了公共关系的某一道德规范？违反，为什么？不违反，为什么？

思考练习

1. 公共关系的本质属性是什么？
2. 如何理解“公共关系=说真话+做善事+塑美形”？
3. 公共关系的功能主要体现在哪些方面？
4. 公共关系与新闻的联系与区别是什么？
5. 公共关系与广告的差异是什么？

第四章　公共关系工作

本章概要

- 公共关系工作的类型可分为3种：技术公关、策略公关、战略公关。
- 营利性组织的公共关系工作主要有以下10项：塑造形象、资讯服务、产品宣传与召回、投资者关系、金融关系、社区关系、员工关系、举办特别活动、公共事务、处理问题等。非营利性组织如政府、军队、学校的公关工作略有不同。
- 公共关系工作必须遵循以下6大原则：老板至上、全员公关、两面提示、双向传播、互惠互利、开拓创新。
- 社会责任是公共关系的伦理基础，社会责任导向与现代公共关系的发展几乎是同步的，公共关系可以分为企业公众责任（CSR1），环境恶化和议题管理（CSR2），企业社会公正（CSR3），企业社会动机（CSR4）四个发展阶段。
- 公共关系与法律有着不同的传播逻辑。

核心概念

工作类型　工作内容　工作原则　社会责任　职业道德法律

第一节　公共关系工作的类型

从职业的角度来看，公共关系的工作可以分为低中高三个层次：技术层次、策略层次和战略层次，由此把公共关系工作划分为技术公共关系、策略公共关系和战略公共关系三类。

一、技术公共关系

技术公共关系属于服务接待型的初级公共关系工作，它是站在具体操作的层面，与各种相关的公共关系对象打交道，比如内部员工、股东、消费者、媒体记者、政府官员、社区居民等。其工作任务是建立关系网络，整合关系资源。其所需要的工作能力主要是人际沟通能力、摄影摄像能力、计算机操作能力等。

二、策略公共关系

策略公共关系属于传播创意型的中层公共关系工作，它是站在管理执行的角度，为了实现某一个时期的某一个具体目标，提出一系列具有创意的活动方案和传播策略。比如新产品上市、新大楼竣工、周年纪念、重大事件、展览展销等活动策划。工作重点是策略创意和执行，所需要的工作能力是创意能力、传播能力和执行能力等。

三、战略公共关系

战略公共关系属于咨询策划型的高层公共关系工作，它是站在经营决策的高度，为组织发展出谋划策、指点迷津，相当于一个组织的“外脑”。它直接为最高层服务，比如总统、市长、政府都有顾问委员会。其工作内容是战略咨询服务，所需要的能力主要是研究能力、咨询能力和决策能力等。

其中，战略咨询和策略创意的区别在于：战略咨询是做对的事情，策略创意是把事情做对，前者是做有效的事情，后者是有效地做事。简单地说，就是做对的事情和把事情做对，做事有效和有效地做事。前者解决的是方向问题，后者解决的是策略问题。

据此，我们可以把公共关系人员分为三种类型：技术专家、传播专家、策划专家。

第二节　公共关系工作的内容

公共关系工作的内容几乎包罗万象，而且各不相同，比如，A 公共关系人员的工作主要是加强大众对艾滋病的认识，B 公共关系人员则是推销某种新产品，C 公共关系人员主要负责与内部员工的沟通，D 公共关系人员则负责策划一个别开生面的周年纪念活动等。可以说，几乎所有的组织机构，包括营利性的，如工商企业单位，和非营利性的如红十字协会、政府、军队等，都需要接受公共关系的指导和服务。

那么，公共关系人员究竟干些什么？公共关系技巧究竟在商业、教育、政府以及其他非营利机构的哪一部分发挥作用？本节的主要目的就是让读者对公共关系工作的主要内容产生明确的认识，有一个大概的了解。

一、营利性组织的公共关系工作

1. 塑造形象

公共关系人员通过使用各种传播工具，促使企业善尽社会责任，并建立公众对这家企业特性与本质的积极认识。其具体的工作包括：

第一，保护企业免受外界的攻击。

第二，万一发生对企业不利的争端，要善加说明。

第三，主动对外界说明企业的目标与政策。

第四，对环保问题表示关切。

第五，保护与推广企业的商标与标记。

第六，说明企业关心员工以及所在社区的福利。

第七，说明企业对政治、经济问题的立场。

2. 资讯服务

主要包括对新闻媒体和目标公众的资讯服务。其具体工作内容包括：

第一，向新闻媒体提供新闻稿件。

第二，邀请记者采访企业高管。

第三，组织举办新闻发布会。

第四，定期或不定期地组织记者联谊活动。

第五，回答来自顾客、社区、经销商、政府官员的询问。

第六，向一般社会大众告知公司信息。

3. 产品宣传与召回

产品宣传也叫“行销沟通”，主要工作是密切配合行销部门，研究宣传产品，强化广告与促销活动。西北大学行销学教授科特勒认为，公共关系是行销策略的第 5 个 P。前 4 个是产品（Product）、价钱（Price）、地点（Place）、促销（Promotion）。他在《哈佛商业评论》撰文中指出：“公共关系必须花更长的时间来培养，但是，一旦培养成功，就能协助企业在市场上占据最有利地位。”

产品召回是指，当某种产品被发现有缺陷，或者对消费者造成伤害的时候，公共关系人员必须协助行销部门把这些产品从市面上收回来，或修理，或更换，或赔偿等，并且在面对消费者的批评和指责时，必须运用各种沟通手段和技巧进行处理和善后。

4. 投资者关系

投资者关系也叫“股东沟通”，基本而言，这项工作就是提供资讯给拥有公司股票和对公司有所投资的个人，定期邮寄详细的年度报告、季报，以及其他文字资料，在每年的股东大会上，处理股东的抱怨，在股份公司的收购或合并中，坚定股东的信心，努力说服股东不要出售手中股票。

5. 金融关系

其主要工作就是向金融界、证券公司、银行，以及金融机构的分析师提供广泛的资讯，以帮助他们正确评估公司的财务能力和发展前景。

6. 社区关系

作为社区的一员，企业必须要尽一些义务，经常主动支持社区活动，比如鼓励员工做社区义工，资助当地社区的公共设施建设和文化活动，遵守社区的环保规定，改善社区的生活品质等。

7. 员工关系

公共关系部门必须与人事或人力资源部门密切合作，加强企业管理阶层与员工之间的充分沟通。公共关系人员的主要工作有：

第一，出版员工杂志、报刊和视听资料。

第二，撰写文章，向员工说明企业政策和福利。

第三，准备视听资料，作为培训和政策传达之用。

第四，安排会议与研讨会。

第五，培训管理阶层。

第六，开展文化活动。

8. 举办特别活动

这些活动主要包括新公司开张、新产品上市、周年纪念、竣工庆典、巡回路演、展览、展销等。

9. 公共事务

公共事务又叫“政府关系”。根据美国公共关系学会公共事务小组的说法，公共关系经理一定要做好组织与外在环境之间的关系管理，并参与情报收集与分析工作，针对政府、社区和一般社会大众开展一些对外的运动，加强与政府官员和政策法规部门的接触，希望能够影响立法。

10. 处理问题

这里主要是处理一些危机事件。

以上10项公共关系活动，也会发生在其他组织机构和团体中，只是表现程度各有不同而已。

二、非营利性组织的公共关系工作

政府设有“公共资讯部”或者“公共事务部”，最著名的就是白宫的总统新闻秘书。新闻秘书是总统竞选幕僚中的重要人物，他和公共关系公司一起，帮助策划竞选策略。一些政治领袖通常都有个人的公共关系助理，不过，他们通常被称为“行政助理”，而不是“公共关系助理”。

在军队，都设有复杂的公共资讯服务网络，它们的主要功能是：第一，提供有关军事政策与活动的讯息；第二，鼓励优秀青年男女踊跃参军；第三，维持军事基地与四周社区的良好关系；第四，发布军中某些特别活动的新闻。

在大学，公共关系的主要工作有：

第一，发布新闻。把校园活动和人事动态的新闻稿分发给新闻媒体。

第二，出版刊物。出版学校的各种期刊、宣传小册子和目录。

第三，联络教职员工。活动内容很丰富，包括接待来访的教授参观等。

第四，处理学校与政府部门的关系。

第五，筹募基金。这是一项很重要的活动，主要是向各个基金会、政府、特别利益团体等筹募捐款。

第六，处理校方与教师、学生之间的内部公共关系。

在一些社会团体和宗教性团体，比如中国慈善基金会、防治艾滋病协会、防癌协会、美国宗教公共关系协会等，公共关系工作是必不可少的，其工作主要包括：

第一，推广会务。使大众了解这些团体的会务和服务项目，同时说明，在它们的服务协助下可以得到哪些成就。

第二，个别服务。使大众知道这些服务，并说服他们利用这些服务。

第三，筹集基金。

第四，招募自愿工作者。

在个人和娱乐宣传中，公共关系工作也是非常重要的，它和传统的“新闻代理”非常相似，其主要目的就是打响知名度，具体工作内容包括：

第一，通过电话、信件、面对面的沟通，与媒体保持密切联系。

第二，有计划地安排宣传对象上电视和广播节目的脱口秀节目。这些人包括演艺人士、政治人物、体育明星和畅销书作者等。

第三，撰写这些知名人士的新闻稿，提供给文字媒体和电子媒体。

第四，安排接受报社和电视台的访问。

第五，策划能够带来曝光率的社会公益活动。

此外，在一些行业协会、专业和文化团体，比如全国食品行业协会、博物馆、汽车行业协会、新闻记者协会等，都会开展一些公共关系活动，来推动会员的共同利益，获得大众的了解和支持。

第三节　公共关系工作的基本原则

公共关系工作复杂而又繁琐，在这些具体工作中要想取得事半功倍的效果，就必须掌握一些搞好公关的基本原则。这些原则可以说是进行公关活动的指南，可以使我们避免一些常见的公关误区。同时，我们的社会生活中还存在着相当多的假公关和庸俗公关活动，这些原则也是我们区分真假公关活动的锐利武器。

一、老板至上原则

自从现代公共关系之父——美国的艾维·李在处理美国煤矿公司工人罢工时提出他必须有权直接和组织的最高管理层接触，能影响最高决策过程以来，“公共关系始于最高管理层”这一原则就成为公共关系的金科玉律，没有组织最高领导人的支持和理解，公共关系工作将一事无成。

公共关系始于最高管理层，首先是因为公共关系工作是一项事关组织全局性的工作。从公共关系机构的设置、人员的安排、职位的分配，到公关计划、公关经费的确定，公关决策的实施都需要得到组织最高领导人的认可和强有力的支持。因此，很多组织中公关经理通常由最高领导人兼任，或由与最高领导人有着非常良好关系的人担任。

公共关系始于最高管理层，也是与最高领导人的工作性质分不开的。比起组织中的一些员工，最高领导人抛头露面的机会更多。他们是主持和参与各种重要会议的首选，是新闻媒介重点关照的对象，在组织内部，他们也是员工眼中的“公众人物”。总之，最高领导人的一言一行、一举一动都具有公关效应，在很大程度上，他们就是组织形象的代言人。

例如，当毕雷瓶装水发生苯污染事件的时候，毕雷矿泉水的高级管理层表现出对公共关系的无知，他们首先表示，这种情况只是属于一个单独的、孤立的卫生事故，那些受到污染的只是极少数仅限于从北美回收来的瓶子，当人们在欧洲也发现了受到苯污染的产品以后，高级管理人员又把苯污染归罪于一个过滤器系统问题。最后，面红耳赤的毕雷矿泉水管理层宣布进行世界性的回收。媒体对毕雷矿泉水进行了集中的轰炸，质问该公司的管理层诚信何在？毕雷矿泉水失去了并且再也没有恢复到它以前在瓶装水市场所占有的份额。

然而，强生公司对于泰伦诺尔扑热息痛胶囊投毒事件的危机处理，与之形成了鲜明的对照。最高管理层把顾客的安全放在了首位，立即把这个产品从零售架子上撤走，回收了在美国和国外的全部胶囊。尽管明明知道投毒的情况仅限于芝加哥地区，管理层还是采取了这些引人注目的措施。媒体称赞了这家公司勇于承担社会责任的行动，报道了这个公司与联邦机构的合作，并且对于后来宣布推出能防止投毒的新型包装给予了充分的报道。在这些案例中，首席执行官把握着航向，并且在对危机作出反应的过程中成为公众熟悉的面孔。

每一场危机都为高级管理层在一个组织的公共关系工作中所扮演的关键性角色提供了实例，所有这些案例表明，公共关系的信誉开始于管理层的诚信和对社会负责任的行动。

领导人的亲历亲为在公共关系中作用甚大。我们不会怀疑一些新闻报道的真实性，如某一高级领导人如省长、市长的光临，使一些基层工作人员激动万分，备受鼓舞。其实，如果你是一个平民百姓，突然有一天，省长亲自接见你，并解决了一个长期悬而未决的问题，你也会增加对省长以及他所领导政府的好感。

以上这些情况表现，组织的良好形象开始于管理层良好的公关意识和对公关工作的大力支持。一般说来，最高管理层对公共关系工作的作用，表现在以下几个方面：

1. 在组织中确立公关指导思想，承认公共关系的重要地位。
2. 在制订组织长远目标时，把公共关系目标作为重要内容之一。
3. 支持公共关系部门的公共关系传播政策。
4. 提供公共关系活动经费和必要的人力、物力支持。
5. 注意自身良好形象。

另外，公共关系的长期成功还需要高级管理层做到以下几点：

1. 承担公共关系的义务，并且参与公共关系活动。
2. 保持有能力的公共关系咨询。
3. 在政策制定中融入公共关系视角。
4. 与内部和外部的各类公众进行双向传播。
5. 把说的与做的协调起来。
6. 清晰地界定目标和目的。

老板至上原则为公共关系的正名提供了有利的支撑。它使公共关系不再处于隶属营销战略范畴的三级地位，让人们对公共关系的理解不再停滞于迎来送往的交际型工作，而是展现了公共关系战略与企业发展战略的相关性，显示了公共关系在组织发展中发挥战略与战术层面作用的一级地位。

二、全员公关原则

全员公关，简称全员 PR，是指一个组织公关工作的开展，不仅要依靠专职公关机构和公关人员的不懈努力，而且有赖于组织各部门和全体员工的配合，要求组织的全体成员都注意树立公共关系观念，都要关注并参与公共关系工作，都要为公共关系工作作出贡献。

一位公共关系经理这样形容："公共关系是无法与企业的日常活动分开的，它是企业有机体的一部分，它是推销员脸上的微笑，皮鞋上的闪光和握手时的力量；是你迈入企业大门时笑盈盈向你走来的服务生；是迅速为你接通电话的接线生；是你收到的一封封由总经理亲笔签名的热情洋溢的慰问信；是那些认为你的公司好、说你的公司好的批发商，更重要的是，公关是顾客洋溢在脸上的微笑和掩藏在心底的感激，任何一家哪怕只与公司有一点点接触的企业，都有公关的存在，任何一个在公司工作的人员都是事实上的公关人员，上至总经理，下到刚报到的职员，概莫能外。"（美国一位公关顾问）

由此，我们可以看出，公关并不是一般人眼中漂亮小姐的交际应酬，公关工作也不是大家所想像的"食有鱼，行有车，玩有伴"的风流快活的生活，公共关系的工作范围涉及组织的每一个人和每一个方面。因为组织形象是通过组织所有人员的集体行为表现出来的，是组织内个人形象的总和。每一个成员与外界发生联系时，其个人形象直接体现组织的整体形象和风貌。因此，严格遵守全员公关原则，可以增强组织全体员工的公关意识，让员工上下齐心，合理搞好公关工作，从而维护甚至扩展组织的形象。

树立全员公关意识，要做好两个方面的工作：

1. 全体员工要积极参与公共关系工作，要时刻保持自身形象与组织形象的统一

组织既然无力改变人们看问题的习惯，那就应该改变自己，调整组织行为，鼓励组织中的每一名员工，时刻注意保持自身形象与组织形象的统一，时刻注意维护组织形象。为此，组织应该做到以下几个方面：

① 努力让全体员工都树立良好的公关意识

既然每个人都代表组织形象，那么全体成员都必须具备公共关系意识，每个人都要注重组织形象和信誉，全体成员都应该参与公共关系工作，并按照公共关系的要求进行工作。对员工来说，一方面努力使自己的形象符合组织要求，另一方面也要以自己的努力为组织良好形象的树立添砖加瓦。北京申奥期间那个著名的出租车司机，就以自己的行动为北京在来访的国际奥委会委员心中树立了良好形象。

② 营造良好的公关氛围

让每一个成员感到公关无处不在，公关人人有责。这时，组织应该在内部普及公共关系教育，让员工认识到组织形象的重要性，认识到创造和维护良好的形象和声誉要靠大家努力，要形成人人讲公关、人人做公关的局面。组织还可以通过适当的方式来营造这种气氛。

③ 明确每个人或每个岗位的公关责任

如生产部门的质量问题、销售部门的定价政策问题、人事部门的晋升制度、宣传部门的媒介关系、办公室的社区关系，乃至电话接线员的服务态度、值勤门卫的仪表仪态等，都从不同角度反映了组织形象。因此，组织一方面要从制度上规范每个岗位不同人员的公关责任，另一方面要对他们进行相应岗位的公关教育和训练，让他们都知道如何在自己的岗位上维护组织的良好形象。

2. 把公共关系工作渗透到组织经营管理的各个环节、各个部门

正如每个人都代表组织形象一样，每个部门、每个环节都是组织形象的承载者和实施者。因此组织应该把公关思想渗透到经营管理的各部门、各环节。

① 在组织战略规划和年度计划中体现公共关系思想

战略规划是组织的长远计划，年度计划是未来一年的工作安排，两者都会对企业的发展产生影响。因此每一个组织应在战略规划和年度计划中制订明确的公共关系目标，同时要对规划或计划可能会造成的公关影响有一个充分的评价，决不能出现有损组织形象、组织长远利益和社会利益的事情。

② 在生产环节中贯彻公共关系思想

生产环节中最主要的工作有两个，一是通过良好的质量控制，生产出满足消费者需要的优质产品；二是严格控制生产过程中的废水、废气、废渣、噪声、粉尘及放射性污染，实现清洁生产。第一项工作关系到组织在消费者心目中的形象，而第二项工作则表现了组织所承担的社会责任。除此以外，产品设计中的人性化追求，产品包装的绿色化、无公害化，生产过程中对资源的节约和对环保运动的响应等，也是对在生产环节体现公关思想的基本要求。

③ 在人事部门融入公共关系思想

人事部门负责组织中人员的招聘、录用、使用、晋升、培训、考核、奖惩等工作，一般认为这些工作主要对内部员工产生影响。其实，组织的人事政策、人事管理制度不仅对内部员工产生影响，也会对外部公众形成和改变对组织的形象发挥作用。那种激励有效、奖惩分明的人事政策会成为组织的无形财富，为组织吸引优秀人才创造良好的条件，也有利于公众形象的树立。即使是内部员工，也会从良好的人事管理政策中受益，而且组织的内部关系将更加协调，组织的向心力、凝聚力和团队精神将更加增强。因此，在人事部门的人事工作中融入公共关系思想也同样重要。

三、两面提示原则

两面提示原则是履行传播战略时必须遵循的原则，其主要内容就是指社会组织在对外宣传时要做到“好事要留名，坏事要讲清”。

1. *好事要留名*

很早以前，亨利·福特就提出了“做好事并加以宣扬”是公共关系的重要法则。沟通交流的意识，实际上也可以说是一种信息意识。组织为了塑造良好形象，更好地为公众服务，以实现其目标，就必须构架一个信息交流的网络，来掌握环境的变化，保护组织的生存，促进组织的发展。从更高的层次说，沟通交流的意识属于现代社会的民主意识。公共关系活动是一种具有民主性的经营管理活动。组织为了塑造能为公众所接纳的良好形象，推销自身的良好形象，提高知名度和美誉度，以求得公众对组织的支持，就必须要培养组织与各类公众进行联系和交流的自觉习惯，“不但做得好还要说得好”，要运用交流的技巧，将自身所作所为宣传出去，毕竟主动地传播和被动地让别人了解的效果是不一样的。

现代社会是一个信息化的、海量传播的社会，你不去传播，别人会去传播。例如，在海啸的救援问题上，国际社会已经形成了国家形象的集体传播，如同一次大型公关秀——老布什和克林顿两个人一同出现在为海啸募捐的会场上；法国的香榭丽大街为遇难者挂上了黑纱……而温家宝总理在海啸之后的万隆会议上讲话《同舟共济，共建人类美好家园》，以及到受灾地考察时的亲民形象都给当地的灾民，同时也是给国际社会留下了非常好的印象。我国政府和民间在东南亚海啸中的救援行为，本身就是一次中国政府形象的传播过程，而我国表现出的无功利性和不追求回报、不包含任何做秀的成分，树立了一个真诚助人的形象，客观上是一次不留痕迹的公关。但如果我们在实施此次行为的同时注意对政府行为进行适当解释，从而达到完善的政府形象传播，则可使这一过程更加完美。

“好事要留名”原则不同于“为了留名做好事”这种本末倒置、急功近利的做法，该原则强调的是，善意惟有在相互间传递，理解才能在彼此间达成。组织应该首先本着长期积善的心去做好事然后再去宣传。形象塑造不可能一蹴而就，公关活动更非什么灵丹妙药。企业只有本着一颗回报社会的真诚爱心，不断投入到实际行动中去，才能真正从整体上改善企业形象，让这种形象成为企业最大的财富，而非昙花一现，得之即失。山东齐民思集团在没能赢得中央电视台 1997 年广告黄金段位招标中的“标王”称号之后，用 2.2 亿元回馈社会，较之争“标王”而言，更为企业建立了美誉，这也许就是公共关系的真正魅力。

2. 坏事要讲清

“做好事，让人知道”虽然是公共关系的一个基本原则，但如果灾害发生在自己身上，又应该如何树立负责任的社会形象呢？回答就是：“做了错事，需要讲清。”

如果因为产品原因或服务等，引起突发的企业危机事件，经营者决不能死不认错，明智的做法，就是迅速彻底改正错误，求得公众原谅。公众对那些有强烈社会责任感的人，往往很大度，也会很喜欢。他们可能会比以往更加信任企业。企业眼下的损失，可能酝酿着日后更大的收获。同时，勇于改正错误，对经营者保持良好的心态至关重要，即使公众不肯原谅，那自身也已问心无愧，心安理得，卸下沉重的十字架，轻装上阵，前进的步伐会更快。

例如，非典在开始的时候信息是不透明的，甚至有不正确的信息传出。这种局面不仅加速了非典的蔓延，也产生了不好的影响。到后期政府及时扭转了形势，撤换了主管领导，从中央到地方都高度重视，大幅增加了信息的透明度，使非典危机得到了控制。

当面临危机事件发生的时候，有一个处理事件的原则，就是你绝对不可以改变事实，但是你可以改变公众对你的看法。发生了不好的事情，说明你的工作出现了失误，如果有好的态度，会得到大家的理解，如果因为隐瞒了实情，导致别人不信任你，我们称之为形象危机，那是最糟糕的状况。所以说发生了危机的时候，特别要注意在扭转危机时维护自身形象，维护认可度和信任度。而正确地维护自身形象靠的恰恰不是隐瞒而是公开事实真相，如果处理得当，不仅不会使危机损害组织的形象，甚至可以通过这样一个事件树立组织的良好形象。

四、双向传播原则

从伯纳斯到卡特利普是公关思想史上的第三次飞跃，其标志在于前者停留在对公众需求的满足层面，而后者则提出了“双向沟通”这一意味着思维与存在必须相统一的公关观念，进而将公关推进到理论成熟化阶段。至此，双向传播原则也成为公关从业人员遵守的又一黄金法则。

传播沟通是公共关系活动的过程和方式。但公关更加注重互动传播——既包括将公众的信息采集进来，用于组织的经营决策；又包括将组织的信息传播出去，在社会上形成有利组织的舆论，从而达到树立形象的目的。针对公共关系的传播职责，有人将公关人员称为组织的“形象宣传员”。

从公关的关系属性来看，公共关系作为一种社会关系，特指组织与公众之间的传播沟通关系，即组织与环境之间的信息交流关系。任何组织与社会之间必然存在着各种不同性质的社会关系，如经济关系、政治关系、文化关系、行政关系、法律关系等。公共关系不同于这些具体的社会关系，它并不是包罗万象的，不能代替组织其他的社会关系，因为公共关系本身并不是组织的经济行为、政治行为或行政行为的直接产物，而是组织的传播沟通行为的直接产物，政治行为相应产生的政治关系，经济行为相应产生的经济关系、文化行为相应产生的文化关系等。而组织的传播沟通行为则相应遵循双向传播原则——即通过传播和沟通活动去建立组织与公众之间的双向的信息交流，促进组织与公众相互之间的了解、认同，达成相互之间的共识、理解与信任。

从公关的本质属性来看，公关的本质是帮助企业或组织进行有效的沟通，不仅将信息通过媒体传递给受众，同时也希望在第一时间采集到目标受众的反馈信息。这正是公关与广告的区别。公关用于沟通以及理念的传播，广告用于形象和概念的传播，公关是“拉”的双向力量，广告是“推”的单向作用力，广告研究的是把企业的信息怎样推给它的目标群体，而公关讲究的是互动、沟通，以及企业与目标受众的双向交流。因此公关需要宣传，但不等于宣传。公关既要收集、传递信息，还要反馈信息。公共关系活动的过程，就是运用各种传播媒体和沟通手段，在组织与公众之间建立有效的双向联系和沟通，唤起人们的兴趣、信赖和信心，促成相互间的了解、共识、好感与合作，目的是争取理解，树立形象。

因此，有效的双向信息传播沟通，是社会组织“内求团结、外求发展”的必要途径。从组织内部来看，只有建立纵向和横向的通畅的信息传播沟通，才能达到思想上的理解、认识上的共识、情感上的交融、行为上的协调，才能使各种隔阂和误解得以消除，由此便可以形成一个巨大的引力场，组织内部公众就会被吸引到同心协力、实现组织目标的轨道上来。从组织外部来看，只有建立起与各方面公众通畅的信息传播沟通，才能及时、真实、准确反映和把握舆论状况和趋势，以利于组织广结善缘、赢得支持。

五、互惠互利原则

公共关系的本质是组织与公众之间的一种利益关系。《有效的公共关系》一书中，也明确指出公共关系活动的一项重要原则就是“双向对称”，即组织与公众之间的关系要对称。因此，互利互惠是搞好公共关系工作根本原则之一。其具体内容包括两个方面：

1. 真诚地对待公众。这是公共关系工作重要的职业道德。现代西方公关协会的章程、宣言中，都是强调公众利益至上，对公众负责的原则。这一原则与我们国家的企业为人民服务的宗旨也是一致的。真诚地对待公众具体包括诚实无欺、对外开放和对社会负责。组织对公众要以诚相待，不能靠“要嘴皮子”、“要笔杆子”欺骗公众，更不能“做套”愚弄公众。

2. 给公众以实际的利益。公共关系从某种角度看，也被称为组织的信誉投资，即花钱买名誉。组织必须给公众实实在在的利益，这样才能使他们对组织产生信赖感，乐于与组织合作。

社会组织在开展公共关系活动中，必须遵守互惠互利的原则，不能单纯追求组织单方面的利益。只有在公众也同样受惠的前提下，才可能得到公众的支持和合作。事实上，任何一种良好的社会关系要得到维护和发展，都必须对双方有利。公共关系强调主体和客体的平等权利和义务，尊重双方的共同利益和各自独立的利益，谋求本组织利益与相关公众利益的平衡协调并促成组织运作与环境达成自动平衡。公共关系必须信守组织与自己的公众对象共同发展、平等相处、互利互惠、共存共荣的坚定信念。

互惠互利，就是既讲“利己”，又讲“利他”。公共关系并不是一味地讲“利他”，也要讲“利己”（局部利益），但“利己”不是利己主义。公共关系是在不违反法律和道德的前提下，让别人先得益，最后对自己也有利。互惠互利原则的基点，就是要把公众利益作为首要因素来考虑，把能否满足公众利益作为衡量公关效果的重要尺度。任何组织都要对公众与社会负责。对公众负责，即对由组织行为引起的特殊社会群体负责；对社会负责，就是要为解决人们共同面临的社会问题而分担责任。这就要求组织把自身的运行建立在满足公众利益的前提下，关心由组织行为引起的问题以及由此设计的公众利益。满足公众利益和要求，关心社会问题，有时会牺牲组织的眼前利益，但从长远看，这是对组织生存环境的维护，是一种重要的战略性的公关投资，是形象建设的要求。

六、开拓创新原则

开拓创新原则指公关人员要努力通过不断的创新活动去解决自身面临的新问题。由于公共关系是用来协调组织与社会环境关系的动态性社会活动，社会环境不断变化的发展性、各个组织自身条件的特殊性，都决定了每个组织在公共关系的具体实践中需要实现的特定目标不可能是雷同的。可以说在公共关系中不存在任何盲目效仿、简单照搬的可能性，任何公共关系活动都离不开创新意识。

公共关系主体的创新意识的自觉程度，直接影响着其行为的成效。创新意识从制订公共关系计划到实施公共关系的全过程都应有所体现。

1. 制订公共关系计划要富于创造性

任何公共关系计划的制订都要注意与先前的公共关系计划保持必要的连续性，从而体现出组织政策的一致性、连贯性，但这并不等于因循守旧、固步自封。随着组织自身条件和社会环境条件的变化，公共关系要及时作出反应，适时地制订出新计划而对原有计划作必要调整。而在计划的制订中，不仅要注意使目前的计划比以往的计划有所创新，还要争取比同行业竞争对手的公共关系计划更富于新意。能否做到这一点，关系着下一步公共关系工作是否具有活力和冲击力的问题。

2. 实施公共关系计划要因地制宜，因人而异

公共关系计划的实施，既是一个执行方案的过程，也是一个高度能动的

再创造过程。只有在实施公共关系计划的具体过程中及时根据环境的情况、公众的情况去突破常规，去创造性地实施计划，才有可能获得最佳结果。在实践中，常常会出现人们始料不及的“机遇”，这种“机遇”往往不是在环境中自然生成的，而是在创造性的公共关系活动中产生的。

因此，“不断以新的内容和形式的优化组合来改进公关工作”是公关从业人员所应持有的态度。

第四节　公共关系与社会责任

一、社会责任观的演变

从历史上看，社会责任是公共关系的伦理基础，社会责任导向与现代公共关系的发展几乎是同步的，正是现代公共关系的产生，唤醒了企业的社会责任感，使得卓越企业对社会责任更加敏感，并推动了社会责任理论的形成，而正是在社会责任理论的引导下，公共关系是“企业良心”的概念开始变得越来越清晰。

从企业社会责任的发展角度来看，公共关系可以分为企业公众责任（CSR1），环境恶化和议题管理（CSR2），企业社会公正（CSR3），企业社会动机（CSR4）四个发展阶段。

1. 企业公众责任阶段——CSR1

企业“公众责任”概念的首次提出是在一个世纪以前，一些小公司合并为大企业之际，铁路公司的管理者不得不说服那些合并者关注“公众利益”。

公众责任概念的真正发展是在20世纪初期到20世纪30年代，这一时期正是现代公共关系诞生期，公共关系一词的的第一次使用（或多或少带有一些现代意义）是公共关系先驱伯纳斯和他的妻子桃瑞丝·弗莱斯曼（Doris Fleischman）在他们的办公室门口放置一个标志，由于他们成功的公共关系咨询活动极大地推动了美国公共关系的发展，从而促使企业“公众责任”的概念发展起来——企业不仅要对企业主的利益负责还要对社会的发展负责。在道尔曼·伊腾（Dorman B. Eaton）的著作《公共关系和律师职业的职责》（1882年）和豪科·史密斯（Hough Smith）《公众情感理论和规范》（1842年）两本书中，都提到了公共关系和公众利益，可以说正是现代公共关系的诞生极大唤起了企业的“公众利益”和“公众责任”感。

2. 环境恶化和议题管理阶段——CSR2

20 世纪 70 年代，CSR 的概念继续发展为 CSR2。CSR2 提出了“环境恶化”的问题，这一问题在美国管理学界引起广泛讨论，同时公共关系理论中的议题管理也对此展开讨论。提出议题管理这一术语的是一个叫霍华德·蔡斯（Howard Chase）的公共关系顾问，1989 年，500 家企业和 3 000 家贸易协会在华盛顿设立政府关系办公室。1991 年，估计大约有 1 000 ~ 1 200 家美国公司设立了公共事务部。

从 CSR1 到 CSR2 的过渡是对日益模糊的公共关系概念的澄清，CSR1 和 CSR2 二者有很大不同：CSR1 只是质疑公司是否应承担社会责任，而 CSR2 已经开始研究如何去承担的问题。CSR2 更加强调公司与社会关系的具体管理。

3. 企业社会公正阶段——CSR3

80 年代，弗雷德里克又为责任增加了价值观和伦理的概念，提出一个“企业社会公正”的概念，它是对双向对称公共关系模式的支持，弗雷德里克在后来一本书中又提出，CSR3 应该发展为 CSR4，但是他并没有对此命名。

4. 企业社会动机阶段——CSR4

公共关系不仅应该有效而正确地管理组织与其环境的关系，还应该将公司纳入同一个社会有机体当中，就主要的社会问题而言，企业必须具有处理社会问题的能力，特别是要知道应该如何去做。公共关系应该帮助组织和社区恢复和保持失去多年的社区感，传播技术的高度发达导致一个新的全球社区的出现，公共关系应该为全球社区作出贡献。

通过以上分析，我们发现，公共关系是作为一个暧昧的、不明确的“企业社会责任”的概念而出现的，在企业社会责任的概念下，公共关系概念变得日益理性和明确，与公共关系实践相对应，新闻代理和公共信息模型属于 CSR1，双向不对称模型属于 CSR2，双向对称模型属于 CSR3，而社区模型属于 CSR4。

二、公共关系的社会责任

一般而言，企业应担负的社会责任有两种：

一种是企业本身运作所产生的问题，对于这些问题企业责无旁贷地需要负责，比如排放的废气、废水所造成的环境污染问题，如果企业不加以妥善解决，必将导致社会公众的极大不满，对企业产生更大的负面影响。

另一种社会责任与企业本身没有直接的关系，但是如果企业主动协助解决这些问题，将有助于品牌塑造，提供企业进一步成长的机会。比如说，联合利华公司推出的“黑发迎奥运”公共关系活动、农夫山泉打出的“喝一瓶水捐一分钱”央视广告等社会公益活动，既体现了企业对社会责任的承担，同时又树立了良好的品牌形象。

从公共关系的角度来看，承担社会责任的主要理由有：

第一，迎合公众期待。20 世纪 60 年代以来，公众对组织的社会期待更加强烈，积极支持组织追求社会目标的主张。

第二，追求长期利润。更好的社区关系和负责任的行为，可以产生更好的形象，从而带来长期效益。

第三，树立公众形象。由于公众认为社会目标是重要的，所以这种行为能够创造一个为大众所喜欢的形象。

第四，营造更好的氛围。由于能够解决许多社会难题，从而创造更好的生活质量和更令人向往的团体，这种氛围有利于吸引并留住员工。

第五，减少政府调节。政府调节增加了经济成本，限制了决策的灵活性，通过承担社会责任，组织可以期望减少政府调节。

第六，增加股东利益。从长远来看，社会责任会抬高股票价格。股票市场将把承担社会责任的组织看作奉献更大的和接受公众监督的公司，因此，它将使股票获得更高的价格—收益比率。

第七，资源占有。组织拥有各种关系资源，它们有能力帮助需要援助的公共项目和慈善计划。

第八，预防社会弊端的优越性。社会问题发展到一定时候必须处理，组织应该在问题变得更加严重时去补救。

三、公共关系职业道德

早在 1956 年，国际公共关系协会就制定了约束其成员的《雅典准则》，这是世界上第一部公共关系职业道德规范。美国公共关系协会、英国公共关系协会等各国公共关系专业组织也分别制定了自己的职业道德准则。下面全文介绍国际商业传播者协会职业道德准则：

前言

由于数十万的商业传播者在世界范围内从事着影响数百万人们生活的各种活动，由于这一势力负载着重大的社会责任，国际商业传播者协会为职业传播者推出了职业道德准则。这个准则是基于适用于全世界的三个不同的但是又相互交织的职业传播原则。

这些原则是必不可少的：

●职业的传播是合法的。

●职业的传播是讲究职业道德的。

●职业的传播是趣味高雅的。

确认这些原则，国际商业传播者协会的会员将：

●从事不仅是合法的也是讲究职业道德的，并且对于文化价值和信仰是敏感的传播。

●从事真实的、准确的和公正的传播，有利于促进相互的尊重和了解。

●坚持商业传播者协会关于职业传播者职业道德准则下列条款。

由于世界的环境在不断的变化，国际商业传播者协会的会员们将努力工作，以不断的研究和教育在这一领域提高他们的个人能力和增加值是主体的内涵。

条款

（1）职业传播者通过从事真实的、正直的和及时的传播实践，以及通过促进与公共利益一致的至关重要的信息自由流动，维持他们的职业可信性和尊严。

（2）职业传播者传播准确的信息并且尽快地纠正任何他们也许应该负有责任的错误传播。

（3）职业传播者理解和支持言论自由、集会自由，以及通向一个观念的自由市场的原则；并且采取相应的行动。

（4）职业传播者对于文化价值和信仰是敏感的，并且从事有利于促进和鼓励相互理解的公正和平衡的传播活动。

（5）职业传播者避免参加传播者认为不道德的任何事业。

（6）职业传播者遵守那些支配他们专业活动的法律和公共政策，并且对于所有的法律和管制精神都非常敏感，一旦任何法律或公共政策受到破坏，不管什么原因，都要尽快地采取行动以便纠正这一形势。

（7）职业传播者对于从别人那里借用的独特表达方式都要指明出处，并且对于所有传播给公众的信息都指明信息的来源和目的。

（8）职业传播者保护机密信息，而且与此同时，在披露影响到别人福利的信息时要遵守所有的法律要求。

（9）职业传播者不会利用所获得的机密信息作为牟取个人利益的专业活动的结果，并且在没有得到相关各方书面同意的情况下，也绝不代表那些相互矛盾冲突或是竞争的利益集团。

(10) 除了客户或雇主以外，职业传播者不从任何人那里为其提供的专业服务接受未透漏身份的礼品或者报酬。

(11) 职业传播者不能保证超出从业人员力量之外的结果。

(12) 职业传播者不仅能诚实地对待别人，而且最重要的是，他们自己作为个人是诚实的；作为一个专家，传播者寻求真理并且首先给自己讲真理。

实施和传播国际商业传播者协会的职业传播者准则

国际商业传播者协会通过展开全球化的传播活动而不是通过消极的制裁来促使它的准则得到遵守。不过，与国际商业传播者协会准则第六款保持一致，如果由适当的政府机构或是司法主体发现国际商业传播者协会的会员违反了他们专业活动的法律和公共政策的话，国际商业传播者协会行政董事会将按照这个协会附则中提出的程序可以取消他们的会员资格。

国际商业传播者协会鼓励尽可能最广泛地传播其准则。

资料来源：Courtesy International Association of Business Communicators.

中国公共关系职业起步较晚，1999 年，国家劳动和社会保障部正式认可公共关系职业，在其"公关员"职业资格标准中对公共关系职业道德规范提出了 8 条原则性规定：（一）奉公守法，遵守公德；（二）敬业爱岗，忠于职责；（三）坚持原则，处事公正；（四）求真务实，高效勤奋；（五）顾全大局，严守机密；（六）维护信誉，诚实有信；（七）服务公众，贡献社会；（八）精研业务，锐意创新。

2002 年 12 月 6 日，经中国国际公共关系协会第三次会员代表大会审议通过《会员行为准则》，这一准则广泛借鉴欧美等发达国家的成功经验，并结合中国实际情况而制定。它从公共关系人员的从业原则、行为准则以及违规惩戒等方面原则性地规定了公共关系从业人员的行为规范，成为中国首部较为完善并付诸实施的职业行为准则。

四、法律与公共关系实践

公共关系和法律，表面上看起来是风马牛不相及的两个领域，而实际上，公共关系中的法律问题和法律公共关系（又叫诉讼公共关系）是一个非常重要和无法回避的研究课题。众所周知，诉讼可能会引起企业危机，企业危机也可能会引起诉讼。在这些诉讼案件中，舆论对于卷入到法律纠纷中的组织有着巨大的影响。当组织遭遇投诉时，也就是面临公关危机的时候，“诉讼公共关系”便应运而生了。以下从二者的关系、公共关系中的法律知识、诉讼公共关系 3 个方面展开论述：

1. 公共关系与法律的关系

在公共关系中，最为重要、最为复杂的工作之一就是危机公关，而危机公关常常是和诉讼联系在一起的。面对诉讼危机，有的企业制定恰当的应对策略，不仅成功赢得诉讼，还赢得更多的客户。有的则应对不周，陷入困境而难以自拔。因此，在一些诉讼案件中，公共关系和法律常常被同时考量，同时运作。二者紧密相连，但是又遵循不同的传播逻辑。

公共关系和法律的相关性，主要表现在以下两个方面：

首先，就公共关系活动而言，必然要受到法律规范的限制和规定。这包括经济、民事和行政法律规范以及刑事法律规范。当前，社会组织开展公关活动，大都会就某项公关活动请教有关法律部门或直接聘请常年法律顾问。

其次，就法律活动而言，公共关系可能成为一个“民意法庭”，在影响舆论、赢得和解，甚至法律事件的结果上，都有重大的影响。比如，许多影视明星，甚至美国总统，常常未上法庭就先被定罪，这其中，公共关系发挥了重要作用。

公共关系和法律的相异性，主要表现在以下方面：

首先，二者的信息处理策略不同。

法律要解决的问题是“必须做什么”，而公共关系要考虑的问题是“应该怎样做”。法律强调的是必须做哪些事情，法律对权利和义务的规定，尤其是对于义务的规定都是强制性的；而公关强调的是某些事情应该怎样做，怎样通过“说真话、做善事”来“塑美形”。

一般而言，法律和伦理是互相关联的，有些诉讼案件既不合法，也不合伦理；有些合法但不合伦理，而有些则是不合法但合伦理，所以，法律和伦理，法律和公共关系在很大程度上都是不可调和的。在这种情况下，公共关系常常会提出相应的应对策略，同时做法律和伦理上的考量。

其次，二者的信息处理方式不同。

从法律的角度讲，诉讼程序中，一个组织机构在上法庭之前，遵循的原则是“不要说”、“慢慢说”，说得越少越好，最好什么也不说，重大案件的当事人在出庭前面对媒体时，总是表示要等律师到达后再说话。这样可以避免任何不妥当的言辞会留下对自己不利的记录、会增加对方攻击的火力点。

从公关的角度讲，则主张对危机事件迅速反应，在事件发生的第一时间告诉大众他们渴望了解的事实，以争取化被动为主动，变危机为转机。

2. 公共关系中的法律知识

对于公共关系组织和人员来说，既要树立法律意识、运用法律知识去保护组织利益，维护公共关系的有效性和可操作性；又要正确行使公共关系职能，有效地服务于公众利益，处理好公共关系行为与法律行为两者之间的关系。因此，公共关系人员应该了解和掌握相关的法律知识，主要包括《宪法》、《知识产权法》、《反不正当竞争法》、《广告法》、《消费者权益保护法》、《合同法》等相关法律。

（1）公共关系与《宪法》

《宪法》是国家的根本大法，它具有最高的法律地位和效力。它是制定其他法律法规的依据，也是司法和执法的基础，同时也是任何公关组织处理与公众关系问题的根本依据。

根据我国《宪法》规定，公民有言论的自由。在公关活动中，每个公民都有对公关组织的产品和活动自由、自主地发表意见和表达观点等言论的自由，受到《宪法》的保护。因此，公关人员在策划公关活动时，要充分考虑组织的产品和服务是否可能侵犯公民的合法权益，以免引起利害关系人群的不满与抨击，引发公关危机。近年来，各地政府在进行相关重大决策前，都召开听证会，广泛征求群众意见，这样做一方面使政府的决策更加正确和全面，避免了不必要的麻烦，同时也在群众眼中树立了一个合理用权、规范执政的良好政府形象。另外，近年在国内开始采用的“庭审直播”，也是法院出于审理公开，最大程度上满足群众的知情权的表现，这必将有助于政府公共关系的建设。

（2）公共关系与《知识产权法》

公共关系活动中存在大量侵犯知识产权的行为，如没有经过所有人的授权而采用其摄影、美术或文学作品等，由此引来纠纷不断。因此，公共关系从业人员必须了解有关知识产权的规定。

我国现行的知识产权法主要由《著作权法》、《商标法》、《专利法》3部分组成。其中《著作权法》对于著作权的保护作出了相应的规定：①引用需说明出处，否则容易变成剽窃行为；②保护的标的需以固定形式存在，适用所附之实体物。保护期是权利人从获得著作权之日起有生之年及死后五十年；③保护需先公告，须标有：著作权或作品首次出版年份以及所有人姓名及缩写、别名。

我国的《著作权法》还规定了不属于侵害著作权的方式：合理使用和

法定许可。对合理使用的情形规定有 12 种：①为个人学习、研究或者欣赏，使用他人已经发表的作品；②为介绍、评论某一作品或者说明某一问题，在作品中适当引用他人已经发表的作品；③为报道时事新闻，在报纸、期刊、广播电台、电视台等媒体中不可避免地再现或者引用已经发表的作品；④报纸、期刊、广播电台、电视台等媒体刊登或者播放其他报纸、期刊、广播电台、电视台等媒体已经发表的关于政治、经济、宗教问题的时事性文章，但作者声明不许刊登、播放的除外；⑤报纸、期刊、广播电台、电视台等媒体刊登或者播放在公众集会上发表的讲话，但作者声明不许刊登、播放的除外；⑥为学校课堂教学或者科学研究，翻译或者少量复制已经发表的作品，供教学或者科研人员使用，但不得出版发行；⑦国家机关为执行公务在合理范围内使用已经发表的作品；⑧图书馆、档案馆、纪念馆、博物馆、美术馆等为陈列或者保存版本的需要，复制本馆收藏的作品；⑨免费表演已经发表的作品，该表演未向公众收取费用，也未向表演者支付报酬；⑩对设置或者陈列在室外公共场所的艺术作品进行临摹、绘画、摄影、录像；⑪将中国公民、法人或者其他组织已经发表的以汉语言文字创作的作品翻译成少数民族语言文字作品在国内出版发行；⑫将已经发表的作品改成盲文出版。上述行为可以不经过著作权人许可，不向其支付报酬，但应当指明作者姓名、作品名称，并不得侵犯著作权人依法享有的其他权利。

在美国，在合理使用与侵害著作权之间作出判断时，所依据的是以下几个准则：①使用的目的及性质，包括为商业用途或非营利教育用途；②著作（物）的性质；③所利用的质量及其在整个著作所占的比例；④利用结果对著作潜在市场及现在价值的影响。这些准则都可以作为我们判断“合理使用”的参照标准。

关于法定许可，是指在法律直接规定的范围内对作品进行某种使用时，可以不经著作人的同意，但应当向著作人支付报酬。法定许可必须具备以下条件：第一，许可使用的作品必须是已经发表的作品；第二，使用作品应当向著作权人支付报酬；第三，著作权人未发表不得使用的声明；第四，不得损害被使用作品和著作人的权利。

（3）公共关系与隐私权

隐私权一般是指自然人享有的对自己的个人秘密和个人生活进行支配并排除他人干涉的一种人格权。隐私权可以分为宪法上的隐私权和民法上的隐私权。宪法上的隐私权是用来对抗政府等公共权力的入侵的，民法上的隐私权主要用来对抗其他公民或法人等私有权力的入侵，这种入侵可以是非法收集、传播或企图收集有关个人的信息，也可以是对个人的非信息性的侵犯，如入侵他人的隐居或独处的行为。在公共关系实践中常常出现的是第二种情况，即民法上的侵犯隐私权。

例如，你给一个喜欢的慈善机构提供了捐赠，那么你的名字、联系方式以及其他相关的重要信息也被该机构一并掌握了，之后你会不断地接到类似的组织向你请求捐赠的电话或信函；同样，你在某商场购买某件喜爱的物品时被请求留下了联系方式，之后你会经常接到类似产品的推销电话。不堪其扰的你此时才意识到自己的隐私权被侵犯了，情况严重时可能会付诸诉讼。

美国 1974 年就制定了《隐私法》，还有其他直接保护隐私的法律。我国对隐私权也采取了间接保护的手段。任何的公共关系组织在开展传播活动的时候，其发布的有关个人的信息都应该得到书面的允许，否则可能埋下公关危机的隐患。

（4）公共关系与《反不正当竞争法》、《广告法》

公共关系实践中，大多数组织都要直接或间接地参与市场竞争，通过大众传播媒介发布广告等，这些行为都要受到《反不正当竞争法》和《广告法》的约束。《反不正当竞争法》与《广告法》在我国都是成文法。根据法律规定，参与不正当竞争行为是相对市场竞争中的正当竞争行为而言的，它泛指经营者为了争夺市场竞争优势，违反公认的商业习俗和道德，采用欺诈、混淆等经营手段排挤或破坏竞争，扰乱市场经济秩序，并损害其他经营者和消费者经济利益的竞争行为。不正当竞争行为常表现为虚假广告、低价倾销、商业诽谤、商业贿赂等，其中虚假广告的危害甚大，它可能促使消费者对其所宣传的事实作出错误的理解，从而产生背离其真实状况的市场效果，因此《广告法》规定，“广告应该真实、合法”，“广告不得含有虚假的内容，不得欺骗和误导消费者”。另外，《反不正当竞争法》第 11 条、第 14 条分别对低价倾销、商业诽谤进行了规定，“经营者不得以排挤竞争对手为目的，以低于成本的价格销售商品”、“经营者不得捏造、散布虚伪事实，损害竞争对手的商业声誉、商品信誉。”公关人员在进行公关活动时，应当严格遵守上述相关法律。

（5）公共关系与《消费者权益保护法》

我国《消费者权益保护法》规定，消费者享有下列 9 项权利：①安全保障权；②知悉真情权；③自主选择权；④公平交易权；⑤要求赔偿权；⑥结社权，即成立维护自身合法权益的社团的权利；⑦获得有关商品知识权；⑧受尊重权；⑨监督经营者的权利。由此，公关从业人员在开展公关活动过程中，要注意保护消费者的合法权益，做到提供商品和服务的真实信息，保证商品或者服务的质量，与消费者进行及时的沟通，接受咨询、提供必要的服务。

需要特别提出的是，一些服务机构经常以格式合同、店堂告示等形式损害消费者的合法权益，如“本酒店最低消费100元”、“禁带酒水”等（这里的格式合同是指预先拟订但订立时未与对方协商的合同形式），公共关系人员应予以注意。对此，《消费者权益保护法》和《合同法》都作出了相应规定，如提供格式合同一方负有向对方提示、说明格式条款的义务；格式条款中，免除自己责任、加重对方责任、限制或排除对方的主要权利等严重损害对方利益的内容无效；当事人对格式条款的理解发生争执时，应作出有利于对方的解释；格式条款与非格式条款不一致时，应采用非格式条款。

（6）公共关系与其他法律

与公共关系联系密切的相关法律除上述五个部分外，还包括《民法通则》中规定的民事权利，如姓名权、名称权、肖像权、荣誉权等；《劳动法》的相关知识，近年来出现较多的企业用工纠纷等都与其有关；涉外经济法以及相关新闻与信息法规，这里限于篇幅，不一一赘述。

3. 诉讼公共关系

诉讼公共关系，又叫“法律公共关系”，它是指在一些法律诉讼案件中的公共关系活动。它属于危机公关的一部分，可能是最严重、最复杂、影响力最大，也最见功力的一种危机公共关系。

从事诉讼公共关系实践，主要是致力于帮助组织解决超出法律之外的重大利益问题，操作过程比普通的危机公关更复杂、更专业，并被打上深深的法律烙印。例如，一个公司担心正在进行的诉讼对于它的股东和股票价格产生影响，对它现有的雇员和即将招聘的雇员产生影响，对它的顾客和产品销售产生影响，以及诸如它与批发商、供应商及其他企业合作伙伴的相互关系产生影响。总之，这种在法院外面造成的破坏，可能比涉及法律问题本身造成的问题要大得多，因此往往需要寻求法律和公共关系两方面的咨询。

企业遭遇诉讼的时候需要处理好“企业—媒体—法院”之间的三角关系，我们将其简称为CMC关系。在处理诉讼危机的过程中，企业应当秉持媒体的视角，引导媒体和公共舆论正确看待诉讼中的企业和法院正在审理的案件，乃至间接影响诉讼。也就是说，法律公关的内核就是媒体，就是公共舆论的视角。

在一个健康的法治社会，CMC之间的关系应当简洁明快，人为的干扰和扭曲比较少，公关活动的透明性和合法性更高一些。美国很多诉讼在律师团之外，还有专业的公关公司在活动。而中国目前是一个新闻资源被垄断的国家，虽然商业化媒体已经大量存在，对体育、娱乐等方面的报道已经相当自由，但是时政、法治、财经等报道的管制还是相当严格的，这就造成了两种非常鲜明的现象：媒体审判与法院暗箱操作的实际存在。例如前几年的南京“冠生园”事件中，全国上下的媒体几乎一边倒地对冠生园进行负面报道，给冠生园的企业和品牌造成毁灭性的打击，“冠生园”这一老字号品牌由此被彻底葬送，根据后来披露的事实来看，冠生园的问题其实并非太严重。

在实际操作中，在诉讼中的弱势企业常常采取一些直接影响法院的做法。例如借助媒体披露案情之后，设法交给审判人员或者法院主管领导，有的还通过行政部门或管辖法院的上级政法部门来影响法院的判决。需要指出的是，这些做法干预了法院的独立审判，是违法的。如果操作不当甚至会构成刑事犯罪。对于法律公关来讲，还是应当回到公关这个范畴之内，即使试图影响法院，也应当是间接影响，这就需要在法律公关的操作上格外注意策略。

如果我方在诉讼双方中处于弱势，对方有可能存在着暗箱操作，甚至和法院进行勾结，而我方又存在着很多于法于理的根据，那么就尽可能地向外界和媒体披露相关案情。让公关部门和法务部门，或者是委托专业的公关公司和律师之间紧密合作，共同制定案情披露方案，针对不同的媒体，做不同的新闻由头进行沟通，让媒体能够以较高的精准度、较大的发稿量造成一定的影响，制造较为透明的外部舆论环境，促使法院公正判决。如果法院一审判决不公，还要引导媒体继续对二审（民事案件一般都是二审终审判决）进行跟踪报道。

如果我方在诉讼双方中处于强势，但是对方正在进行大规模的媒体公关运作，我方应当采取守势，静观对方的各种运作，并及时制定反击策略，将对手披露的不当事实放大成新闻点，及时和媒体进行沟通。

如果对方在诉讼中掌握了大量不利于我方的关键证据，败诉的可能性很大，那就应当和律师和公关专家进行沟通，并应及时和诉讼对方沟通，研究和解的可能性。一旦对我方不利的证据被媒体掌握，更要及时和媒体沟通，予以解释和说明。如果伤及他人或公共利益，必须要向对方或公众道歉，展现出一个负责任的企业形象。

案例讨论："会说话的熊宝宝"

"熊宝宝公司"是美国俄亥俄州哥伦布市的一家玩具制造商。它的一项特殊产品是"福瑞迪熊"，只要按一下背上的一个按钮，它就会说出事先录好的10种讯息。这家公司在创立之初，很注重产品宣传。但现在它已是全国知名的大公司，所以，希望扩大它的公关活动范围，不再局限于产品宣传。

该公司现在聘请你担任它的公关副总裁，并要求你就本章所介绍的公司公关的10项主要工作（即公司名誉的保护与加强、资讯服务、产品宣传与召回、投资者关系、金融关系、社区关系、员工关系、举行特别活动、公共事务和处理问题）的每一项提出企划案。你会提出怎样的企划案呢？

思考练习

1. 公共关系工作主要有哪三种类型？
2. 列举营利性组织的十项公共关系工作。
3. 公共关系工作必须遵循哪些基本原则？
4. 如何理解公共关系与社会责任的关系？
5. 公共关系职业道德表现在哪些方面？
6. 公共关系和法律的关系是什么？在处理诉讼案件时，有何差异？

第五章 公共关系的主体

本章概要

- 从传播学视角看，公共关系主体包括个人、组织、政府和国家。个人公关可分为独立个人和组织代言人两种，组织公关可分为营利性和非营利性两种，政府公关主要是新闻发布、危机处理和公共事务，国家公关主要是公众外交。
- 公共关系的主体定位表现在3个方面：生态系统观、组织文化观、社会好公民观，它们决定了公共关系的研究视角，使之区别于广告等相关学科。
- 公共关系机构主要包括公关部、公关公司、公关社团。它们各有优劣。
- 公共关系人员有4种角色类型：专家诊断者、传播服务者、问题解决者、传播技术专家。公共关系人员必须拥有写作、研究、策划和解决问题的能力。
- 公共关系知识体系包括3个子系统：公共关系理论与实践、传播领域的知识和一般人文社科知识。培养路径包括学院教育和社会教育，社会教育主要是进行资格认证CAM考试。

核心概念

个人公关　公众外交　主体定位　公关部角色类型　公共关系教育轮

第一节　公共关系的主体构成

对公共关系主体的分析可以有关系学和传播学两个视角：

从关系学的视角来看，公共关系的主体是社会组织，它属于中观层面的社会关系，这是相对于以个人为主体的微观关系——人际关系和以国家为主体的宏观关系——国际关系而言的。目前，社会组织公共关系是公共关系理论研究的核心。

从传播学的视角来看，公共关系的主体是无所不在的，凡是一切开展“爱与信”传播活动的对象都是公共关系的主体，小到个人，中到组织，大到国家，都需要运用公共关系手段来争取周围受众的支持与认可，建立良好的品牌形象，为其创造出良好的生存空间和发展环境。因此，公共关系的主体包括各式各样的组织和个人，这些组织或个人可以是一个歌星、CEO、政治领袖、企业、学校、社团、社区、城市或者一个国家。

本书认为，在关系学视角下，将公共关系主体锁定在社会组织，意在体现公共关系的“社会关系”特征，以此区别于以“个人关系”为特征的人际关系和以“国家关系”为特征的国际关系，这样有助于凸现学科特征，形成学科差异。

但是，如果从应用实践的角度来看，这种差异实际上是不存在的，无论是组织，还是个人、国家，都需要处理各种“社会关系”。比如一个影星、一个总统不仅需要处理好家庭关系、朋友关系等个人关系，更需要处理好与媒体、Fans 等的社会关系，因此运用公共关系手段必不可少，而且十分重要。再比如，一个城市、一个国家不仅要运用外交手段处理好与其他城市和国家之间的政务关系、官方关系，还需要运用公共关系手段（在国际关系学中称之为“公众外交”），建立与市民、相关城市、中央政府、国际社会的非官方关系。

因此，本书认为，公共关系的主体包括一切开展社会活动的关系对象，下面主要从个人、组织、政府和国家这 4 个主体来分析公共关系的主体特征。

一、个人

个人公共关系就是以提升个人形象为出发点，有计划地、持续地运用传播手段，来建立和维持个人与特定公众之间的相互了解和彼此认知，从而塑造良好的个人品牌形象，开创有利的生存发展空间。

根据个人公共关系的性质，可以分为独立个人和组织代言人两种。

独立个人的公共关系本质就是“自我行销”，把你个人在生活中很自然行销出去，行销使你经常接触人，打破人际隔膜，建立公共关系对象的认同感。日本把个人公共关系视为“人际资产学”，它是个人在社会立足、成功的重要基础和本钱。不论是政治人物、科技专家、学术权威、杰出体育明星、影视明星，都需要运用公共关系手段，来彰显自己出类拔萃的、与众不同的“特质”，开拓未来发展的空间。

组织代言人是指组织选择一些气质、外形以及个人魅力与组织文化相符的名人，经过训练沟通后，成为组织的代言人。组织代言人也可以分为两种：一是聘请明星代言；二是组织领导人代言。如：

地产老总王石、潘石屹的名字可以说在全国是耳熟能详，作为企业管理者，他们从幕后走到了台前，经常成为媒体追踪的焦点。作为公众人物，他们的一举一动都会引起媒体和公众关注。比如王石攀上珠峰，王石出书《道路与梦想》；潘石屹则演电影《阿司匹林》、出书、写博客等，他们渐渐从一个管理者的角色转变为组织代言人，成为公司的金字招牌，对公司品牌起到了非常重要的宣传推广和形象提升作用。因此，有人说王石的珠峰之行为万科省下了几千万的宣传成本。

在中国，成功从个人品牌转型成企业品牌的是“李宁”运动系列。早期的品牌资产，建立在李宁个人辉煌的运动生涯上。整个产品系列设计也充满了对 Nike 的模仿，主要赞助国家队出赛奥运会这类大型综合赛事。这种传播方式初步建立了李宁品牌的知名度。到后期，李宁退居幕后，品牌代言人也选择了目前市场目标消费者喜欢的李铁、李小双等，品牌定位也变成了“一切皆有可能”。作为一个建立在个人名气上的品牌，最大的好处是具有独特的个性：创始人本身的个性和成长故事带给品牌丰厚的品牌资产，像微软的比尔·盖次，戴尔电脑的戴尔等，都是如此。

总之，无论哪种类型，好的个人公共关系可以适当建立各公共关系对象对当事人的社会认同，成为个人无形的社会资产，对组织而言，良好的个人公共关系，更能够形成组织整体的形象资产，通过社会对组织内部特定人物的认同与信赖，转移为对企业的认同和信赖。

二、社会组织

公共关系学的发展，是以组织的公共关系为主流和骨干而延伸、扩大的。组织公共关系是当今公共关系研究的最主要内容，也是公共关系事务运作最广泛的部门。组织公共关系活动的核心是建立良好的形象和声誉。

组织的形式多种多样，主要包括营利性组织和非营利性组织两种。营利性组织主要包括工商企业、贸易组织、酒店、旅行社等。非营利性组织主要是指那些社会事业单位，主要包括福利团体、民间团体、慈善团体、学术团体、宗教团体、教育团体和科学团体等，像体育协会、妇女协会、商会、红十字会、大众传播协会等，都属于这类组织。

由于非营利性组织主要是以服务社会事业为目的，因此其公共关系，完全不同于营利性组织，一般来说，它具有以下几个特点：

第一，非营利事业通常会获得一部分社会人士，尤其是一些知名人士的支持，并成为当地一项比较重要的活动。比如希望工程，著名影星濮存昕免费为预防艾滋病代言等。

第二，非营利事业可以获得大众媒体的义务宣传。

第三，社会大众对非营利事业心存敬重和认同。

总之，任何一个组织机构，不管是营利性的，还是非营利性的，都需要开展公共关系活动。而且，非营利性组织的公共关系更能够体现“说真话、做善事、塑美形”的公共关系本质特征，因此，有学者认为，要想改变营利性活动带给公共关系的负面印象，必须大力开展非营利性公共关系活动。

三、政府机构

从历史来看，公共关系是民主政治的产物，政府机构是公共关系最早的实践者，也是最具影响力的执行者。比如目前国务院推行的新闻发言人制度，就是一种政府公共关系活动。

政府的职能是对国家各个方面的事务进行指导、管理、协调、监督、保卫、服务。由于公权利在实行过程中必然对当事人带来权威性和强制性，因此在政府公共关系中，如何体现“公众利益第一”的公共关系观念，就成为首要目标。

简单地说，政府公共关系的主要目的就是民知和知民。政府公共关系不是一般的对政府工作的单向宣传报道，而是运用双线路的公共关系技术，一方面向全国人们诚意地解释政府的政策、法令以及制定它们的依据，另一方面，要开通政府与民间的多种沟通渠道，倾听公众呼声，了解民意，促使老百姓积极参政议政，使国民成为耳聪目明的国民，同时使政府成为负责任的政府。

四、国家

以国家为主体的公共关系活动,实际上是政府的对外公共关系活动,在国际上,称之为“公众外交”。主要是指美国新闻署所从事的一些非传统性外交活动,即教育文化和提供信息的活动。它是以政府为主体,以外国民众为对象,以对外文化宣传活动为内容,以出版物、电影、文化交流、电台和电视媒体的公开宣传为手段,以维护国家利益、提升国家形象为目的的一种外交方式。

与传统外交相比，公众外交是一种典型的“公关外交”。从公共关系历史来看，世界上第一家公共关系职业事务所就是前面提到的一战期间公共信息委员会成员乔治·派克和现代公共关系之父艾维·李共同创办的，同时，另一位现代公共关系学之父爱德华·伯纳斯（弗洛伊德的外甥）曾经为20多位美国总统做过咨询，是他开创了“首脑外交”、“公关外交”的先河。

从历史上看，公众外交与战争息息相关，与舆论宣传紧密相连，4次战争成为“公众外交”的4个分水岭和公关活动的主战场。

一战期间是萌芽期，以美国总统威尔逊成立的公共信息委员会为标志；二战期间是成长期，以罗斯福总统成立的对外信息服务局（如“美国之音”电台广播）为标志；冷战期是发展期，其标志是1953年，艾森豪威尔总统成立美国新闻署，负责举办国际交流项目，筹划“美国之音”广播。苏东剧变后，美国公众外交日渐萎缩，其标志性事件就是其负责机构美国新闻署于1999年10月1日被正式取消；伊拉克战争是公众外交的恢复期，其标志是9·11事件以后，布什政府为了打击恐怖主义，于2002年成立“全球传播办公室”。以上实践活动证明了拿破仑的那句名言“精神和公关是战争的半个战场”，公众外交史实际上就是政府对外公共关系的活动史。

在网络时代,日益透明和自由的信息传播以及日益融合的政治经济一体化的时代背景,使得国家品牌建设和声誉管理日益重要和紧迫。通过公众外交,能够弥补传统外交、首脑外交的不足,让全世界充分了解本国的文化、政策、制度和发展现状,从而更加有利于向世界推销本国的整体形象。

具体地说，公众外交具有重大的政治、经济、文化和社会意义。

从国家层面看，公众外交和对外宣传是一国政府从被动反映国际舆论，到主动建立国家声誉的一种进攻型、建设性的公共关系策略。它是一场对外的政府公共关系战争，一场对外的文化宣传战争，一场对外的媒体战争，它既可积极主动地抗衡其他国家的公众外交战略，又可以全方位、立体化、多层次地塑造本国形象，增强民族凝聚力，提升在国际社会的政治地位。

从经济层面讲，公众外交属于国家形象推广策略，有利于在全球范围内“共建经济生态圈，打造产业价值链”，有利于系统地、有计划地、有组织地推出国家品牌矩阵，加速国家品牌的国际化进程，促进实现品牌兴国、经济兴国的强国战略。

从文化层面看，公众外交和对外宣传是弘扬民族文化、增强民族凝聚力、社会凝聚力、文化与意识形态的吸引力的一场跨文化传播活动，其核心是把民族文化当做一种国家竞争力来进行培养，当做一种文化资源进行挖掘，一种“社会资本”来进行运作，既可以弘扬民族传统文化，增强民族文化的国际影响力，又可以开发文化市场，输出文化产品。

从社会层面讲，通过公众外交，可以清醒地意识到世界对本国的认识与本国对自身的认识之间存在着强烈的反差，意识到“本国的形象问题不仅是地区性的，也是全球性的，不仅是官方的，也是民众的，不仅是自上而下的，也是自下而上的”，比如，就中国而言，通过公众外交，既可以消除因“中国制造”而带来的国外失业民众的敌对情绪，又可以反击“中国威胁论”所带来的认识误区，更重要的是，还可以主动回应来自无法控制的赛伯空间的不利言论，建立中国社会与国际社会的内在和谐关系。

那么，一个国家的良好形象是如何建立起来的呢？下面介绍一个“国家形象六边形模型”，如图 5-1 所示。

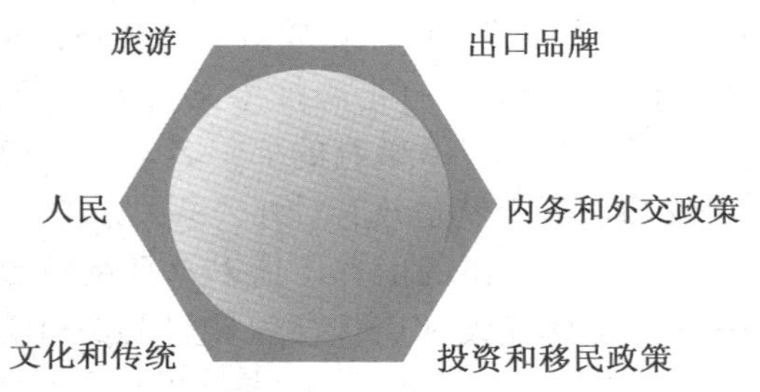

图 5-1　国家形象六边形模型

第一，旅游宣传以及游客和访问者的感受，是树立该国家形象的最响亮的声音，因为国家旅游局通常拥有最大的财务预算。

第二，出口品牌，是该国家最强有力的对外形象大使，从而带来产品来源国效应。

第三，本国人民。包括引人注目的领导人、媒体、体育明星和民众总体，他们在国外的行为举止和在国内对待外国客人的方式。

第四，内务和外交政策。虽然政策传统上是通过正式的外交渠道传达的，但是在网络时代，一个美国的总统竞选也会牵动全球的目光。

第五，文化和传统。比如国家剧团的环球巡演、著名作家的作品、国家体育代表队等。

第六，投资和移民政策。它可以影响商业大众，吸引外资、外国企业和外国人士。

总而言之，在以上 4 类公共关系主体中，以个人为主体的公共关系活动最为广泛；以营利性组织为主体的公共关系活动最具规模；以非营利性组织为主体的公共关系活动最具代表性；以政府为主体的公共关系活动最具影响力；而以国家为主体的公共关系活动最具竞争性。

第二节　公共关系的主体定位

在日常实践中，人们常常把公共关系与人际关系、广告、宣传、促销等混为一谈，尽管专业人士一再申辩说，公共关系不是广告，不是宣传，不是行销，不是人际关系，但是人们仍然顽固地认为，公共关系与它们相差不大，造成这种认知的一个重要原因就是，公共关系的主体定位不够明确，几乎没有公共关系教材对公共关系的主体定位进行深入探讨。

俗话说,有定位,才会有地位,只有解决了公共关系的主体定位,才能够进一步指明公共关系实践的方向,进一步凸现公共关系的学科特色和地位。

实际上，公共关系的主体定位是要回答这样一个问题：我们应该从何种角度来认识这些公共关系主体的公共关系实践。

本书提出，公共关系的主体定位主要体现在以下 3 个方面：第一，作为生态系统的主体；第二，作为社会文化系统的主体；第三，作为社会好公民的主体。这 3 种定位是公共关系理论研究的视角，也是公共关系实践的出发点和着眼点。如表 5-1 所示。

表 5-1　　**公共关系主体定位和研究视角**

主体定位	研究视角（关系管理的组织观点）
层次定位	生态系统观
功能定位	社会文化观
角色定位	社会好公民观

一、生态系统观

生态系统观把公共关系主体看成是一个生物体，是一个生活在与其他事物相连接的“丛林”之中的，为地位而搏斗，为利益而竞争的生物体，这一丛林如同自然界的丛林一样，形成了自己的生态系统，自然进化。

以社会组织为例，生态系统观认为，组织是一个开放的并且依赖于与外界的人员、资源、信息的开放系统，与外界要素的联系会比内部要素的关联更关键。作为开放系统的组织，其系统要素不是机械系统、有机系统而是社会系统。系统要素之间的关系不是僵化的、紧密的，而是松散的、变化的。所以，组织需要与公众进行费力的“协商和讨价还价”，同时创造出友爱的纽带和共识的体系，使参与者形成和不断形成暂时的联合。

在组织系统中，公共关系是组织的适应子系统的组成部分，它与其他子系统如生产子系统、支持子系统、维护子系统、管理子系统一起构成组织的环境系统。一个组织对于新环境的调整和适应部分取决于组织对环境的开放程度，或者叫“环境敏感度”。

1985 年，卡特利普、森特和布鲁姆正式把生态思想纳入公共关系定义，用以描述组织角色和公共关系的功能意义，这就是公共关系理论模型“调整—适应模型”。

该模型认为，组织运行既要受到政治、经济、社会、技术的影响，又要受到公众的价值判断、希望、需求等因素的影响。反过来，组织运行又会影响环境的发展变化。此模型的组织定位是：“组织和环境相互影响”。

公共关系人员是边界的扫描者，他们会根据组织目标和公众兴趣，提供一些输入（从环境流向组织）或者输出（从组织流向环境）的信息，以便组织能够解决问题，消除危机，或者检测环境，预测变化趋势，并且在他们成为主要问题之前发起矫正性行动，旨在对抗或者抵消这些变化。

二、社会文化观

社会文化观把公共关系主体看成是一个社会文化主体，而不是一个经济主体。二者的本质区别在于：社会文化主体追求生命的延续，文化的传承；经济主体主要是追逐利润，实现效益最大化。换句话说，公共关系追求的是其主体的文化传承，而非销售额提升，公共关系追求其主体的不断成长和可持续发展，而非利润最大化。

在公共关系视野中，社会文化系统可能和组织有 3 种关联形式：

第一，文化被看成是一个独立变量，这时的文化主要是指社会文化，如果从比较研究的角度看，文化几乎和国家是同义词。

第二，文化被看成是组织的一个内部变量，这时的文化主要是指组织文化，这种观点把组织看成是一个文化生产现象，主要生产传奇、故事、英雄、仪式、典礼等内部文化，也即组织文化，组织文化决定了组织中公共关系实践的本质。

第三,文化不仅是一个变量,而且是一个“根喻”,这时的组织就是文化。文化就是组织的世界观。霍夫斯泰德(Hofstede)把文化看作“一套价值系统”,提出价值观是建立文化的基石。彼得斯(Peters)和沃特曼(Waterman)把组织文化看作一套有助于整合组织社会维度的价值系统。在“7－s框架”中,共享的价值观被作为一个中枢地位,组织文化也被看成是一种组织相处的游戏规则,新成员必须首先学习接受这项游戏规则才能成为其中的一员。

由此看出，文化与组织的 3 种联系分别以社会文化、组织文化和世界观的形式对公共关系实践产生了深刻的影响，图 5-2 描述了社会文化、组织文化和卓越公共关系的关系。

从图 5-2 看出，一方面，组织文化是由权力联盟，尤其是组织的创建者创造的。换句话说，组织文化就是当权者文化的员工化，组织文化通过塑造

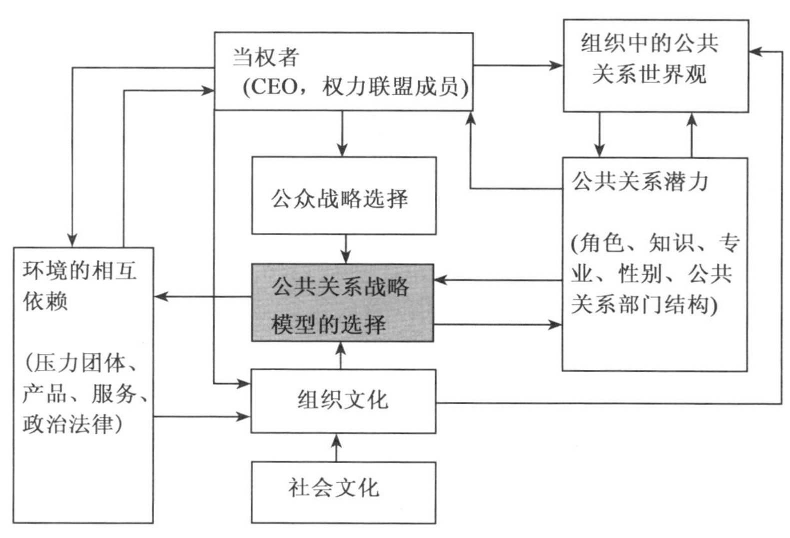

图 5-2　社会文化、组织文化和卓越公共关系的关系

公共关系的世界观而对公共关系产生长期的影响，它会影响到公共关系模型的选择。

另一方面，组织文化又受到更大的社会文化和环境的影响，组织、环境、社会文化之间的相互影响，是一个连续的、功能性的、不可分割的单元，它们谁也不能独立运行，它们可以被分析，但是不能被分割。

公共关系的主要任务就是使组织适应社会和环境适应组织，从文化的角度来看，公共关系人员作为边界扫描者，右脚在组织里，左脚在环境中，右脑代表组织文化，左脑代表社会文化，所以，公共关系人员在组织文化的变化、选择和保留的问题上发挥着重要作用，尤其在组织与环境的相互依赖中扮演了一个决定性的角色。

三、社会好公民观

社会好公民观是强调公共关系主体不仅要“做得好”，而且要“做好事”，不仅把“做好事”当做一项义务，更要把它当做一种竞争战略。不仅要“为了脸面好看才做些好事”，而且要“尽全力去做最多的好事”。换句话说，社会好公民观是强调公共关系主体要把善尽社会责任作为其追求的一项战略目标。

长期以来,善尽社会责任一直被看成是独立于商业目标的慈善活动,而不是商业目标的重要组成部分,“做得好”和“做好事”被视为不同的追求。

但是，随着社会的进步，越来越多的组织认识到，“慈善行为 = 经营之道”，如果从一开始就把对社会和环境的关心整合到经营战略中，这能够促成前沿创新和竞争优势，而且在这个过程中，能够加速产生新鲜的创意、新兴的市场和新一代员工的开发和培养。

例如，20 世纪 90 年代，美国电话电报公司 AT&T 基金会，支持了各种面向儿童的教育和艺术活动，结果，在阿肯色州举行的选后（克林顿和戈尔）经济高峰会议上……AT&T 公司的首席执行官罗伯特·艾伦能够就经济表现与儿童福利之间的联系发表评论，随后，克林顿为了感谢艾伦提出了一个至关重要的政策议题，特别邀请艾伦讨论信息高速公路的问题。结果，艾伦提出了一个能够影响企业发展的重要观点：信息高速公路应该是一项私营而非公共的事业。

2002 年，《商业道德》杂志推出了一个“百名最佳企业公民”榜单，排在前 5 位的是 IBM、惠普、范尼梅、圣保罗集团和宝洁。这些最佳企业公民都是非常成功的国际性企业。浏览它们的网站，你会发现，它们都有针对捐献的专门报告，而且这些部分的内容被标记为“企业的社会责任”、“企业的公民责任”、“社区参与”和“社区捐赠”等。在这些报告中，有很多都详尽介绍了像捐赠额、慈善活动的优先次序、重大活动、员工志愿者行动以及可持续的商业实践等主题。

研究表明，组织对社会活动的参与能够带来一系列的实际利益，主要包括：

1. 销售额和市场份额的增长。
2. 品牌定位得到巩固。
3. 企业形象和影响力得到提升。
4. 吸引、激励和保留员工的能力得到提高。
5. 运营成本降低。
6. 对投资者和财务分析的吸引力增大。

除了第一项之外，这些利益都是公共关系努力追求的目标。所以，公共关系的主要任务就是不断促使其主体通过“既做得好，又做好事”，来塑造一个社会好公民的品牌形象。关于企业的社会责任和社会好公民的具体内容，参见相关章节。

通过对公共关系主体定位的分析，我们可以进一步明确：公共关系主要是从生态系统层次、社会文化功能和社会好公民角色等方面，来对其主体进行研究和实践活动，这是完全不同于广告、宣传、新闻和行销的主体定位。

第三节　公共关系机构

公共关系机构就是从事公共关系工作，开展公共关系活动，达到预定公关目标的专业部门或机构。主要有 3 种类型：即公共关系部、公共关系公司、公共关系社团组织。根据美国公共关系学会报道，它的会员中，有 45% 服务于工商企业，25% 就职于公共关系公司，其余 30% 受雇于协会、教育团体等非营利性组织和政府部门。

本部分主要介绍公共关系部门,后两个部分分别介绍公共关系公司和社团。

一、公共关系部

（一）公共关系部门的主要职能

公共关系作为一种职业，最早源于新闻记者入驻企业，沟通企业和公众，促进双方的相互理解，从而为企业发展赢得优良的生存环境。根据报道，世界上第一个在公司内部成立公共关系部门的是乔治·西屋先生，他在1889年聘请两个人宣传推广交流电计划，最后终于打败爱迪生的直流电系统，使得交流电成为美国的标准电力系统。早期的公共关系功能相当有限，其主要工作就是处理媒体关系和产品宣传。国内第一个设立公共关系部门的企业是广州白云山制药厂，1984年，该厂设立公共关系部。

而在现代社会中，公共关系部门所承担的职能越来越多样化，也越来越重要。有人把公关部称为一个机构的“五个器官”——眼、耳、鼻、喉、脑。

眼——观察机构与公众之间的联系和沟通状况。

耳——聆听来自各方对企业的意见、批评和建议。

鼻——嗅出对企业和公众利益不利的气味，及时通报并加以调整。

喉——向公众发布一切有关企业的真实信息。

脑——协助经营管理阶层制定全面的经营策略。

这一比喻形象地概括了公关部的主要功能和工作，具体来讲，公共关系部在社会组织中的作用表现为：

1. 公共关系部是组织的信息情报部，发挥“耳目”作用

公关部收集、贮存和处理着同机构密切相关的大量的信息资料：通过对资料的分析，可观测其更深刻的内涵，分析其变化趋势与方向，如了解、预测消费流行趋势，机构在社会公众心目中的地位，社会环境变化对机构的影响等。它们需要把整个世界的资讯介绍给公司，同时也把公司的资讯介绍给全世界。

2. 公共关系是组织进行决策的参谋部，发挥着“参谋”的作用

现代著名的决策理论学派代表人物、诺贝尔经济学奖的获得者、美国的西蒙教授说过：“管理的重心在于经营，经营的重心在于正确的决策。”而决策的基础则是信息，因此决策水平取决于社会组织信息管理的质量。在社会组织内部，公共关系部与其他职能部门不同的地方之一，就是它拥有网罗信息、监测环境的功能，而且它所拥有的信息量是最多的，也是最全面的，并具有极高的参考价值。因此，公共关系部有助于最高领导者进行科学的决策。美国亨利·罗瑞评论说：“今天，经理们都认识到公共关系如同设计、调查、制造、销售一样，对企业有重要的影响。他们认识到，公共关系部主任必须参加有关制定战略决策的会议，并帮助制定这些决策。”如果说总工程师是组织的技术参谋，总会计师是组织的经济参谋，那么公共关系人员就是组织的社会决策参谋。

3. 公共关系部是组织的外交部，扮演着“外交官”的角色

在一个开放的社会中，一个组织必须面对和处理方方面面的关系，比如组织与员工、社区领袖、政府机构、顾客、股东和其他社会大众。公共关系部门需要分析这些特定对象的态度，并有效地与他们沟通，争取获得理解与信任，减少与外界环境的摩擦，为社会组织的生存与发展去营造一种“人和”的环境。

4. 公共关系部是组织的协调部门，扮演着“协调者”的角色

公关部比较了解机构内部情况，因而容易找到机构问题的症结所在。公关部可以有针对性地开展活动，做到上情下达、下情上呈，培养职工的认同感，激发其工作热情，促进管理工作的民主化、科学化，提高机构的透明度，增强机构的凝聚力。

5. 公共关系部是组织的“新闻部”，发挥着“驻地记者”的角色

公共关系部门是组织的新闻发言人，或是新闻发言人的支持部门，它们要定期撰写新闻稿，分送到各种媒体，定期策划和实施各种新闻发布活动和公共关系专题活动，定期或不定期地邀请新闻记者前来采访报道本组织，有效地传播企业或品牌的良好形象。

（二）公共关系部门的地位

公共关系部门的地位，反映了它在整个组织机构中所处的层次，这个问题会影响到公共关系部门的权利和影响力。

公共关系部在组织中的地位主要有以下 5 种：

1. 直接隶属型

公关部的负责人由机构中的最高决策人兼任，或由副职领导担任，直接由最高决策者负责，这充分显示了公共关系机构在社会组织中的重要地位。如图 5-3 所示。

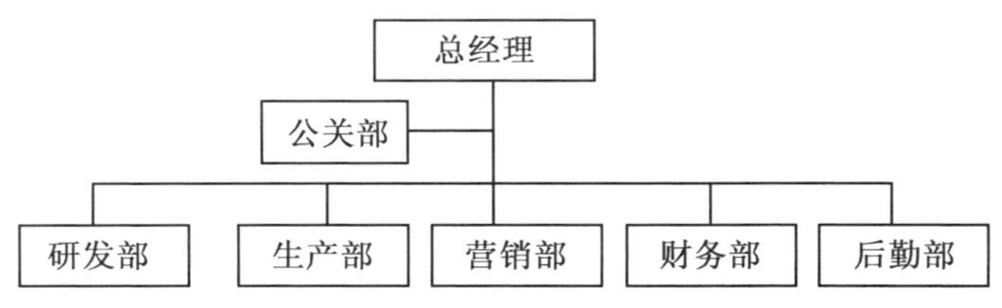

图 5-3　直属型公共关系部结构

这是一种最理想的公共关系地位，公共关系部门是政策小组，能够直接向组织最高层报告，直接参与机构的整个决策活动，可较为自由地与其他职能部门沟通，具有相当的独立自主权。它多适用于部门多、分工细的大中型组织。

对此,格鲁尼格和亨特提出了一个直接隶属的理论模式,如图 5-4 所示。

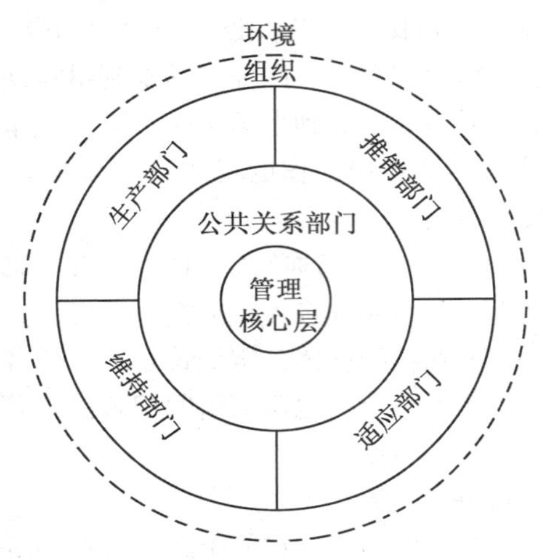

图 5-4　格鲁尼格和亨特的圈图

公关部处于机构各具体部门与管理核心之间的中间环节，充当机构与各类公众的联系人、信息传递者的角色，同时也能积极地向机构核心提建议，参与决策。美国某大公司总裁在接受《华尔街日报》访问时，曾开玩笑说："我的高级公共关系助理才是公司的'第一号'人物，他是公司内惟一没有预算限制的人，而且每年都会超支。"

2. 部门并列型

公关部与组织的其他职能部门平行并列，属于同一层次，由机构中的中层经理担任部长，如图 5-5 所示。这样使公共关系部平行于其他管理职能部门，进而平等自主地行使公共关系的职能；而公关副总经理作为中级管理层的一分子，直接受机构最高领导者的领导，不仅可参与机构的重大决策，而且也具有一定的权限，能独立自主地开展公共关系活动，这是一种比较理想的模式。它多适用于一些层次结构较简单、机构最高领导下不另设副职的中小型组织。

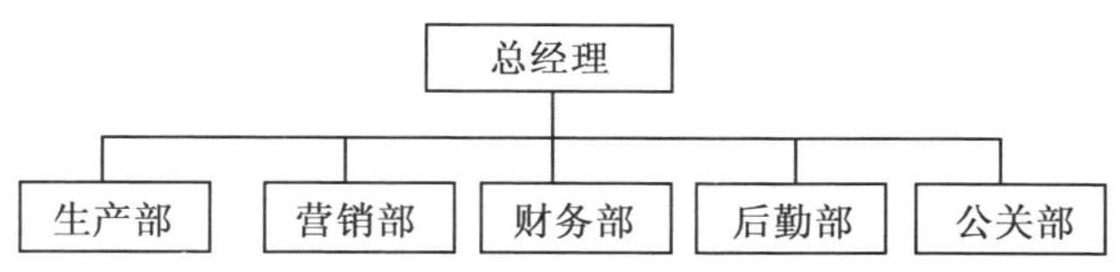

图 5-5　部门并列型公共关系部门结构

3. 部门隶属型

公关部从属于机构的某个职能部门，具体属于哪个部门，视具体情况而定。一般来说，它隶属于传播沟通任务较重和突出的部门，如图 5-6 所示。

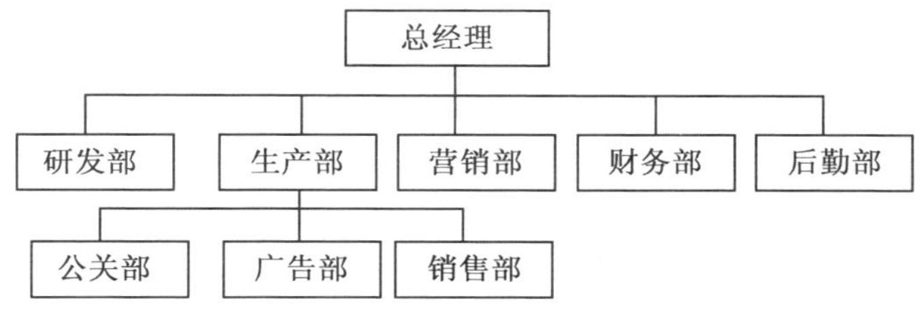

图 5-6　部门隶属型公共关系部结构

在现实中，公共关系部有不同的归属，常见的有：①归属于经营部门，以强调公共关系在整个经营活动中的特定管理的功能。②归属于销售部门，以偏重于公共关系的促销功能。③归属于广告宣传部门，强调公共关系的传播功能。④归属于外事接待部门，以强调公共关系的社会交往功能。⑤归属于办公室，以便于公共关系的灵活掌握和管理。这种模式往往使机构的公关工作偏重于某种职能，而不能全面地发挥公共关系的作用。它多存在于非营利性机构中。这种结构常见于公关发展还不普及、机构缺乏公关意识、公关对象比较简单时期。

4. 最高决策层间接领导型

指公关部隶属于机构内某个部门，但最高领导成员经常直接过问公关部的工作，如图 5-7 所示。

其特点是公关部不是一个独立部门，但与最高层保持某种形式的热线联系，定期汇报和列席某些高级会议。这种模式多在职能分得较细、层次较多的中小机构中采用。但是，这种结构很容易造成多头领导、权责不分的情况，反而会增加内部关系协调难度。

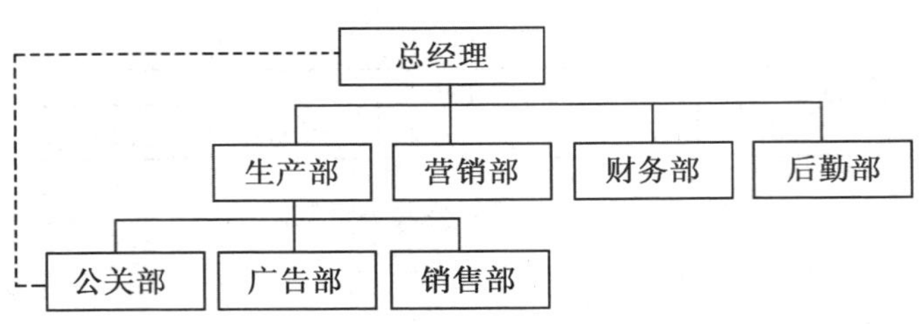

图 5-7　最高决策层间接领导型公共关系部结构

5. 职能分散型

在许多组织的机构设置中，不设公共关系部，但不等于没有开展公共关系工作。这些组织有意无意地将公共关系的职能分解，在其他部门中分别体现某种公共关系职能，如在营销部门中，有人专门从事企业及产品形象调查和宣传工作；在宣传部门中，有人专门负责与新闻媒介联系；在办公室，有专人安排厂长（经理）与公众见面，接待来访人员和宾客、发布新闻等；在工会，专门开展一些员工联谊活动，以增强组织的凝聚力和向心力。

（三）公共关系部的内部设置

表 5-2　　**不同规模组织总公关部人数表**

年销售额（单位：亿美元）	公共关系人数（单位：人）
>10	65
5～10	20
2.5～5	13
1～2.5	12
0.5～1	6
<0.5	4

一般说来，公关部的规模与组织规模呈现一种正相关态势。美国公关学者经过调查发现：年产值超过 10 亿美元的大型企业，公共关系部平均人数为 44 人，一般的大中型企业平均为 10 人。其他文教、医疗、基金会等组织为 6～7 人。

英国著名公关专家弗兰克·詹夫金斯在其《实用公共关系学》中也提出了一个参考标准，如表5-2所示。

1. 公共关系部的内在结构

根据公共关系部的工作特点，其内在结构可分为三种模式：

①按公共关系工作手段设置，如图5-8所示。

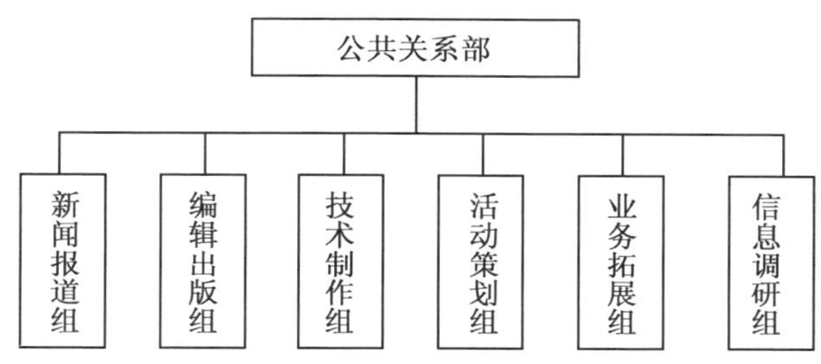

图5-8　按公共关系工作手段设置的公共关系机构

②按公共关系过程设置，如图5-9所示。

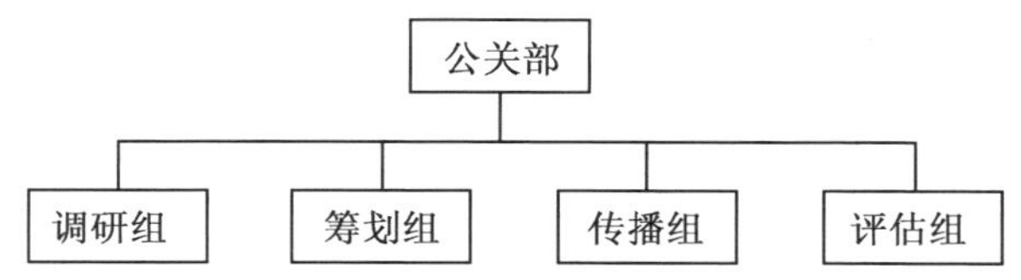

图5-9　按公共关系过程设置的公共关系机构

③按公共关系对象设置，如图5-10所示。

④按公共关系工作区域设置，如图5-11所示。

在此，我们举出一个最具代表性的公共关系部结构图，就是位于加州帕罗埃托的惠普公司，它的公共关系部门有27位公共关系工作人员。它的部门结构如图5-12所示。

2. 公共关系部的人员配置

公共关系部的成员应各有所长，相互补充。根据一般工作量，通常需要下面5类人员：

（1）策划人员。公共关系部为实现社会组织的某种目的，要进行一系

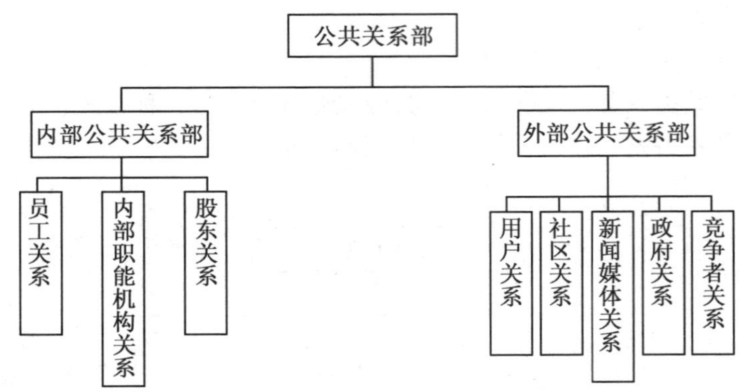

图 5-10　按公共关系对象设置的公共关系机构

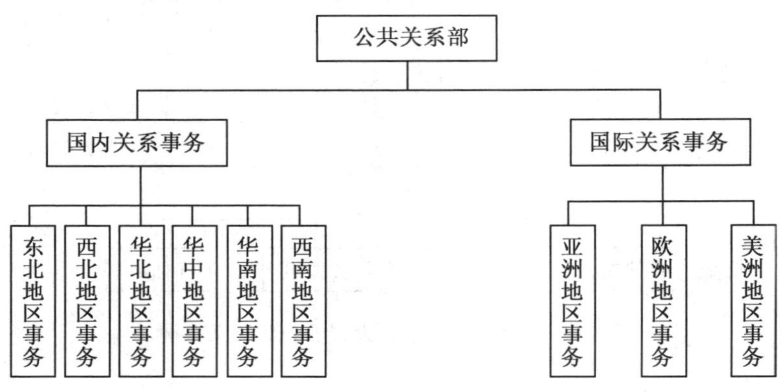

图 5-11　按公共关系工作区域设置的公共关系机构

列的公共关系活动。要想使这些活动取得良好的效果，就需要有高水平的策划人员。所以在选择这类人员时，要极为慎重。

（2）信息情报人员。负责收集分析各种与组织有关的信息与情报，应有市场营销学、社会学、心理学等方面的知识和社会调查经验。

（3）编辑、撰稿人员。这类人员，又被称为“宣传人员”，主要任务是采写新闻，撰写各种报告、请示，编辑各种刊物、年度报告、年鉴等。这类人员需要有新闻写作方面的知识和经验。

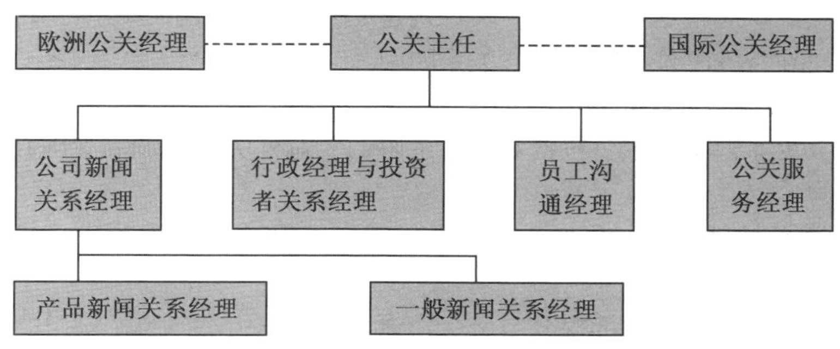

图 5-12　惠普公司公关部门结构图

（4）组织人员。组织人员负责具体公共关系活动的准备、组织和管理工作。他们一方面要充分了解公共关系实务的工作原则、方法和技巧；另一方面，还要有组织管理能力及应付日常事务的能力。

（5）其他专门技术人员。如摄影师、美术编辑、法律顾问等。

3. 公共关系部的经费预算

资金是一个组织维持和运转的必要条件。在设置公共关系部门时，必须编写科学合理的预算。一般来说，公共关系部的开支项目有：①劳动工资。不仅包括公共关系专职人员的工资，还包括与公共关系部的工作相关的一些人员的工资，如会计、秘书、通讯员的工资等。②办公费。包括房租、水电费、电话费、办公文具费等。③设备费。如配置摄影设备和材料、工艺美术器材、视听器材的费用等。④活动专项费。⑤机动费用等。前 3 种费用基本上是固定的，而后两种费用则弹性较大，具有不可预见性和非精确化的特点。

编制公共关系预算的方法有：①比例提成法。即按产值或销售额提取一定的百分比作为公共关系预算。此方法预算简便，而且是根据组织的经济实力量力而行的做法，因此不会给组织带来经济负担。但是，它缺乏弹性，没有考虑到实际需要和情况变化等因素。②目标作业法。即先制订出年度公共关系预定目标、工作计划，并列出为完成目标、计划所需要的费用，然后汇总成为年度预算金额。此方法的优点是以公共关系工作的实际需要为基础的，能保证年度公共关系工作的经费开支，计划性强，但易受突发因素的影响。

公共关系部的设置是一种形式，并非内容。一切形式应该服务于内容。作为社会组织应根据具体情况，决定是建立公共关系部还是聘用公共关系公司，还是在特殊事件上聘用公共关系顾问。

(四) 公共关系部门的任务

公共关系部工作主要包括对内关系协调、对外关系协调和专业技术等3方面。

1. 内部关系协调。包括员工关系、部门关系、股东关系等，其具体工作有：

①利权力用各种内部媒介与员工沟通。

②教育引导组织的全体员工，增加公共关系意识，真正实现“全员公关”。

③编辑、出版内部刊物。

④随时搜集社会组织内员工的各种意见。

⑤参加董事会和生产、市场营销以及其他主要负责人的会议。

⑥为社会组织领导确定公共关系目标提供方案、数据，并为领导层的其他决策提供参考意见。

⑦定期召开股东大会。

⑧编制年度报告。

⑨培训公共关系工作人员。

2. 外部关系协调。主要涉及媒介关系、政府关系、社区关系等。其具体工作有：

①负责同新闻媒介、出版机构的合作关系。

②负责同政府有关部门的联系。

③负责与社区的联系。

④对消费者进行产品促销活动。

⑤进行各种礼宾接待工作。

3. 专业技术工作。其具体工作有：

①组织安排社会组织的庆典活动。

②组织安排开幕仪式。

③筹划和组织纪念活动。

④举办记者招待会。

⑤安排社会组织领导人与新闻媒介的接触。

⑥举办展览会。

⑦举办参观活动。

⑧开展广告业务。

⑨编辑、出版有关内部刊物。

⑩负责图片、摄影等支持性工作。

此外，还包括进行民意测验，进行舆论、意见研究；制作并维持社会组织识别标志；负责赠送礼品活动等。

二、公共关系公司

公共关系公司，是指由各具专长的公关专家组成的专门从事公关咨询和向其他社会机构提供公关服务业务的具有法人地位的独立营利性机构。

“公共关系之父”艾维·李于1903年创办了世界上第一家公共关系事务所——“宣传顾问事务所”。而世界上最早以公关公司名义出现的公司是1920年美国人N. 艾尔创立的。目前，美国已有6 644家这类公司。总部设在纽约的博雅公共关系公司是全球最大的公关公司，在35个国家和地区的76家办事处雇用了2 100多人；全球第二大公关公司——尚德威克公司则拥有100多个遍布世界各地的办事处，有1 800个雇员。

中国的公关事业起步较晚。1985年1月，美国伟达公司在北京设立了第一家外资公关咨询公司，1986年，中国第一家公共关系公司——环球国际公共关系公司成立，随后，上海、广东、天津等地也出现了专业的公共关系公司。

（一）公共关系公司的类型

公共关系公司没有固定的结构模式，从不同的角度，可以将其分为不同的类型。

1. 按性质分，可以分为综合服务咨询型和专业定向服务型两种。

① 综合服务咨询型。

这类公共关系公司可以为各种客户提供各种公关问题的咨询和各种公共关系的技术服务，通常以分类公共关系专家和公共关系技术专家为主体组成。分类公共关系专家主要有媒介关系专家、消费者关系专家、社区关系专家、员工关系专家等；公共关系技术专家主要是由演说专家、出版物专家、民意测验专家、宣传资料专家等为主体组成。其经济实力较为雄厚，业务范围广泛，并能为客户提供多方面的综合性的服务。

② 专业定向服务型。

即专门为特定行业或某类特定公关问题提供服务的公司。这类公共关系公司一般由某些行业或某类事务的专家组成，不但精通公共关系的业务，而且熟悉精通某些行业或某类事务。如专门定向为金融业，或旅游业，或政府关系和法律事务，或企业内部的职工关系等特定行业或特定公关问题提供咨询或代理服务的公司。如为客户专门提供广告设计服务或专为客户提供形象调查服务等。

2. 按服务范围分，可以分为区域性、全国性、国际性公关公司。

3. 按专业化程度分，可以分为独立的公共关系公司、广告公司隶属的子公司和广告公司的公关部。如著名的跨国公司博雅公共关系有限公司和希尔—洛顿公司，都已被大广告公司兼并成为其子公司。图 5-13 是美国当前最大的 20 家公共关系公司。

名称	员工人数
Hill and Knowlton	1 600
Burson-Marsteller	1 868
Shandwick	982
Ogilvy & Mather PR Groupa	738
Rowland Company Worldwide	439
Daniel J. Edelman	362
Manning，Selvage&Lee	322
Fleishman-Hillard	335
Doremus Porter Novelli	290
Ketchum Public Relations	275
Golin/Harris Communications	308
Creamer Dickson Basford	250
Regis Mckenna	174
Ruder，Finn&Rotman	270
Grey Com	219
Robinson，Lake，Lerer&Montgomery	109
Howard J. Rubenstein	120
Cohn&wolfe	94
Financial Relations Board	88
Dorf&Stanton Communications	118

图 5-13　当前美国最大的二十家公共关系公司

（二）公共关系公司的服务内容

公共关系公司有大有小，其经营的业务也各有不同。有的专门提供咨询服务，如采集信息、分析公共关系状态、预测公关环境发展趋势，或提供客户要求的其他服务。有的公关公司则宣称提供“全方位服务”，从教育培训、咨询服务到专题策划、形象设计、公关广告设计等。

如中国环球公共关系公司的客户业务部的主要业务包括：企业发展顾问服务、长期沟通计划、企业定位、强化企业形象计划、市场沟通计划、雇员关系服务、财经传播与投资者关系、媒介关系、公共事务、政府关系、议题管理、危机传播管理等。

一般来说，专业的、规范的公共关系公司提供的业务可分为咨询业务和代理业务，主要有以下几种：

① 确立公共关系目标。协助客户开展调查研究，分析原因，提出解决问题的办法，进而确立公共关系目标。

② 制订实施计划。根据已确定的公共关系目标，以及客户存在的实际问题，帮助客户制订出有效的公共关系计划，并协助客户实施公共关系计划。公共关系计划实施包括新闻策划、礼宾服务、会议策划、推介产品和印刷制作等。

③ 公共关系业务培训。接受客户委托对公共关系人员进行培训，以提高他们的业务水平和工作能力。

④ 编制预算。帮助客户编制公共关系预算。

⑤ 协助客户开展内部公共关系工作。如为客户编写各种公关资料，如公关宣传海报、新闻稿、公关手册、讲演稿、产品说明、股东和年度报告等。

⑥ 协助客户处理突发事件，消除不良影响。

⑦ 帮助客户进行公共关系计划实施效果的评估等。

（三）公共关系公司的收费

目前，公关公司的收费标准还没有统一的规定，各公关公司的标准是不同的。一般而言，在确定收费标准水平时，要考虑下列 5 种因素：

（1）公关公司的声望和公关人员的专业水平。

（2）公关人员在公共关系活动中所花费的成本，包括服务时间费用、材料费用、差旅费、服务费以及机会成本等。

（3）公共关系行业的供求状况与收费标准。

（4）公关公司间的竞争状况。

（5）公关活动的复杂程度和效果。

公共关系公司的收费方式多种多样，下面介绍几种最为常见的收费方式。

1. 项目收费

项目收费主要包括：

① 项目劳务费。即委托项目期间工作人员的工资以及有关高级管理人员、专家和文秘人员、会计人员的工资。

② 行政管理费。按项目总费用的一定比例提取，用于公司行政管理等办公经费。如公共关系公司在承担项目期间所需的房租、税款、水电费、电话费等。

③ 咨询服务费。即由于委托项目的需要，由公关专家为委托人提供咨询，给予指导的费用。

④ 项目活动费。在委托项目完成的整个过程中，需开展一系列的公共关系活动，按活动计划和实际需要，确定费用金额。

其优点是专款专用，便于管理与考核，保证公共关系项目的质量。

2. 计时收费

计时收费，即按参加此项目工作人员的工作水平、服务项目难易程度等，确定单位时间的开支标准，以项目完成所需时间计算费用。

它通常按小时计算收费，包括工资成本、行政管理费、专业管理费以及适当的利润。一般来说，收取的费用是工作人员每小时基本工资的2～3倍。如在美国的加利福尼亚州公共关系公司的收费标准为每小时每人74美元。至于每一个公共关系人员在每小时应收取多少费用，需要看他的声望和资历，他所从事工作的复杂和难易程度，以及其他公共关系公司的收费标准。

3. 综合收费

公司在为客户代理某项业务和进行全面代理时，双方根据业务需要，协商确定收取（支付）费用的总金额。这种收费方式一般在业务开始时由客户支付。

4. 按项目需要分项收费

即按照项目实际需要分项付款，如客户不满意，可选择其他公司代理。

5. 按项目成果分成

公关公司和项目委托人共同承担风险、共同受益，项目最终取得收益时，按一定比例分成，但这种情况很少见。

（四）公共关系部门与公共关系公司的比较

公共关系部和公共关系公司各有优势与不足。组织在开展公关工作时究竟采用何种形式，应视实际情况而定。组织内公共关系部自身的业务水平、活动的范围、深度及时间长度、机构活动的目的及经费预算、领导的重视程度等均会对公关机构的选择产生影响。下面就两者的优、劣势进行分析。

1. 机构内公共关系部的优、劣势分析

（1）优势

相对于独立的公共关系公司而言，组织内公关部的优势体现在：

① 公关部植根于机构中，是机构的知情者，能见外人所未见，充分了解机构的实际情况。这样，公关部只要有实事求是的态度即可为机构制订出科学的公共关系目标和切实可行的公共关系工作计划。

② 公关部与机构利益目标具有完全一致性，其作为机构的职能部门，是机构的自家人，能够随时随地直接地站在主人翁的立场上全力维护机构的利益，谨慎处理具有社会敏感性的公共关系问题，处处着眼于提高机构的效率和效益。

③ 公关部与机构成员具有更好的认同感。由于公关部与员工有共同体验，在其处理内部公共关系时，更容易得到员工的配合，取得对机构的内部问题及其解决方式的共识，更容易与员工进行真挚的感情交流。

④ 公关部便于保证公共关系工作的连续性、稳定性和及时性。公关部作为机构内部的常设机构，能从体制上保障公关工作连续性；同时，它不存在联系障碍，在紧急的情况下，可作出快速的决策和反应。

（2）劣势

相对于独立的公共关系公司而言，组织内公关部的劣势主要表现在以下几个方面：

① 公关部易受“当局者迷”的局限。作为机构的一部分，由于感情的因素和相同利益的牵制，考虑问题时容易使自己受难以觉察的主观心理定势的影响，特别是发生问题的症结处在领导层时，可能出于利害关系原因，忌讳坦陈直言，造成片面性、保留性。

② 外部公众容易对机构的公关部产生心理距离，尽管公关部对外开展工作时秉持信守诚实、负责的原则，但由于它不是“第三者”，往往难以在短期内获得公众的充分信赖。特别是在机构与外部公众发生较尖锐的利益冲突时，外部公众更容易对机构内部公共关系机构的活动产生怀疑心理，出现不合作倾向。

③ 公关部活动能力易受限制。机构内部公关部的活动能力直接受机构人、财、物条件及机构活动范围限制。公共关系工作是一项具有广泛社会性的工作，其活动的广度和深度都可能超出一个机构的现有力量和常规活动范围。相对于公关公司而言，公关部在经验、技术、人才方面的差距更明显。

2. 公共关系公司的优、劣势分析

(1) 优势

① 从服务的专业水平看，公关公司拥有一批具有各种专业知识、经验丰富的专家，具有明显的人才优势。可根据委托者的要求，选择不同人才执行不同任务，因而技术全面、专业性强。在处理危机、应付复杂局面、解决舆论问题等方面都比组织的公关部门实力强、办法多、经验丰富。

② 在分析、处理问题时，较为客观公正。专业公关公司以专业眼光，从外部公众角度去处理客户的公关问题，有较强的独立性、主动性，不容易受机构政策及其他方面如人事关系的干扰。专业人员的建议更权威，能起更大作用。因其经营活动能力、水平和社会联系，决定了公关公司有良好的社会声誉和公众信赖度，不会因内部人员的因素而降低对公司的信任。

③ 有健全、有效的沟通网络。公关公司的经营是以整个社会作为舞台，它受聘于众多客户，并且与社会各方面有着广泛的联系。因此，它有较全面的信息资源，较广泛的社会通讯网络，与当地的政府、企业、公众等均有紧密的联系，信息灵、眼光高。

④ 公司的经营灵活、广泛。它可根据委托人的要求，决定服务目标、内容、方式。由于大部分公关活动均是以项目形式承包，只要公关公司按时按质完成活动就可以，至于具体的服务内容、方式、安排等均由公司自定。

⑤ 由于公关公司在开展公关活动时，更具有比较优势，因此可以降低公关活动的成本。公关公司是一种营利性组织，而且公关公司特别是名牌公关公司收费还相当高，但如果综合考虑，选择公关公司还是更经济。一方面，组织维持一个公关部门的运转，同样需要支付日常费用、人员工资、办公经费等；另一方面，公关公司提供的方案往往更合理、更权威、效益更佳，其创造的收益、企业从中获得的效益也更大。

(2) 劣势

① 对机构内部的情况了解不全，因而其建议方案等有可能同委托机构内部情况脱节。这就要公关公司花费更多的时间去做前期的调研工作，也就势必增加委托方的费用支出。

② 作为局外人，公关公司一般只为机构决策提供参考性建议和方案，

而不直接参与机构的决策管理过程，这会使有关公关建议和方案难以在机构内得以贯彻。尽管存在从策划到具体实施的一条龙服务方式，但由于其涉及面广、持续时间长，一般公关公司不愿采用此种形式。

③ 公关公司及顾问可能遇到很多的障碍，包括机构内公关部和人员的阻力，以及来自委托机构的管理者及有关人员思维和行为惯性的影响，致使公关公司的工作得不到有力配合，方案难以落实。

（五）如何选择公共关系公司

组织在比较、权衡了是否设立公关部或聘请公关公司之后，如果决定聘请公关公司，则面临着如何选择公关公司的问题。

●选择方法

在具体挑选之前，组织可先查阅《广告年鉴》、《公共关系年鉴》、《公共关系协会的会员注册表》，以及公共关系协会的年报等资料；包括收看、阅读公关公司的广告或由别的机构推荐。找到公关公司后，再通过下列方法进行评价和选择。

一般可以邀请目标公司提交竞争性计划进行招标，让初选的咨询公司有机会提出机构所需的初期甚至持续的研究报告，然后由机构择优选择。这样能保证公关公司提供更加切合实际、更令人满意的服务。

●选择的标准

正确地选择公关公司是一件大事。一般讲，组织可以由以下 5 个方面来综合评价一家公关公司。

1. 公司的信誉和声望。如一家公关公司的历史长短，以往工作的业绩如何，它们承办的活动在社会上影响如何，它们与社会各界的关系如何等。这些都是衡量公关公司信誉和声望的具体指标。

2. 公关公司目前的人才状况。如人员素质情况、专业水平、专门训练、时间的充裕情况等。人才是决定一家公关公司业务水平的最关键因素。

3. 公关公司现有客户情况。如其社会地位如何，对其服务满意程度有多高。

4. 公关公司的专长和本组织需要的相关程度。同样有信誉、有名望，人才济济的公关公司仍存在着不同的特点和专长的区别。选择公关公司是以专长最能满足组织的公关需要为最佳标准。

5. 收费标准情况。一般而言，信誉良好的公司可能收费较高，同时服务水平比较好；但企业选择时应针对切实需求来确定，一般的活动无需请大咨询公司。

●聘用时应注意的几个问题

聘用公关公司时，机构如何使活动的效果最佳和成本最低，则需注意以下几个问题：

1. 需清楚机构要从公关专家那里得到什么

如果仅希望公关专家认可你作出的决策，将毫无意义；应从咨询中得到简单而又实际的解决方法，而不仅仅是理性指导。

2. 成本—效益分析

公关公司的服务是要收费的，因此机构在进行咨询时，次数应尽量少，可使时间长一些，这比分次简短咨询有效且经济。

另外，机构在聘请公关顾问时，总是偏爱于最好的公关专家服务，但成本一定很高。如果只是一般性的公关活动，一般公关人员就能胜任，就不需聘请高级专家。

3. 注意公关活动的连续性

有许多机构的管理层虽同意公关专家的计划，但在实际操作中却又按照自己的喜好只遵循其中的几步，结果导致整个计划的失败。另外，公关公司提供的服务是按其所得报酬提供的，因此机构要根据活动开展的实际需要，找到最佳接合点，而不是做了一段时间就停止。

4. 保持与外界联系

机构在聘请公关公司时，必须要多和外界交流，从而提高机构的公关水平。这对于监督、参与公关公司的方案、活动均有很大的帮助。

案例：博雅公关公司（Burson-Marsteller）

创建于1952年的博雅公关公司在全球近40个国家和地区拥有近70多个办事机构和2 000多名员工。其总部设在美国的纽约。博雅于1985年进入中国，于1992年成立广东博雅公共关系有限公司，并在上海和北京设立了办事处。目前，在美国《财富》杂志评选的世界500强企业中，有75%是博雅的客户。1999年在上海为英国维珍航空公司策划并实施的上海首航活动被《公共关系新闻》评为“最佳大型公关”活动。

（1）博雅公共关系有限公司的组织结构层次

董事总经理（Managing Director）

总监（Director）

客户经理（Manager）

高级客户主任（Senior Associate）

客户主任（Associate）

客户助理（Client Executive）

董事总经理一般为一个地区或业务部门的负责人，负责整个部门或地区的总体管理和发展。

总监对公司的业务发展及财务目标负有责任，并需在所在市场中推广博雅自身的知名度。

客户经理需对其工作项目的整体发展负责，与客户的中、高级管理人员进行沟通，帮助属下人员的专业发展，并协助总监开发新业务。

高级客户主任除日常的客户联络工作外，需对活动策划书的制定、服务报价的形成等有相当的了解。

客户主任就具体活动内容与客户进行日常联络，负责日常的媒体联络等。

客户助理一般为新近加入公司且没有公关工作资历的人员。在客户服务过程中尚处于入门阶段。

另外，博雅实行客户负责人制，每一个客户，无论规模大小，都有一个明确的客户负责人（Client Leader），负责与客户的联络、内部的资源协调以及相关的业务及财务管理工作。每年，客户负责人都要就过去一年中与其客户的业务关系、所积累的经验或教训、来年的业务发展空间等问题向公司管理层提交报告，确定业务发展计划。

（2）博雅公共关系有限公司的专业服务内容

企业传播（Corporate Communication）：企业定位、企业形象沟通、大型活动策划及组织、建立与媒体的关系。

市场传播（Marketing Communication）：产品及服务定位、市场营销支持、消费者权益保护、消费者普及、教育活动、建立与传媒的关系。

公共事务（Public Affairs）：政府关系、社会热点问题监控、社会公益及慈善活动。

危机管理（Crisis Management）：危机预警及传播系统建立、现场危机处理、建立与媒体的关系。

医疗传播（Health Care Communication）：医疗产品及服务定位与推广、医疗保健知识普及、患者咨询活动。

企业改制沟通（Change Communication）：企业文化融合、员工关系、社区关系。

财经传播（Financial Communication）：企业上市传播、金融机构企业形象传播。

新媒体传播（New Media）：提供网络、多媒体等新兴媒体传播手段和技术支持。

传播技巧培训（Communication Training）：为企业负责人进行公共关系、媒体沟通、公开演讲等与传播有关的技能训练。

三、公共关系社团

公共关系社团指社会上从事公共关系工作和热爱公共关系事业的团体与个人自发组织的、非营利性的从事公共关系理论研究与实践活动的群众组织和群众团体，包括公共关系协会、学会、研究会、专业委员会、俱乐部、沙龙、联谊会等公共关系机构。

在现代公共关系发展史上，第一个公共关系社团组织于1915年7月成立于美国芝加哥的金融公共关系协会，隶属于世界广告协会，1970年后组织易名为“银行和市场协会”。1917年4月，美国高等院校公共关系协会（当时名为“美国高等院校新闻协会”）宣告成立。20世纪初，公共关系社团都属于某一行业社团组织，成立于金融界、教育界、新闻界等，并逐步发展成为全社会的由各行各业人士参与的社团组织。

1948年2月4日，美国的全国公共关系顾问协会（NAPRC）和美国公共关系理事会（ACPR）合并成立美国公共关系学会，其总部设在纽约，下设80多个分会，成员超过1万人。英国公共关系学会（IPR）也成立于1948年，是一个有12个地区性的团体，会员超过3 500人。它们在建立和推行职业道德准则方面走在世界前列。

在所有专业性协会中，总部设在伦敦的国际公共关系协会（IPRA）无疑是颇具影响力的。尽管在其1955年刚成立时，只有5个国家，15名会员，但现在已发展到77个国家几千名会员。而且国际公关协会是得到联合国正式承认的，其会员也作为顾问服务于联合国经济社会理事会。国际公共关系协会每年聚会两次，颁发“促进世界理解杰出贡献奖”，出版《国际公共关系评论》季刊；由于其在推动专业承认、职业标准和职业道德发展等方面的成就，在1980年协会成立25周年之际，法国邮电局发行了迄今为止仅有的一枚以公共关系为主题的邮票。

我国第一个公共关系社团——中山大学公共关系研究学会于1985年7月成立；1986年1月，上海公共关系协会成立；1987年5月，中国公共关系协会成立，它在促进个体和行业公关组织的建立、推动中国公关理论的发展、培训公关人才及开展各种活动方面，做了一系列富有成效的工作。1991年4月，中国国际公共关系学会成立。现有24个省、市、自治区都建立了公共关系协会（或学会）。

公共关系社团要依照国务院颁布的《社会团体登记管理条例》的规定到民政部门申请登记，经批准后组建，并在宪法规定的范围内独立开展活动。在公共关系事业的发展过程中，真正起到推波助澜作用的，往往是这些非营利性的公共关系社团组织。

（一）公共关系社团的类型和特点

1. 公共关系社团的类型。公共关系社团的类型多种多样，根据我国公共关系社团的现状，可大体分为以下几种类型：

（1）综合型社团。包括国家和地方成立的各级公关协会，如中国公共关系协会、中国国际公共关系协会，北京、上海、广州等地的公共关系协会。其职能多是服务、指导、协调、监督。

“服务”是指为会员单位提供咨询服务，加强与外界的联系与合作；“指导”是指研究公关理论与实践，培训公关专业人才等；“协调”指协调国内外公关组织的关系，维护机构的正当权益；“监督”是指会员的活动必须符合行业的道德规范和职业准则，防止损害公关业声誉的事件发生。

（2）学术型社团。包括公共关系学会、研究会等纯学术性的团体。其中心工作是研究公共关系的动态和理论问题，总结公共关系的经验，进而把握公共关系发展的趋势，为从事公共关系工作的人员进行理论指导。

（3）行业型社团。公共关系组织的行业化，在国际上已成为一种趋势。行业型社团保证了公共关系事业在某一行业的深入发展，是一种很有潜力的社团形式，现有中国煤炭公共关系专业委员会、浙江新闻和公共关系学会等。

（4）联谊型社团。联谊型社团包括公共关系联谊会、公共关系俱乐部、公共关系沙龙等各种形式，其结构松散，以联谊为主，无固定的活动形式和会员条例。这类组织通过开展工作可以推广、普及公共关系知识，可以促进成员之间沟通信息，联络感情等。

（5）媒介型社团。这类社团主要通过报纸、杂志等传播媒介进行联络，并以此为依托建立公共关系社团。其工作主要是直接利用媒介来探讨公共关系理论，普及公共关系知识，交流公关活动经验等。

2. 公共关系社团的特点。根据公共关系社团的性质，它具有以下特点：

（1）广泛性。公共关系社团的广泛性体现在它的成员既包括了公共关系行业中各方面的单位或从业人员，又包括了不同地区新闻、科研、文教和党政机关等各界人士。这种组织形式，可以建立更广泛的信息渠道和社会关系网络，有利于成员间的相互沟通、交流。

（2）松散性。公共关系社团与公共关系公司、公共关系部相比，它具有松散性特点。因为它没有严格的组织结构，会员入会和离会手续较简单，基本上没有强制性。

（3）权威性。参加公共关系社团的往往是社会上从事公共关系工作和热爱公共关系事业的团体和个人，其中聚集了一批有理论、有实践的公共关系专家、学者和实际工作者，他们通过理论研究和优质、高效的服务，不仅可满足社会对公共关系的需求，而且也提高所在社团的权威性和信誉。

（4）非营利性。公共关系社团不是一个经济实体，因此，它不是以营利为目的的。所以，在商品经济大潮的冲击下，为了维护自身的信誉和形象，公共关系社团在实际运作中应特别注意这点。

（二）公共关系社团的职责和活动

1. 公共关系社团的职责

公共关系社团是一种特殊的公共关系组织，它既是广大公共关系专家、学者及公共关系爱好者组成的民间团体，同时又是公关界与政府、工商企业及其他组织相互联系的纽带与桥梁。其宗旨是宣传公共关系思想，普及公共关系知识，协调公共关系活动。其具体职责是：

（1）发展和联络会员。为了公共关系事业的发展，公共关系社团应把社会上各行各业的公共关系爱好者和实际工作者，源源不断地吸收到社团中，组织学术和经验交流，研究我国公共关系理论和实践，以更好地促进我国社会主义公共关系事业的发展。同时，还要与会员进行经常性的横向沟通、联络，以便形成网络，进行广泛的协作。

（2）宣传、普及公共关系知识。这应该是公共关系社团的一项经常性的工作。通过坚持不懈地向社会公众宣传、普及公共关系知识，来匡正社会公众对公共关系的误解，以提高全民的公共关系意识，为我国的改革开放和社会主义市场经济及两个文明建设服务。

（3）组织公共关系专业人员的培训工作。公共关系社团通过举办培训班、讲习班等形式来培训公共关系专业人员，以进一步提高公共关系专业人员的素质。在中国公关协会和中国国际公关协会的共同努力下，公关员国家职业资格认定于 1999 年 6 月获得国家劳动和社会保障部的正式批准，使长期以来一直困扰着广大公关从业人员的资格问题，有了一个职业归属，这将会大大推动我国公关职业的健康、蓬勃发展。这样，公共关系社团特别是公共关系协会有责任组织公关从业人员职业资格考试的培训工作。

（4）制定公共关系从业人员的职业道德和行为准则。事实上，每一个行业都有各自的职业道德，作为职业化的公共关系也不例外。

（5）交流公共关系信息，开展公共关系咨询服务。公共关系社团应建立起公共关系信息网络，将国内外的公共关系信息、市场信息等传播，通报各方公共关系社团，以便各方结合自己的实际，为当地社会组织提供咨询服务，如招商引资、内引外联、给困难企业出谋献策等，以便更好地开展公共关系社团的工作。

（6）编辑出版公共关系方面的报刊和刊物。公共关系社团编辑出版有关公共关系的书籍和报刊，是宣传公共关系的重要手段。如美国公共关系协会编有《公共关系评论》季刊；加拿大公共关系学会编有一个时事通讯季刊——《公报》；英国的公共关系学会每年出版 8 期《公共关系》；国际公共关系协会的官方出版物是《国际公共关系评论》季刊。

2. 公共关系社团的活动

各种类型的社团在成立时都明确了各自的任务和工作内容，如中国公共关系协会在章程中明确规定：

（1）联络全国各地区、各企业、事业单位的公共关系机构，组织学术交流和经验交流，研究社会主义公共关系的理论与实践，推动社会主义公共关系事业健康、深入发展。

（2）制定和实践社会主义公共关系的职业道德准则。

（3）培养、训练和造就公共关系的专业人才。

（4）编辑出版有关公共关系的书籍、报刊，宣传、普及公共关系学知识。

（5）加强与海内外公共关系界的交流合作。

（6）开展国内外公共关系事业的咨询服务工作。

（7）维护公共关系组织和工作者的正当权益。

（8）协调国内外公共关系组织的关系。

（三）公共关系社团的经费来源

公关社团作为民间组织，国家原则上不拨经费，其经费来源都是多方筹集。

1. 主管机关拨款，这种属少数。

2. 会费收入。会员入会时，须缴纳一定数额的会费，收费标准由各社团自定。

3. 所属经济实体收入。

4. 服务活动收入。社团有能力、有条件承担咨询服务等活动，并收取一定的费用。

5. 社会资助。

第四节　公共关系人员

公共关系不仅是一门新的学科，更是一种新的职业。据不完全统计，在20世纪80年代，美国公共关系从业人员已近15万人，90年代则达到17万人左右，目前，公共关系行业更加蓬勃发展，公共关系人员在世界各地的增加方兴未艾。

所谓公共关系人员，是指从事公共关系理论研究、教学活动以及实践业务的人员。在欧美国家对公共关系人员的称呼有PR Practitioner（公共关系从业人员）、PR Man（公关人员）、PR Officer（公关官员），但是并没有国内所说的PR Girl（公关小姐）之称。

一、公共关系人员的角色

每一个打算进入公共关系领域的人，都想要了解：在这个行业需要扮演何种角色？自身应该具备何种条件？工资待遇和发展前景如何？

下面，首先来看几则国内外公共关系人员招聘广告：

公共关系助理

私立医院征求公共关系助理。工作职责包括替医院刊物和快报采访和写稿，以及发布新闻；回答新闻界对病人状况的询问；负责部分摄影、绘制图表和编辑工作、协助设计及制作宣传品送交媒体发表；筹备一些特别活动，包括策划、宣传、督导和评估结果。限获有公共关系或新闻学位者，略有经验。应征者必须外表和蔼可亲，能承受工作压力，善于电话沟通，能够自动自发，不必上级督促。

事务经理

信用合作社征求事务经理。负责撰写和编辑每月的新闻稿，设计和编写宣传手册，每季策划各种推广活动，应征者必须经由刊物、电话与亲自拜访，和会员维持良好关系，并协助各部门进行公共关系推广活动。应征者必须获有公共关系或新闻学位，且必须能够自动自发，独立作业，不怕压力，能在规定期限内完成所交待的任务，并有雅量接受善意批评。

公共关系计划经理

总部设在旧金山的一家国际天然资源公司，征求一名公共关系计划经理。应征者将负责策划及执行公司的公共关系计划，包括公司公关、员工会议、主管演说、运用视听辅助器材，以及在公司董事会上作报告。应征者必须拥有商学、新闻或公共关系学位，并且至少有从事公司公关工作5年以上的经验。高明的人际沟通、写作能力和口头沟通技巧，也是必不可少的。

传播事务经理

大型公用事业公司征求传播事务经理。负责策划、组织及协调公司传播计划，督导出版和协助部门管理12名员工。应征者必须拥有在公司传播方面的管理、行政与督导经验。

国际公共关系经理

上海一家名列《财星》杂志500强的大公司，征求一位有事业心的国际公共关系经理。协助公司的公关副总裁从事国际公共关系工作。应征者必须拥有大学学历，有在新闻界或公共关系界3～5年的从业经验，有海外工作经验，最好精通外语。录取后须经常赴国外出差。

政府关系主管

加州一家银行征求一位政府关系主管。主持一个快速成长的新部门，负责注意与分析所有各级政府的立法与法规规定，协调银行的政治和捐款活动，并担任银行与政府之间的联络人。应征者必须拥有良好的政府关系或4年以上的公共事务工作经验，文笔佳，口才好，大学学历，最好有在银行工作的经验。

大学公共关系副总裁

主要负责评估和促进大学与各界的关系，并推动大学的各项发展活动，督导校内的发展、新闻与其他相关单位。这些单位的主管都必须向公共关系副总裁负行政责任。应征者最好拥有博士学位，有在大学服务的丰富经验，拥有极佳的人际沟通、演说与写作技巧，有能力与各部门沟通，是协助大学发展校务的重要主管之一。

从以上几则招聘广告可以看出，公共关系人员应该具有较高的综合素质和工作才能。从外在的仪表仪态，到内在的性格品德，从教育背景到工作经验，从创意思维到研究能力，从知识结构到工作能力，都有一些具体的要求。公共关系人员要多交友，少树敌，公共关系人员既要在前台做组织形象的传播者，又要在后台做组织形象的设计者，所以，公共关系人员应该是一个通才式的人才。

1979 年，美国著名公共关系专家布鲁姆和史密斯将公共关系从业人员的角色类型划分为 4 种：

第一，专家诊断者。他们以“外脑”的身份，站在经营者的立场上，从战略高度，发现问题并提出问题解决方案，他们是战略管理专家，具有统观全局、独立思考和判断的能力，无须太听从管理层的指示。

第二，传播服务者。他们是传播专家，主要职责是通过开展一些策略性的传播活动，维护组织与公众之间双向传播的畅通性。

第三，问题解决者。他们不同于专门的诊断者，他们与组织的其他管理者合作共同界定问题，并指导其他管理者运用一种合理的解决问题程序来解决问题，相当于项目专家。

第四，传播技术专家。其主要职责是撰写和发布新闻稿，处理媒体关系，开发网站内容，不参与管理决策，但负责向员工和新闻界进行解释。

事实上，不同的人会扮演传播技术专家角色，但同一个人可能会趋向于同时扮演专家诊断者、传播服务者、解决问题服务者这 3 种角色。

二、公共关系人员的基本能力

如果打算以公共关系作为终身职业的人，不管今后从事哪一个行业，哪一项公共关系作业，都必须具备以下 4 项基本才能，它们分别是：写作能力、研究能力、策划能力和解决问题的能力。

●写作能力

这是公共关系人员的基本功，公共关系人员一定要是一个杰出的撰稿人，能够写出极佳的客户报告、新闻稿、图片说明、年度报告、特别报道，以及各种文章。

●研究能力

公共关系人员一定要有较高的理论水平和研究能力，一方面能够充分了解客户的业务状况，并随时注意可能影响到公司业务的商场和政府的各种最新发展；另一方面能够评估大众的需求和认知，善于设计和进行民意调查，从各个方面收集资料。

●策划能力

公共关系人员一定要能够进行长期或者短期的策划，能够替每一位顾客构思和执行完整的公共关系计划，有丰富的创意和想像力，不受限于传统想法，具有开放的心胸，愿意接受新观念，知道如何构思出很有创意的点子，并把它付诸实施，以达到宣传效果。

●解决问题的能力

公共关系人员一定要能够自信地向公司最高管理层提出具有建设性的意见，能够帮助管理者解决一些重大问题或者危机问题。比如公司的发展战略、竞争战略、整合传播战略、企业文化战略、以及一些危机事件的处理。

20 世纪 90 年代的公共关系技巧

90 年代需要什么样的公共关系人员呢？美国电话电报公司列出它们所希望录用的公共关系工作人员所具备的技巧和个性：

专业经验/技巧

●熟练和多才多艺的沟通技巧

——最重要的是，公关写作

——人际沟通（说与听的技巧，包括演说）

——视觉沟通（包括文字和电视媒体）

●策略性公共关系思考、解决问题、策划

●向管理阶层提供公关顾问和支持

——特别强调行销、财务、国际商业、员工关系、社区与政府关系

●了解大众媒体，善于与之合作

●了解和有效利用组织沟通

●解释技术性变化的热诚和能力

●公关评估，调查研究

●主办特别活动

●在创造性的专业环境中，管理、监督以及发展属下

●和外在大众沟通以及处理社会变化

●了解公司的社会责任和公司与政府及非营利团体的关系

理想的个性与能力

- 求知欲
- 有始有终
- 创造力
- 有弹性
- 精力充沛
- 积极主动
- 诚实
- 在期限内完成工作
- 广泛的兴趣
- 外语流利

三、公共关系人员的教育

公共关系人员既需要知识与智慧，又需要技能与经验，更需要道德与品行，所以要使公共关系发展到理想境界，必须加强公共关系教育和培训。

关于公共关系教育，一直有3个不同的观点：第一，到底是将公共关系保持本科教育阶段还是提升到研究生教育阶段？第二，在传统的本科教育后，应该授予公共关系硕士学位，还是授予商业管理的硕士学位？第三，应该加强传统的公共关系课程的教育，还是加强文学艺术的教育？

1990年，美国国际公共关系协会发布了一个“公共关系教育轮”，系统地提出了公共关系的教育内容。如图5-14所示。

公共关系知识体系由3个子系统构成：

第一，公共关系理论与实践，这是教育轮的核心层。

公共关系基本理论知识包括：公共关系的基本概念、公共关系的由来和历史沿革、公共关系的职能、公共关系活动的基本原则、公共关系要素、社会组织、公众和传播概念与类型、不同类型的公共关系工作的原则和内容、公共关系工作的基本程序等。

公共关系实践知识包括：公共关系调查研究、公共关系活动策划、公共关系活动实施与评估、公众分析、与各类公众的沟通技巧、社交礼仪知识等。

第二，传播领域的知识，这是教育轮的中间层。

传播领域的知识主要包括：传播理论与过程、广告、媒体法律与道德规范、研究、媒介分析、编辑学、大众媒体写作技巧、传播图表。

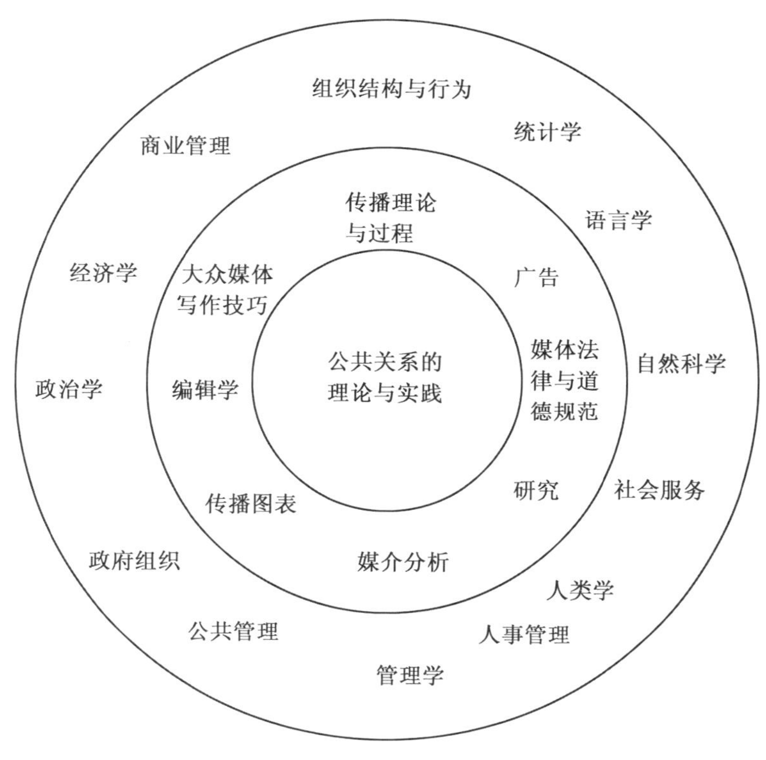

图 5-14　公共关系教育轮

第三，一般人文社科知识，这是教育轮的外围层。

这主要包括组织结构与行为、统计学、语言学、自然科学、社会服务、人类学、人事管理、管理学、公共管理、政府组织、政治学、经济学、商业管理等。

由于公共关系是一门实践性很强的学科，所以对公共关系人员的培养，需要长期不懈的努力。一般来说，有关公共关系人员的培养主要有两条路径：一是学院教育，二是社会教育。学院教育是一种传统正规的学历教育，而社会教育主要是从业资格认证培训。这类活动一般由公共关系协会等专业组织来主持。

目前，公共关系人员资格认证主要有英国公共关系协会参与和主持的 CAM 考试（CAM 是传播、广告、市场教育基金会的缩写）。

CAM 考试分两个等级。第一等级有 7 门课程的考试，其中包括市场、广告、公共关系、媒体、调查与行为研究、传播实务、商业与经济环境。公共关系、广告和市场营销人员只要通过其中 6 门课程的考试，就可以获得 CAM 传播研究证书。

获 CAM 传播研究证书者，可以参加第二等级考试，第二等级考试有两种类型，其一是针对广告和市场营销人员，其二是针对公共关系人员。针对广告和市场营销人员的考试科目有 5 门：消费者广告与市场营销、工业广告与市场营销、国际广告与市场营销、高级媒体研究、管理资讯，凡是通过其中 3 门考试者，可以获得广告与市场营销文凭。

针对公共关系人员的考试有 4 门课程，包括商业组织的公共关系、非商业组织的公共关系、公共关系战略、管理资源。凡是通过其中 3 门考试者，可获 CAM 公共关系文凭。现在，英国 CAM 考试所认定的从业人员资格，已为英国各界所普遍承认。

案例讨论：如何进入公关行业

在几个月后，你就要大学毕业，并计划朝公共关系行业发展。经过几次求职面试后，你被两家公司录取。其中之一是位于本市 100 里外某大城市的一家规模很大的 IT 企业。这家公司的公共关系部门共有 20 名工作人员，而依照公司惯例，新进的公关人员的工作是处理员工关系，等到有了经验，将来有可能被指派负责产品新闻宣传、投资者关系或社区关系。

第二家公司是本地一家小规模的公关公司，你的头衔是业务助理，协助处理正在进行中的几个案子，客户包括当地一家度假旅馆和一家干洗连锁店。

这两个工作机会的薪水大约相同，但 IT 公司的员工福利较好一些。你会选择哪一个公司？请说明你作出决定的原因，以及你所考虑的因素。

思考练习

1. 什么叫个人公共关系？它包括哪些类型？

2. 公众外交是指什么？其意义何在？

3. 根据国家形象六边形模型，谈谈如何利用 2008 年奥运会来塑造中国的国际形象。

4. 公共关系的主体定位表现在哪些方面?
5. 公共关系部的功能和地位是什么?
6. 公共关系公司的服务优势表现在哪些方面?
7. 公共关系人员的角色类型有哪些?需要拥有何种知识结构?

第六章　公共关系的客体

本章概要

- 公众是指与特定的公关主体相互联系及作用的个人、群体或组织的总和，是所有公关工作对象的统称。具有整体性、同质性、多样性、变化性和相关性的特点。
- 公众分类有7种方法，其中横向分类和纵向分类是基本方法。任何组织都有以下10类公众：员工、股东、社区、财务、经销商、舆论界、政府、消费者、竞争者和其他。
- 内部公众具有相对稳定性、严密的组织性、利益直接性、人际亲密性、竞合性等特点，员工公众可分为4大类：决策层、知识层、管理层和操作层，股东公众可分为个体投资者和团体投资者两类。
- 处理内部公共关系必须掌握人性理论、需要理论和激励理论，具体包括经济人理论、社会人理论、自动人理论、复杂人理论、需求层次理论、双因素激励理论、期望理论、目标理论、强化理论、公平理论等。并据此掌握“以人为本，以文为根，以信息为纽带，以联谊为手段”的内部公关技巧。
- 外部公众具有分布的广泛性、构成的复杂性、利益的矛盾性和差异性、关系的不可控性等特点。其中处理好社区关系、新闻界关系、政府关系和消费者关系，是外部公共关系的关键所在。

核心概念

公众　潜在公众　人性理论　社区激励理论　内部公众　外部公众

公众是公关工作的对象，广泛存在于社会组织的内部和外部，团结内部公众，发展外部公众是公关工作的主要内容。本章主要探讨内外公众的特点、构成、分类、公众意识以及内外部公众的具体公关实务，以便读者了解公众的基本理论和处理各类公众关系的具体方法。

公众是公关工作中一个非常重要、非常活跃的社会群体，它广泛地存在于社会组织的内部和外部。以投石入水为例，把组织当做石子投入水中，就会产生一轮轮的波纹，波纹越来越大，层次越来越浅，这样就形成了关系的亲、疏、远、近，最里面的波纹距离组织最近，好似内部公众，最外面离组织最远，但仍与其相连，好似外部公众。这些内外公众共同构成了组织的公关工作对象。研究内外公众的构成、特点、分类及实务操作是公共关系学的重要内容。

第一节　公众概述

一、公众的内涵

公众是公共关系中一个极其重要的概念。其重要性可与“公共关系”这一概念相提并论。因为没有公众就没有公共关系，一切公关工作都是围绕着公众而展开的，没有公众，公共关系就成了无的之矢，毫无存在的价值和必要，这就如同没有上网的用户，因特网就徒具形式，徒有空壳一样。

公关中的“公众”概念不同于一般意义上的“公众”概念。一般意义上的公众是指“社会上大多数的人”，这些人是作为群体而存在的一般民众，它可以指具有政治色彩的人民群众，也可以指具有社会学意义的人群大众。从质上讲，此“公众”与“私人”相对而言；从量上讲，此“公众”仅与个体相对而言，是大众而非小众，是人群而非孤家寡人。

而公共关系中的“公众”概念具有特定的内涵。它特指公关主体交流信息的对象。具体地说，是指与特定的公关主体相互联系及作用的个人、群体或组织的总和，是所有公关工作对象的统称。任何一个公关意义上的公众都是社会公众，但并不是任何一个社会公众都是公关意义上的公众。一个人可以自然而然地成为社会公众的一分子，但是只有当他进入某一特定公关主体的视野，与其有现实的或潜在的相关利益时，才能成为真正意义上的公关公众。比如，对于武汉的小学来说，山东的农民子女一般不会是它的公关对象。与社会公众相比，公关中的“公众”概念具有明确的规定性。

二、公众的特征

1. 公众的整体性

整体性是指公众的总体特征。公众是公关工作对象的总称，从概念上讲，它自然不是指某一个单一的公众对象，而是指与某一组织运行有关的整体环境。这个整体环境并不是像生物有机体那样，是一个各部分紧密结合的整体。它是一个松散的整体，各个要素构成之间或多或少是自由的和分散的。比如顾客和供应商之间，新闻界和社区之间没有必然的联系，相关性较小或无相关性，但它们又共同构成了组织必须面对的公众环境。对于组织而言，若忽视或未妥善处理好其中任何一类公众，都可能导致公众环境的恶化，从而影响组织的正常运转。因此分析“公众”时，首先要把它当做一个系统的、完整的有机体来看待，只有这样，才能使公关工作做到宏观把握、系统运筹。

2. 公众的同质性

同质性是指公众的性质特征。公众在数量上尽管具有广泛性、模糊性，但在质上却具有明确性、规定性。对一个具体的公关活动而言，公众并不是一盘散沙似的乌合之众，而是具有某种内在共同性的群体。这种内在共同性，可能是共同的利益、共同的需求、共同的目的、共同的问题、共同的兴趣、共同的背景等。无论这种共同性是现实的还是潜在的，都会导致与此有关的人采取相同或类似的态度和行为，从而构成组织所面临的一类公众。比如一家航空公司发生空难事件后，分散在世界各地、看似毫无关联的遇难者——而成为这家航空公司必须面对的特定公关对象。公众的同质性特点使公众不再是一个不可数的笼统概念，而是具体的特定的现实存在。

3. 公众的多样性

多样性是指公众的构成特征。公众构成形式是丰富多彩、复杂多样的。具体地说，公众的构成可以分为 3 种存在形式：

第一种，个体。个体是公众构成最基本的细胞，最常见的存在形式。比如企业内的某一员工、前来投诉的某一顾客、常来常往的某一经销商、努力追求的某一记者、必须面对的某一政界要人等。在某一特定时期的特定条件下，公关对象往往表现为某一个具体的人，公关活动因此常常以交际活动的形式出现，带有强烈的人际交往色彩，这也是人们将公关混同于交际的主要原因。个体公众往往是不稳定的、变动不居的。

第二种，群体。群体是公众构成的中间层次，也是相对重要的存在形式。它包括初级社会群体和人群集合体。初级社会群体是指成员之间有亲密的关系，如家庭、邻里、老乡、朋友、伙伴、亲属等。人群集合体是指因临时性、偶然性的因素而聚集在一起的人们，如飞机和火车中的旅客、商店里的顾客、餐馆里的食客、公园里的游客、电梯里的乘客等。初级社会群体相对稳定和持久，而人群集合体则变幻莫测。

第三种，组织。两个同类组织之间可以互为公众。比如，两个同等企业之间、两个政府机构之间、两所同类大学之间都可以互为公关对象。组织公众比较固定。公众形式的多样性决定了沟通方式和传播媒介的多样性。

4. 公众的变化性

变化性是指公众的动态特征。根据“动者恒动、静者恒静”的惯性原理，公关主体——社会组织的动态运行，必然带来公关客体——公众对象的动态变化。这主要表现在公众的数量、范围、形式、态度等都会随着主体条件、客观环境的变化而变化，公众对象的产生与消失、公众数量的扩大与减少、公众态度的时好与时坏都处于不断发展变化之中。打个比方，在数量上，公众不是立定的军队方阵，而是正在前进中的游行队伍；在方向上，公众不是一潭静止的死水，而是四处流动的活水；在态度上，公众不是射击场中被动挨打的靶子，而是捉摸不透的“黑箱”。公众对象的变幻莫测、难以把握是公关工作的难点所在，也是公关工作的魅力所在。

5. 公众的相关性

相关性是指公众的个性特征。公众虽然广泛存在，但不是各组织通用的抽象概念，而是与某一社会组织特定相关的。各社会组织都会因其自身的性质、地位、环境、形象而与某些特定的公众对象发生利益关系，从而形成自身特有的公众对象。比如工商企业的公众就不同于事业单位的公众，即使组织性质相同，公众也可能不同，比如同样都属于酒店业，五星级酒店的公众与个体小店的公众就不大相同。同样是五星级酒店，广州中国大酒店的公众也不同于北京长城饭店的公众。公众的相关性特点是组织与公众形成公共关系的关键所在。公关工作的一个重要任务就是要寻找、确定和发展这种相关性。

三、公众的地位

1. 公众在整个公关传播过程中，既是信宿又是信源

从公关的正向传播过程来看，公众处于这一过程的终端，是公关信息传递的目的地——信宿，公众对公关信息的实际接收情况决定了公关活动的成败。

从公关的反向传播过程看，公众处于这一过程的始端，是公关信息再次传递、阐释和扩散的出发点——信源。公众并不是一个静止不变的“接收器”，而是一个十分活跃的社会群体，在它们的内部不停地进行着公关信息的第二次、第三次传播。凭借这种传播，公关效果不断放大，公关信息不断回流，公关方案也不断完善。

2. 公众是公关传播活动的制约因素

公关传播活动的最终目的是影响和获得公众，而公众的各类需求是推动公关传播活动的一个直接原因，并在具体传播活动过程中起着制约作用。西方传播学理论中有一个受众选择信息或然率的公式：

信息或然率 = 报偿的保证/费力的程度

该公式表明公关对象希望以最省力、最便利的方式，满足自己的信息需要，这就给我们的公关活动造成了强大的推动力，同时，也在公关活动中起着制约作用。

3. 公众是公关方案的最终完成者

西方在文学上有一种接受理论，这种理论把一切没有经过读者阅读和检验的作品称为“文本”，只有经过读者的阅读思维参与和检验，并经过具体的接受以后，才能成为作品。

对于公关活动来说也是如此，人们策划出的公关方案仅仅是一纸“文本”，只有经过公关方案的实施才最终完成。

4. 公众信息反馈会影响公关传播活动的继续进行和深入展开

在公关传播过程中，有以下 3 种公众反馈信号：

第一种，强化信号。

一项公关传播活动展开以后，公众以肯定欢迎的态度奔走相告并积极见之于行动，这是强化信号。强化信号反映出公关传播产生了积极的正效应。它表明了此项公关活动适应了公众的心理，满足了公众需求，并表明了对这类活动的再需求。强化信号出现时，公关人员应该乘胜追击。

第二种，干扰信号。

在公关传播中有两种情形的干扰信号：一是公众行为与传播内容不一致的干扰信号；二是公众对信息的理解、评价产生了“歧义”现象，公关信息“再传”时出现“变形、失真”，这两种情形的特征是受众的思维、舆论、行为指向背离公关内容和传播目的，而呈侧面、背向状态。在这样的情形下，公关信息流通渠道不畅，公关传播的作用被削弱、抵消，甚至可能出现负效应。干扰信号出现时，公关人员必须及时调整公关方案，以迎合公众的需要。

第三种，逆反信号。

当公关方案实施后，公众对传播的内容作出与传者本身正好相反的理解和阐释。在“再传播”中传播恰恰相反的事实和意见；在行动上故意反其道而行之；在情绪上激动失控或出现不正常的冷漠态度，这就是逆反信号。其特点是公众的思维、舆论、“再传播”及行为指向与公关传播正好相反或相对，并且在“对抗”中强化对公关信息传播的抵制行为，使公关信息流通受到阻碍。逆反信号出现时，公关活动应立即停止并采取相应措施进行补救。

第二节　公众的分类

如第一章所述，公共关系的客体应该包括公众系统和环境系统两大部分，本节对公众的分类，主要是集中在组织—公众系统，这里不涉及对环境—公众的分析。

根据公关传播的实际需要，公众分类可以有多种角度和标准。下面介绍7种常见的分类方法。

一、公众的横向分类

社会组织在运行过程中会产生各类问题，因问题的不同会形成不同的公众。根据这种分类原则，可把公众分为两大类九小类：

内部公众

1. 员工公众：领导、职工、勤杂工等。
2. 股东公众：股民、董事会、股票经纪人等。

外部公众

3. 社区公众：员工家属、附近居民、当地政府。
4. 财务公众：当地银行、金融机构。

5. 经销商公众：批发商、零售商、代理商、进出口商。

6. 消费者公众：顾客、用户。

7. 竞争者公众：同行、替代品行业。

8. 舆论界公众：新闻界、社会名流、专家权威。

9. 政府公众：纵向政府机构、横向政府部门。

横向分类法是一种平面分类法。它有助于全面了解公众的分布情况，从总体上把握公众的数量和类型。以上各类公众在本章后面两节中将详细介绍。

二、公众的纵向分类

所谓纵向分类，即把公众作为一个动态发展过程来分类。美国公关专家格鲁尼格和亨特按照公众的一般发展过程，把公众分为非公众、潜在公众、知晓公众和行动公众4类。

1. 非公众

从社会学角度看，不存在“非公众”这一概念，任何人都属于社会公众的一员。非公众是公共关系学中的一个特殊概念，即不和组织发生任何联系和不对组织造成影响的群体和个人。例如，在一般条件下，美容店是家电公司的非公众，服装店是机床厂的非公众。把“非公众”排除在组织的公共关系范围之外，有利于减少盲目性，增强针对性，避免不必要的浪费。

但要注意，非公众虽然不是公关的实际对象，但是从发展的眼光来看，非公众也有可能发展为潜在公众。在确定公众时，要预留界线，适当超前。

2. 潜在公众

潜在公众指由于潜在的公共关系问题而形成的潜伏公众或未来公众。比如，某航空公司的空难事件发生后，遇难者的家属还不知道他们的亲人已经遇难。这时，他们就是航空公司的潜在公众。

从公众发展的全过程来看，潜在公众是由非公众发展而来，处于公众发展的第一阶段。这一阶段是公关工作的最好时机。若潜在公众对组织有利，公关人员应洞烛先机，及时推出公关活动使之向知晓、行动公众转化；若潜在公众对组织不利，公关人员则应未雨绸缪，防患未然，将问题解决在萌芽状态，避免酿成更大的危机。

3. 知晓公众

知晓公众是指那些已经意识到问题的存在，但还没有付诸实际行动的公众。比如，遇难者家属得知亲人遇难后，一直沉浸在悲痛之中，还没有采取任何行动。这时，潜在公众已发展成知晓公众。知晓公众一旦形成，公关工作就变得刻不容缓了。因为知晓公众急于想了解问题或事件的真相和解决办法，内心惶惶、心急如焚。面对知晓公众，公关人员应以积极主动的姿态、实事求是的态度，采取行之有效的措施缓和、化解危机，控制舆论态势，赢得公众对组织的信任。

相反，如果从潜在到知晓的转化对组织有利，比如形成更加壮大的顾客队伍，就应积极加以促成。

4. 行动公众

行动公众指那些不仅意识到问题的存在，而且已经采取种种实际行动的公众。行动公众是由知晓公众发展而来，是公众发展的最后阶段。当知晓公众意识到的问题没有及时得到解决时，公众就开始采取行动了，如诉诸大众传媒、诉诸政府有关部门、甚至诉诸法律等。

面对行动公众，公关人员必须全力以赴、多管齐下，开展补救工作，变被动为主动、变不利为有利，否则，将会威胁到组织的生存和发展。

从非公众发展到行动公众的过程，是公众影响力不断增强的过程，也是一个双向互动的过程，在这个发展变化过程中，公关的重点应放在知晓公众和行动公众身上。

三、按关系重要程度分类

即按公众对组织的重要性分类，可以把公众分为首要公众、次要公众和边缘公众。

1. 首要公众

是指对组织的生死存亡有重大影响，起决定作用的那部分公众，如企业的员工、股东、商店的顾客、工厂的用户等，首要公众是组织生存和发展的基础，是最为重要的一类公众。

2. 次要公众

是指对组织的生死存亡有影响，但不起决定作用的公众，比如社区公众、新闻界公众。

3. 边缘公众

是指与组织有一定的联系，但不影响组织正常运转的公众，如竞争对手。

“首要”、“次要”、“边缘”公众的划分，是相对的，在特定条件下三者之间可以相互转化。在这个转化过程中，公众的数量与重要程度无关，我们要注意辨认：关键的少数和次要的多数。

在公众结构上，有一个著名的“8∶2模式”，即20%的公众（员工或消费者）产生80%的企业效益，而80%的普通工人则生产20%的企业效益。这其中，20%的人是关键的少数，80%的人就是次要的多数。

四、按公众对组织的态度分类

可把公众分为顺意公众、逆意公众和独立公众3类。

1. 顺意公众

指那些对组织的政策、行为、产品持赞成、支持态度的公众。如企业的业务合作伙伴，产品或服务的使用者、消费者。

2. 逆意公众

指那些对组织的政策、行为、产品持否定、反对态度的公众。比如企业的恶性竞争者、怀有敌意的记者、消费者等。

3. 独立公众

指那些对组织持中间态度，观点和意向不明朗的公众。如对企业和产品漠不关心的社会大众。

这种分类法在公关工作中非常重要，毛泽东是娴熟运用此分类法的成功典范。毛泽东发现一个规律：任何有群众的地方，大都有比较积极的、中间状态的和比较落后的三部分人，而且这三部分人是两头小中间大。根据这个定律，毛泽东总结出一个行之有效的发动群众的方法——抓两头带中间，即团结积极分子，争取中间分子，打击落后分子，具体做法是一褒一贬、一学一批，造成一种广泛的舆论压力，从而影响和带动随大流的大多数中间分子。毛泽东的这种政治谋略在公关工作中也同样适用。

五、按组织对公众的态度分类

可把公众分为3类：受欢迎公众、被追求公众和不受欢迎公众。

1. 受欢迎公众

指那些和组织两厢情愿的公众。如股东、赞助者、捐赠者等，主动对组织表示兴趣，而组织也非常欢迎和重视。这种关系可谓你情我愿，一拍即合，双方均处于积极主动的态势。

2. 被追求公众

指组织对其一厢情愿的公众。如新闻媒介、社会名流是任何组织都积极追求的公众，这种关系可能是“剃头挑子一头热”、“落花有意，流水无情”，难以如愿，因此需要讲究追求艺术。

3. 不受欢迎公众

指那些对组织一厢情愿的追求，而组织又力图躲避的公众。如一味索取赞助的团体或个人、持不友好态度的记者等，这种关系令组织比较恼火和头疼，一般的态度是能忍则忍，能躲则躲。

六、按公众的稳定程度分类

可分为临时公众、周期公众和稳定公众。

1. 临时公众

指因某一临时性、偶然性因素聚集在一起的公众。如专题活动的来宾、展览会的观众、演讲会的听众、促销现场的围观者等。这类公众不仅是公关对象，而且是传播公关活动的活媒介，是可以燎原的星星之火。因此在公关工作中不可忽视这类公众。

2. 周期公众

指按一定规律和周期出现的公众，比如节假日的游客、竞选时的选民等。周期公众的规律性比较强，对于季节性比较强的行业来说，周期公众的确定非常重要，公关人员可事先精心准备、周密策划，使周期公众转化为稳定公众。

3. 稳定公众

指具有稳定结构和稳定关系的公众。比如长期合作伙伴、老主顾、常客、社区中人、老经销商等。稳定公众是组织最忠实的公众，也是需要特别对待的公众。比如特别的优惠、特别的政策、特别的产品等，通过特别对待以示亲密。

七、按人口学结构分类

即按性别、职业、经济状况、教育程度、政治或宗教信仰、种族和民族背景等标准分类。这是最基本的分类方法，对任何公众都适用，便于积累基本的统计资料。

犹太人最善于用此分类法，他们做生意的秘诀就是：盯住男人的嘴和女人的身体。如果调查发现妇女数量较多，他们则从事服装业、珠宝业、化妆品业；如果男性比例较大，则从事餐饮业、酒店业，这使犹太民族成为世界上最会做生意的民族，以至于人们这样评价犹太人，“有钱的地方就有犹太人”，“世界的金钱装在犹太人的口袋里”。

第三节 内部公众

内部公众是组织的主体，更是组织的主人，他们是组织中最活跃、最有创造性的生产力，他们既是内部公关的首要对象，又是处在对外第一线的公关工作人员。掌握内部公众状况，满足内部公众需求，协调内部公众关系，调动内部公众积极性，是内部公关的主要任务和根本目标。

一、内部公众与组织形象

俗话说："水能载舟，也能覆舟。"内部公众就像水，在组织形象的塑造中可以载之，也可以覆之。二者的关系具体表现在以下 3 个方面：

1. 内部公众是组织形象的体现者。他们的文化素养、专业水准、职业道德、精神风貌、言谈举止、服务态度和衣着打扮都是组织形象的缩影，是组织形象人格化的具体体现。他们每日、每时、每事、每处的言行都直接影响着组织形象，或是增添光彩，或是涂污抹黑。

2. 内部公众是组织形象的传播者。他们处在组织对外公共关系的第一线，不管组织有没有要求，他们都在有意无意地传递着组织的信息。比如内部公众经常被问到这样的问题："你喜欢在这家公司工作吗？你觉得你的老板为人如何？你们的产品究竟好不好？"他们的回答往往比千万种宣传都要有说服力。因为内部公众在外部公众中享有最高的可信度，无论内部公众有无权威性，都会被人们视为权威人士，人们相信他们最了解所在机构的内情。由此可见，内部公众的传播行为，对塑造组织形象有着举足轻重的作用。

3. 内部公众是组织形象的反馈者。他们是组织的千里眼和顺风耳，他们经常与消费者、竞争者、社区公众以及其他公众对象接触，比较了解外界对组织的观点看法，可以随时随地将外部信息反馈给组织，这种善意的、无偿的回馈将有助于组织形象的矫正和重塑。

内部公众的根本任务和最高境界，就是使组织形象根植于每一个内部公众的头脑中，化为他们自我意识的一部分，在日常生活中得以体现和传播。

二、内部公众的特点

与外部公众相比，内部公众具有以下特点：

1. 相对稳定性

在计划经济体制下，内部公众如同棋盘上的格子，一旦进入那一格就永远定格，具有绝对的稳定性。市场经济体制下，劳动力商品化，使员工可以自由择岗、自由择业，员工流动性逐渐增大，稳定性减弱。但与外部公众相比，内部公众仍具有相对稳定性，这种稳定性是公司存在和发展的基本保证，也是内部公关工作努力追求的目标。内部公关工作必须保持长期性、连续性和计划性，才能巩固这种稳定性。

2. 严密的组织性

社会组织不是零散个体的简单集合，而是具有严密的组织程序、组织纪律、组织规范并具有独立法人地位的机构。组织内部公众是按照科学的、严密的工作程序和经营管理规律有机地组合起来的，受到较强的约束和限制。每个环节，每一个部门的公共关系出现问题，都会牵一发而动全身，影响整个组织的正常运行。

3. 利益直接性

马克思说："利益是永恒的。"这种永恒的利益最直接地体现在内部公众身上。内部公众与组织有最直接、最密切的经济利益关系，员工每天工作8小时，最根本的目的是为了获得报酬，股东自愿提供资金支持，也是为了赢得更多的红利。利益是维持内部公众与组织合作的交点，也是内部公关的聚焦点。目前的股份制改革，使得企业和员工的利益更加休戚相关，在利益的直接驱动下，企业和内部公众的关系日益紧密。

4. 人际亲密性

在社会上，每个人都与某些人关系较密切，而与另外一些人关系较疏远，甚至无往来。根据组织行为学家的研究，影响人际关系亲、疏、好、坏的因素除了个性特点外，还有距离远近和相似性。空间距离越接近，越容易建立密切的人际关系；对各种事物的态度越相似，相互间的关系也越密切。

内部公众尤其是员工，每天在一个共同的工作空间里朝夕相处、同甘共苦，为着一个共同的发展目标，心往一处想，力往一处使，情同手足，亲若家庭，因此人际间的关系最密切。

5. 竞合性

组织的内部公众都存在着共同的整体利益，而合作是这个共同利益的根本保证，各内部成员之间只有相互支持，精诚团结，才能共同分享更多、更大的利益。一个组织的外部环境威胁和内部团体氛围都会激发内部成员的合作意识。

内部公众也存在着竞争关系，既有部门间的竞争关系，也有个人间的竞争关系。内部公众的竞争具有良性和恶性两种运动方向。良性竞争可以激发工作热情和内在潜能，调动公众的积极性，为组织提供不断发展前进的动力；恶性竞争则可能导致激烈的冲突和严重的内耗，阻碍甚至摧毁组织的发展，针对这种特点，内部公关既要发挥协调凝聚作用，又要发挥激励开发作用。

三、内部公众的构成

一般而言，一个社会组织的内部公众主要包括员工和股东两大构成要素。

（一）员工公众

员工是领导、职员和工人的总称。包括上至组织最高领导，下至勤杂人员的全体人员。具体地说，员工公众可分为4大类：决策层、知识层、管理层和操作层。

1. 决策层公众

即企业家、政治家等最高领导，他们是组织中非同凡响的领袖人物，具有“登高一呼，应者云集”的感召力和影响力。俗话说，火车跑得快，全靠车头带；龙头怎么摆，龙身怎么甩。决策层素质直接决定着组织的素质，如果决策层思想平庸，能力低下，分崩离析，当官摆谱，就无法充当群众的车头和龙头；如果决策层思想开明，观念超前，能力高超，领导有方，就可使组织蓬勃兴旺，欣欣向荣。决策层的重要性正如常言所说的“兵熊熊一个，将熊熊一窝”，“一个狮子带领的羊群胜过一个绵羊带领的狮子群”。

内部公关的一个重要内容，就是要塑造决策者形象。为政府塑造政治家形象，为企业塑造企业家形象，为学校塑造教育家形象。

2. 知识层公众

彼得·圣吉在《第五项修炼》中指出：未来最成功的企业将是一个“学习团体”，每一个企业中人都应该不断学习，成为一个有知识的人。在知识经济时代，拥有知识是对组织内全体成员的共同要求，这里我们把知识层公众，单列出来，有它特殊的含义，它是指有特殊的知识和智能结构的专家群体，如技术专家、管理专家、公关专家、策划专家等。他们是组织的“头脑”、“智囊”，是组织科技生产力、管理生产力和思想文化的凝聚者、催化者和组织者。企业家与专家结盟是企业力量呈几何级数增长的关键所在，也是现代企业管理领域的一种先导性战略。

3. 管理层公众

古人云："将将、将兵，各有分工。"决策层的职能是"将将"——领导管理层，管理层的职能是"将兵"——领导操作层。决策层是元帅，是指挥机构；管理层是将领，是执行机构。两者不能也不应重叠。

管理层公众主要是指组织内部各级业务部门和职能部门的主管人员，他们是介于决策层和操作层的中间力量，知上情、懂民意，擅长实际运作，执行力强，协调性好，对组织形象比较敏感和关注，他们常常是内部日常公关活动的贯彻者、执行者。

4. 操作层公众

如果说决策层是金字塔的塔尖，知识层是塔侧，管理层是塔身，那么，操作层则是塔基，是规模最大、数量最多、情况最复杂的一类公众。它包括生产服务第一线的职员、工人和后勤部门的门卫、司机、厨师、清洁工等，他们是内部公关活动的首要对象，需要投入较多的时间和精力，展开深入、细致和长期的公关活动。

（二）股东公众

所谓股东，是指以多种形式为社会组织提供资金而获取利润的个人和团体。股东公众一般分为两大类：

一类是个体投资者。主要包括：

（1）股票持有者。即他们持有股票而不是卖出自己的股票，他们是组织的真正股东。在这些人中有的是外部加入者，有的则是组织中的员工。实行员工股东制，将成为组织实行股份制改革的主要方向。

（2）股票交易者。即他们属于一些买入和卖出股票的人。广泛地吸引这些个体投资者，可以有效地避免股票高度集中在少数外部机构手中。

另一类是团体投资者。主要包括金融机构、保险部门、各种资金管理机构以及各种各样的社会组织等。

从股东的构成可以看出，股东与组织的生存和发展休戚相关，股东是组织的"权源"和"财源"，既是组织的支柱，又是组织的赞助者；既是最可信赖的内部公众，又是最忠诚可靠的顾客群，搞好股东关系对组织经营十分重要。

四、内部公众对组织的期望和要求

公关工作中的一个重要理论是"投公众所好"。要做好内部公关工作，首先必须清楚地认识内部公众对组织的期望和要求以及这些期望实现或满足的程度如何，因为这是内部公关的焦点，也是内部公关的出发点，只有以此为出发点才能选择适合内部公众特点的沟通方式和传播媒介。

大量调查表明，员工对组织至少有以下几方面的期望和要求。

1. 工资报酬

一般社会大众都是把自己卖给报酬，作为享受生活的代价，工资报酬是员工努力工作的根本动机，是员工对组织的基本要求，员工希望得到公平的待遇和合理的劳动报酬。进一步精细地搞好分配制度的均等，公平地解决劳动报酬问题是组织管理中的一件头等大事。

2. 奖金、福利

奖金是工资之外用以表扬优秀员工的一种物质激励手段。奖金发放的原则是，既要刺激进步，又要有助于团结。

福利是员工关心的又一重大问题，主要包括住房、医疗、育儿、养老、娱乐、教育等福利内容。

工资报酬、奖金、福利是组织发展的利益驱动力，是确保员工工作热情和劳动积极性的原始动力。

3. 工作环境

工作环境既包括物质环境和精神环境，也包括利益环境和发展环境。工作环境直接影响员工的工作热情和积极性，让一个人在他不喜欢或不满意的工作环境中长时间假装抱有热情、向上、乐观、勤劳、忠诚的态度是非常难的，从人的本性上讲几乎是不可能的。因此，内部公众往往追求一个既喜欢又满意的工作环境。知识经济时代，新知识工人不再像传统组织工人那样，仅仅注重劳动收益，他们更注重知识力的发挥，他们更希望寻找一个充分发挥自己知识潜能的环境。对发展空间的要求比利益空间的要求更迫切、更大。因此现代组织必须为他们提供一个完整的工作环境。

4. 领导素质

领导素质是指领导者个人所具有的品德、能力、知识、修养和领导艺术等。领导素质的高低，直接决定着组织素质的高低，也直接决定着内聚力的大小。一个组织的领导者是组织理想的构思者和实践者，他的自身魅力就足以吸引众多追随者，足以树立一个组织的精神信念。对员工来说，他不仅挑选工作，而且挑选领导，有时候，领导比工作更重要，一个好领导可以让员工感到工作更有价值，生活更有意义。

5. 管理制度

管理制度主要包括组织机构设置、民主管理制度、财务制度等。员工希望增强管理的科学性、民主性和公开性。现代许多企业都逃不过“火不过三年、好不过五年”的命运，主要问题就出在管理上。

6. 组织氛围

氛围是人与环境互动的状态，好的氛围不仅可以提高工作效率，而且可以提高生活品质。大多数人选择工作时，都对工作氛围有特别的要求，这不仅仅是出于一种对安全感的追求。

以上列举的6点，既有物质需求，又有精神需求，它们共同构成了员工与组织关系的焦点。

五、处理内部公共关系的基本理论

组织是由人组成的环境，是个人实现人生价值的场所。公共关系工作实际上是做人的工作，要影响人的心理和行为，就必须承认和尊重每个内部公众的个人价值，最大限度地满足其正当的生理和心理需要，通过各种激励手段，发挥其积极性和创造性。因此处理内部公众关系，必须充分了解管理理论中的人性理论、需要理论和激励理论，并能够适当地运用。

（一）人性理论

人性理论主要是关于组织人角色属性的认识理论。西方管理学者先后提出过4种观点：经济人、社会人、自动人、复杂人。

1. “经济人”理论

从19世纪末到20世纪20年代，一直流行亚当·斯密的经济理论。他认为：组织人是“经济人”或“实得人”，人的一切行为都是为了最大限度地满足自己的私利，工作的惟一目的是为了获取经济报酬。多数人天生懒惰，喜欢安逸，不愿意工作，以自我为中心，不愿尽任何责任，心甘情愿接受别人的指挥。因此组织主要实行“胡萝卜加大棒”的管理方式，把金钱当做主要的激励工具，把惩罚视为一种有效的管理手段。

把人当做经济人管理，显然是视人为物，忽略了人的精神需要。虽然不能离开人的经济利益空谈调动人的积极性，但是一味地把“金钱万能”当武器，一切向钱看，一切用钱管，“要奖励得员工眼珠子发红，要惩罚得员工腿肚子发抖”，最终必然使金钱成为新的精神鸦片，使组织走入一条难以为继的死胡同。

2. “社会人”理论

盛行于20世纪20年代至50年代，以著名的“霍桑实验”的主持者埃尔顿·梅约（Elton Mayo）的人群关系理论为代表。他认为人是有思想、有感情、有性格的“社会心理”的满足，如友情、被了解、交际、安全感。

组织团体中人际关系的和谐比经济刺激具有更大的驱动力。

社会人理论是把组织置于群体人的角色，并以融洽个体与群体的关系来寻找员工的心理满足，以此提高劳动效率，这种理论提出“满意的工人才是有生产率的工人”，力图以“利益”和“感情”作粘合剂，凝聚该组织内部公众的心。

3. “自动人”理论

盛行于20世纪40年代末，以马斯洛的需要理论为代表。马斯洛把人看成是“自动人”，即“自我实现的人”。他认为，一般来说，人都是勤奋的，能够主动承担责任，具有创造性和自控性，并能把个人目标和组织目标很好地结合起来，因此监督、控制和惩罚并不是实现组织目标的惟一方法，应该对人进行诱导，创造适宜的工作空间，使人们充分发挥自我潜能，求得自我实现。

自动人理论是以人为中心的理论，强调满足自我实现需求的“内激励”比满足物质需要和社会需要的“外激励”更重要。这种对人认识上的重大理论突破，其实质是建立在对员工信赖的基础上，让员工参与管理，使员工感到自己是非常重要的人，因而自豪地工作。

这种理论被认为是过于理想化，社会上仍有许多人偏重于生理和安全的需要。由于这种理论不可能是万能的，又有人提出新的观点。

4. “复杂人”理论

盛行于20世纪60年代初。以沙因（Edgar H. Schein）提出的人性理论为代表。沙因认为：人的需要是多种多样的，既不是纯粹的“经济人”，也不是纯粹的“社会人”或“自动人”，而是“复杂人”。由于人的需要是多种类、多层次的，人的动机模式也是错综复杂的，这种复杂性不仅因人而异，而且因境而异，同一个人在不同情境下，也会有不同的需要和感情。因此“经济人”理论并非一无是处，“社会人”理论、“自动人”理论也并非万能灵药，应该针对不同情况，选择或交替使用以上理论。

复杂人理论，实际上是一种情势理论。它提倡将个人、组织、工作三者之间作最佳的配合，也就是说因人、因事、因其不同的情况而采取不同的方法，而不是千篇一律或因循守旧。这种理论在西方流行很广，目前已被大量采用。

综上所述，组织人是经济人、社会人、自动人、复杂人的角色复合体，是由人的多种属性和多种角色构成的全息聚焦人。组织管理人员和公关人员不能重演盲人摸象的故事，摸到象腿就说“像是一棵树”，摸到象身则说“像是一堵墙”。对组织人的管理应综合多种视角，进行全息聚焦，这是做好内部公关的根本出发点。

（二）需求理论

从心理学角度讲，人的行为动机源于需要的满足。需要本身就是激发动机的原始驱动力。一个人如果没什么需要，也就没什么动力和活力，反之，一个人有所需要，也就存在着激励的因素。例如佛教宣传“四大皆空”、“看破红尘”、“舍弃七情六欲”，视功名利禄如尘土，似乎无所需亦无所求，其实都存在着最强烈、最迫切的信仰需要。正是受宗教信仰需要的驱使，信徒们才能激发常人难以有的力量，作出常人难以忍受的牺牲，克服常人难以想像的困难。苦行僧、清教徒以艰苦卓绝著称，可见需要对人的激励作用。所以研究人的需要，掌握需求理论，有助于公关人员激发内部公众的积极性和劳动热情，促成公关目标的实现。

美国人本主义心理学家马斯洛提出的“需要层次理论”是影响最大、流行最广的一种需求理论。马斯洛认为，人的基本需要可以归纳为生理、安全、交往、尊重和自我实现5种，它们是由低到高，逐级形成和发展起来的。

1. 生理需要

这是人类生存所必需的，因而也是最基本、最原始、最优先的需要。这类需要包括对衣、食、住、行、性等生理机能的需要。

2. 安全需要

这是指人们寻求自己免受生理与心理上侵害的一类需要。主要包括人身安全、劳动安全、职业安全等需要。

3. 社交需要

也称友爱和归属的需要，包括对人际交往、对集体或家庭的依赖、同志的友谊和男女双方的爱情等方面的需要。

4. 尊重需要

尊重需要可分为两种：内部尊重和外部尊重。内部尊重是指一个人希望自己具有各种能力和知识，有自尊心等；外部尊重是个人希望有地位、有威望、受到别人的尊重、信赖和认可。

5. 自我实现的需要

这是一种要求发挥自身潜能，实现自己理想和抱负的需要。它有别于尊重需要，尊重指需要得到别人的重视，在社会上有地位。而自我实现则是更高一层的需要，是指实现人生理想，成就一番事业的需要。马斯洛说：“一位作曲家必须作曲，一位画家必须绘画，一位诗人必须写诗，否则他始终都无法安静，一个人能够成为什么，他就必须成为什么，他必须忠实于他自己的本性。”这就是自我实现的需要。“自我实现”一词在古文里就类似于荀子所言的“天将大任，舍我其谁”的“志向”、“抱负”。

马斯洛还认为，这5个需要是多层次的动态系统，是分层次呈阶梯状、由低级向高级发展并依次提高的。古人云“苟全性命于乱世，不求闻达于诸侯”、“衣食足而知荣辱，仓实而知礼节”。它形象地说明人们需要的层级发展。需求理论为更好地激励人们去工作提供了一定的方向。对公关人员来说，通过准确地把握员工的需要，尤其是当前的优势需要（即迫切需要解决的问题），采取与之相对应的激励措施，就一定会取得满意的公关效果。表6-1是需要层次、追求目标与管理策略的关系表，供内部公关参考。

表6-1　　需要层次、追求目标和管理策略的关系

需要层次	追求目标	管理策略
生理需要	工资 健康的工作环境	待遇奖金 保健医疗设备 住房福利等
安全需要	职业保障 意外事故的防止	雇用保证 退休金制度 意外保险制度 利润分配制度
尊重需要	地位、名誉 权利、责任 与他人之待遇的比较	人事考核制度 晋升制度 表彰制度 选拔进修制度 委员会参与制度
社交需要	友谊（良好的人际关系） 团体的接纳 组织的认同感	协作制度 团体活动计划 互助金制度 教育培训制度
自我实现需要	能发挥个体特长的组织环境 具有挑战性的工作	决策参与制度 提案计划 研究发展计划

（三）激励理论

激励即激发鼓励之意，其实质就是调动和发挥人的积极性，激励是人的行为的钥匙，是行为的键钮。按动什么样的键钮，就会产生什么样的行为。

詹姆士（James）通过对员工激励的研究发现，在按时计酬制度下，一个人要是没有受到激励，仅能发挥其能力的20%～30%，若受到正确而充分的激励，就能发挥到80%～90%甚至更多，他由此得出一个公式：

工作绩效＝F（能力动机激发）

即人的工作绩效取决于能力和工作积极性。其中动机激发更重要。因为一个人的能力是有限的，而动机激发是无限的。在龟兔赛跑故事当中，兔子象征能力高超，乌龟先于兔子跑到终点，说的就是动机比能力更重要。古人云："明察秋毫而不见车薪，是不为也非不能也。"一个人如果眼睛能发现细微和毫毛，却坚持说看不见一车柴薪，这显然不是能力大小的问题而是动机的问题。

国外管理界学者从心理学角度出发创立了一整套激励理论。现择要介绍如下：

1. 双因素激励理论

又称"激励—保健因素"理论，是美国心理学家赫兹伯格于1959年提出的。他认为，有两类因素会影响一个人的行为动机。一类是外部因素或称保健因素，如工作条件、人事关系、薪金待遇；另一类是内部因素或称激励因素，如工作上的成就、提升，对未来发展的期望等。保健因素得到满足，只能消除员工的不满，使其安于工作，不能真正激发其工作积极性，提高劳动效率，故又叫维持因素。激励因素对于人的行为动机有着积极影响，它是人的真正的行为动机之源。只有致力于激励因素的开发和运用，让员工发挥才能，获得成就，实现价值，才能真正激发员工的工作积极性和劳动热情。

应当指出，具体问题应具体分析，不可将激励因素和保健因素作绝对的理解，激励因素也有保健功能，保健因素同样也会有激励作用。比如有时金钱、安全也可以成为激励因素，二者是可以相互转换的，有效的管理就在于力求化保健因素为激励因素。

2. 期望理论

这是美国心理学家弗鲁姆于1964年提出来的。弗鲁姆认为，决定行为动机因素有两个：期望与效价，更准确地说，行为动机是由二者的乘积决定的，用公式表示如下；

激发力量（M）＝效价（V）×期望值（E）

或 MOTIVATION＝VALENCE · EXPECTANCY

其中，激发力量——即激励程度，反映一个人工作积极性的高低和持久程度，它决定着人们在工作中会付出多大的努力。

效价——即目标价值，指目标对于满足个人需要的价值，即一个人对某一结果的偏爱程度。

期望值——即期望概率，指人们对某一行为导致的预期目标或结果之可能性大小的判断，其数值变化范围是0到1之间。

这个公式说明，若激发对象认为效价（V）愈大，估计能实现的概率（E）愈高，则激发的内部力量（M）就愈大。例如，某合资企业向社会公开招聘员工，有人报名，用期望理论分析，不去报名原因有二：一为效价低，那份工作没有多大吸引力；二为期望值低，或许那份工作吸引力大，而自己被录用的可能性非常低，这两个原因正好相反。

这一理论的重要性在于，它能帮助公关人员明确了解员工的积极性是否已被充分调动起来。若积极性未调动起来，就应该找出原因，正确处理好E、M、V三者的关系。

3. 目标理论

又称目标设置理论，是由美国马里兰大学心理学教授洛克(E. A. Locke)于1968年提出的。他认为目标是引起行为的最直接动机，设置合适的目标会使人产生想达到该目标的成就需要，因而对人具有强烈的激励作用。其基本模式为：

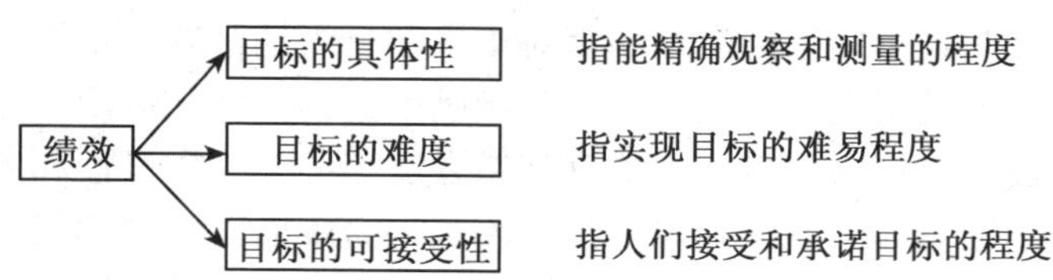

任何目标的实现都与以上3个因素相关，一般而言，具体的、难度较大而又为人们接受的目标所具有的激励作用最大。若目标难度较高，可分解为若干个阶段性的子目标，通过子目标的逐一完成，最后达到总目标。在设置目标的过程中，员工参与性方法比上级指示性方法更好，更能提高目标的可接受性，有利于员工把该目标变成自己的目标。目标理论为组织实行目标管理提供了心理学方面的理论依据，因而应用广泛，影响甚大。

4. 强化理论

强化理论是由斯金纳提出的，强化理论认为，只要控制行为的后果（奖惩）就可以达到控制和预测人的行为目的。

强化可分为正强化和负强化两种，正强化是指使行为得到加强并使之重复出现的刺激。如赞许、赏识、加薪、提升、挑战性工作的委派等。负强化是指使行为削弱或消失的刺激，如批评、罚款、停职、降级、撤消特权等。

无论哪种强化，都要持久而有计划地实施，才会产生激励效果。在运用强化激励时，要注意4个原则：奖惩结合；以奖为主，以罚为辅；及时而正确地强化；奖人所需，形式多变。

5. 公平理论

美国心理学家亚当斯于1967年提出了公平理论。该理论侧重于研究工资报酬分配的合理性、公平性对员工工作积极性的影响。

公平理论指出，员工的工作动机不仅受其所得的绝对报酬的影响，而且受相对报酬的影响。即一个人不仅会把自己的报酬与别人比较；也会与自己的过去比较，比较的结果，若两种比值是相等的，就会产生公平感；若两种比值不相等，则产生不公平感。此理论又叫社会比较理论。用公式表示如下：

$$(1)\ \frac{\text{自己的所得：他人的所得}}{\text{自己的付出：他人的付出}}\ \text{（横向比较）}$$

$$(2)\ \frac{\text{自己现在的所得}}{\text{自己现在的付出}}:\frac{\text{自己过去的所得}}{\text{自己过去的付出}}\ \text{（纵向比较）}$$

这里的“付出”和“所得”都是一个人的主观感觉或判断。造成“不公平感”的原因有二：组织客观分配的公平与否和个人主观认知的正确与否。对不同原因造成的不公平感，应用不同的措施予以消除，以保证员工的积极性。

六、内部公共关系若干技巧

美国著名公共关系专家亨得利·拉尔特明确提出：公共关系90%靠自己做，10%才靠宣传。在欧美各国，专家们曾给公共关系下这样的定义：“PR = DO GOOD + TELL THEM”。由此可见，现代公关，首先是促使组织把自身的工作做好，然后才是对外传播沟通。内部公关的基本任务就是加强内部沟通，协调员工关系，培养员工对本组织的认同感和归属感，增强组织的向心力和凝聚力，创造和谐融洽、充满人情味文化色彩的内部环境。

具体地说，内部公关的开展可以从以下几方面入手：

（一）以人为本，开发人力资源，增强组织的凝聚力

1. 树立人本观念

在人类社会漫长的发展过程中，一个共同的特点就是，人在人类社会中丧失了自己。农业社会追逐资本，信息社会追逐信息，人成为追逐的附庸工具，成为零部件。因此在组织管理中通常是“把人不当人，购物不见人”。进入知识经济社会后，社会由于追逐知识而回归到人本身，人是知识创造的主体，也是知识运行的载体，又是知识创造的目的。因此，人、人才成为社会组织第一资本，第一资源。组织优势来自人才优势，得人才、得天下，失人才、失天下。树立人本观点，这是搞好员工关系的根本基点。

2. 体现人才宗旨

在一个组织中，尊重人、信任人、关心人是人本管理宗旨的具体体现。尊重是前提，信任是基础，关心是表现。尊其所长，信其有用，关心其所想，就能充分激发员工的潜能，调动其工作的积极性。

尊重人表现在不把员工看成是抽象的、毫无区别的集体成员，而把他们看成是一个个独一无二的个体。每个人都有自己的荣誉和尊严，都有自我实现的愿望，并且每个人都会把自己所特有的个性能力和技能、个人的梦想和目标以及所受到的挫折的情绪带到工作中去。承认并尊重每个人，就会使员工产生“被组织需要”的感觉，而这种感觉是一股不可思议的神奇力量。它可以使得平凡的员工因此变得非常杰出，甚至出类拔萃。

信任人表现在为员工提供一个十分自由、宽松的工作环境，让其放胆工作、放手一搏，对员工而言，信任就是最高的奖赏，当员工被信任后，就会产生荣誉感，激发责任心，增强责任感，工作不再是一种负担，而是一种享乐。目前，我国许多成功企业发生的员工危机，就是尊重危机、信任危机，在组织发展顺利时，老板眼里下属都是吓不了，看不住，因此造成许多组织“各领风骚两三年”的命运。

关心人表现在对员工的工作和生活状态，物质和精神需要方方面面的爱护和照顾。俗话说：“天下大事，必作于细。”只有在细节上让员工感到温暖和满足，才能有效地激发其工作热情。

3. 进行人才开发

人才是组织之本，人才开发是组织的生命线。人才开发包括识才、选才、育才和用才 4 个环节，其中，识才和选才是育才和用才的前提。

庄子提出如下识人之术：让他到远处任职，来观察他的忠诚；让他在身旁，观察他是否谨慎而有礼；让他做繁杂之事，观察其办事能力；突然提出

难题，观察他的机敏；仓促约会，观察他是否讲信用；与众人混杂相处，观察他为人处事的方法和神态。这些方法至今仍值得我们借鉴。识人时不可以貌取人，只重衣冠不重贤，所谓“大贤虎变愚不测，当年颇似寻常人”，“丈夫未可轻年少”，“雏凤清于老凤声”，才有多样，要惟才是用，惟实而择。

选才时应求实而不求全，就好比选美女不必要求出身名门，只要有智慧、漂亮就行。所谓术业有专攻，只要他在某一领域有特长，就可视为人才，加以重用。

育才是指人才的培养。人的优秀在于教育，成才之道即培养之道、学习之道。未来的社会是学习型社会，未来的组织是学习型组织，学习型组织的典型特征就是以人才培养为第一要务，以“日常工作就是学习，日常管理就是训练”作为根本宗旨，通过建立一个出人才的机制，为员工构筑一个成长与发展的基础平台，同时也使组织文化一代代继承和进化。

用才是人才开发的关键，历史上的刘邦，运筹不及张良，领兵不及韩信，管理不及萧何，而三者皆为所用。原因就在于刘邦会用人。海尔集团总裁张瑞敏提出“人人是人才，赛马不相马”的人才观。他认为，企业领导的任务，不是去发现人才，而是应该建立一个出人才的机制。海尔科学地提出了“三工并存，动态转换”的用工改革思路，极大地调动了员工的积极性。目前国内成功企业在人才的使用上陷入某种二律背反的窘境，一方面大呼人才断层，人才缺乏；另一方面又压制人才，浪费人才，大搞“武大郎开店——谁也不许比我高”。尤其在一些家族式企业里，存在着严重的用人“肠梗阻”：新人进不来、上不去，老人出不去、下不来，搭起新台，还是唱旧戏。使企业生存受到严重的威胁。因此建立科学的人才动态组合结构，是领导和公关人员要共同解决的问题。

（二）以文为根，培育组织文化，增强组织的凝聚力

如果说以人为本是通过对组织中个体价值的尊重来激发个体潜能，理顺内部关系，那么以文为根则是通过对群体文化的凝聚来追求整体优势，凸现组织个性。

组织文化是组织在长期生产经营过程中形成的，为全体人员遵守和奉行的价值观念、行为准则和审美理念的综合反映。主要包括精神文化、制度文化和物质文化 3 个层次。建立组织文化，可从以下 3 个方面入手：

1. 筑构组织理念，建立精神文化

理念是组织文化的磐石，是组织得以成功的精神真髓，它不仅决定了组织与众不同的个体特征，而且为全体员工提供共同努力的方向以及个人行为的准绳，使大家产生一种认同感。在日本，企业理念已经被赋予宗教般的地位。为了摆脱企业寿命30年的局限，企业理念已具有更为崇高的使命。如松下公司就已形成了一个独特的“松下教”，他们采取各种方式，将企业理念输送到每一个人的潜意识中。筑构组织理念要遵循8大原则：目标原则、共识原则、卓越原则、参与原则、成效原则、实证原则、亲密原则和正直原则。

2. 塑造组织英雄，固化物质文化

如果说理念是组织文化的灵魂或核心内容，那么组织英雄则是组织理念的化身、组织形象的缩影，是组织文化的代表性人物。俗话说，“拨亮一盏灯，照亮一大片”，“榜样的力量是无穷的”，组织英雄在培育组织文化中具有样板对照功能、种子培育功能、纽带传播功能、攻坚实战功能、形象展示功能等，他们是一种象征，是人们心目中有形的精神支柱，假如没有他们，组织文化就会由于缺乏形象性而涣散与支离。

按照美国学者的分类，组织英雄的塑造可以分为两大类：共生英雄和情势英雄。

共生英雄是指那种与组织一起诞生的英雄，他们是组织的奠基者和创始人，如日本的松下幸之助、美国的比尔·盖茨、中国的张瑞敏。他们在组织文化中具有传奇性、象征性和神秘性，具有无可比拟的影响力和感召力，因此应重点塑造，这也是实施“三名战略”的一个重要内容。在塑造方法上，可学习《未来之路》式的塑造法。如微软的盖茨撰写的《未来之路》、英特尔的葛洛夫写的《十倍速时代》，松下的松下幸之助写的《松下幸之助》都有效地塑造了组织及其领导者的形象。

情势英雄就是人们精心造就的英雄。他们是一本活灵活现的教科书，他们的行为规范、精神风貌正是组织生存与发展的需要，可以有效地激发广大员工的“从众心理”。许多著名的大公司都非常注重塑造情势英雄，并对他们予以优待和重点保护，即使这些典范改换门庭或逐渐失去榜样作用，公司也会不惜代价，投入大量资金，重造新英雄并乐此不疲。

3. 建立组织特有的仪式，形成制度文化

仪式是把组织运作和员工生活中发生的事情戏剧化，以弘扬组织的价值观念，从而强化自身的组织文化。仪式包括的范围很广，其中有工作仪式、管理仪式、会议仪式、交往仪式、庆典仪式等。仪式的表现形式多种多样，比如挂厂旗、唱厂歌、背诵组织理念、佩戴组织徽章、施行组织礼节等。通过这种仪式可以使员工从中感受到一种强烈的荣誉感和责任心，例如，美国沃尔玛中国公司呼口号的仪式是这样的：

领呼：

我们一起说 W！我们一起说 A！我们一起说 L！我们跺跺脚！我们一起说 M！我们一起说 A！我们一起说 R！我们一起说 T！

齐呼：

我们就是沃尔玛（WAL—MART）！

顾客第一沃尔玛！

天天平价沃尔玛！

呼！呼！呼！

领呼人在台上手舞足蹈，台下的人又喊又跳，一个个脸涨得通红，那喊声似乎把整幢大厦都震动了，这就是凝聚力。每次呼口号后，员工都觉得精神大振，一天的感觉和工作状态也特别好。

组织通过这些制度化的仪式，把那些纯理论性的、呆板的组织理念生动化、形象化和具体化，其效果自然显著。

（三）以信息为纽带，完善内部沟通网络，营造组织的和谐氛围

美国民意调查公司的一项调查表明，只有 10% 的员工认为组织的事与己无关，而 90% 的员工都渴望知道组织的最新动态，希望了解组织的内情。因此，把组织的信息及时告知员工，是管理者和公关人员做好内部公关的一项重要任务。组织内部的信息沟通类型多种多样。

从媒介划分可分为：书面沟通（如公文、通告）、口头沟通（如面谈、会议、电话）和非语言沟通（如面部表情、体态等）三大类。

从方向划分，可分为直、平行和斜向沟通三大类。直沟通分为向上和向下两个方面，如上情下达，下情上呈；平行沟通指同事之间、同部门之间的沟通；斜向沟通指与其他部门不同公众之间的沟通。它打破了部门界线和职务隔阂。

从渠道划分，可分为正式沟通和非正式沟通。正式沟通是通过组织明文规定的渠道进行信息沟通，如例会制度、汇报制度。非正式沟通指以尊重员工分享信息的优先权为任务，建立完善的内部沟通网络，减少误解和冲突，营造组织和谐氛围，提高员工的满意感和群体内聚力。

建立和完善内部沟通网络，可以从以下几方面入手：

1. 创立常用的传播媒介

企业刊物：一份内容丰富的富有娱乐性的刊物，可以增强与内部员工的信息沟通，在不知不觉中培养员工的归属感、安全感。企业刊物包括小报、业务通讯、杂志、小册子等，刊物内容主要针对员工和股东，除了传达公司的一些重要信息外，还要注意增加趣味性和可读性。

黑板报和墙报：中小型企业最常采用，以此传递各类工作信息。而在大中型企业中则用来宣传组织理念，美化视觉环境，增强文化氛围。

会议：包括工作例会、信息会、听证会、座谈会等，在一些组织，会议只是一种制度，并没有成为双方沟通的渠道，而一些杰出公司，则非常重视会议沟通。比如，沃尔玛的例会，可以以各种形式进行，一个任务、一则游戏、一首歌曲、为一位同事祝贺生日，都是例会的内容。例会的宗旨是：例会一定要出新意，让每个同事都参与进来，在畅所欲言、集思广益中缩短彼此距离。每次例会最后都要呼一遍口号。

电子渠道：包括广播、现场闭路电视、录像播放、录音带、电话交流、互联网络等，尤其是互联网的开通和普及，为内部沟通提供了更加丰富和广阔的空间。

2. 建立合理化建议制度

这是实行民主管理，调动员工积极性，发挥他们的聪明才干的良好途径，具有保险阀的功能，它使员工不再袖手旁观，甚至落井下石。

合理化建议制度可以通过设意见箱、热线电话、演讲会、举办活动等多种形式进行，它为信息的多方向流动创造了条件。

3. 重视“意见领袖”，处理好与非正式群体的关系

组织规模无论大小，都有一些讲故事者、消息灵通人士、传递小道消息者以及形态不一的非正式团体，它们虽是一些自由、松散的交际圈，但都是以情感和共同利益为纽带，自发聚合而成的。因而与正式沟通相比，其联系交往更亲密、更频繁、更有效。在公关工作中，它们既具有积极作用，又具有消极作用。比如传播流言蜚语，消耗和削弱正式团体的影响力。心理学博士佛龙·克劳福形容这种人际关系是“你抓我的背，我也抓你的背”，一报还一报，彼此维持合理的平衡。因此，公关人员首先要学会与“意见领袖”和非正式团体的沟通，引导这些团体与组织行为保持协调一致。其二，要加强与非正式团体的感情联系，与之交朋友，使它们信服而不是压服。其三，要防止小道消息和流言蜚语的蔓延，将员工情绪导向正确健康的方向上来。

（四）以联谊为手段，营造大家庭氛围，培养员工归属感

组织不仅是员工工作谋生的职业场所，还应该是他们社会生活的中心，在这里他们应该可以得到各种社会需要的满足，比如获得友情、爱情和亲

情。公关人员的任务是不仅仅把组织看作“利益共同体”，更重要的是通过情感投资把组织建成“生活共同体”，让企业人员产生一种“组织是大家，个人是小家”的家庭式情感。开展内部公众联谊活动，是达到这一公关目标的有力手段。

信息沟通型联谊活动。定期或不定期地举行一些茶话会、座谈会、对话会，确定一个或几个主题，由公关人员主持，邀请公司领导、股东代表、员工代表参加，以此增加接触，增进了解。

感情交流型联谊活动。在一些重大节日，如公司的周年纪念、年终联欢、各类节日、员工生日等，举办一些形式多样、生动活泼的联谊活动，以此联络感情，增进友谊。

文化娱乐型联谊活动。组织建立文艺演出队、时装表演队、书画社、围棋社等，举办各种文化娱乐活动。一方面可以展示员工的多才多艺，另一方面也可以陶冶情操，营造一种高尚的文化氛围。

（五）协调股东关系，增强“造血功能”

对组织来说，资金就像肌体中的血液，股东则是制造血液的骨髓。失去了骨髓，也就切断了血液来源，组织生命也就会枯萎。良好的股东关系可以使组织获得雄厚的资金来源，增强自身的“造血功能”，使组织始终处于朝气蓬勃的状态。

美国蒙森托公司总裁奎恩内认为：“公司的事务与雇员、股东及消费者之间的利益有着不可分割的联系。这3个方面组成了公司赖以生存的三角支架。管理部门的工作必须使其中的每一方面都得到公平、合理、恰当的对待。”

协调股东关系，应做好以下几项工作：

1. 尊重股东特权，激发主人翁意识

股东自购买企业的股票之时起，就成为企业的主人，他们对入股企业至少拥有如下特权：（1）有权投票选举企业董事会，并由董事会推举管理人员管理企业。（2）有权参加企业的重要会议，并决定经营管理中的重大决策。（3）对企业持有财产所有权。（4）有权按股份金额获得当年相应的股息和红利。（5）企业解体时，股东有权分配剩余财产。

企业在处理股东关系时，要努力维护股东的上述正当权益，不论其占有股票多少，都要一视同仁，尊重股东的这种特权。只有这样，才能增强和激发股东的主人翁意识，培养股东与企业同心同德、荣辱与共的责任感和自豪感。

2. 加强与股东的信息沟通

搞好股东关系的关键就在于为股东提供充分准确的投资信息和投资效益分析。因为大多数股东并不完全了解企业的业务，他们只是依靠一些外部宣传和熟人介绍来认识企业的，因此他们所掌握的信息是不完整、不全面的，甚至有一定的片面性，一旦企业陷入困境，股东就会对企业失去信心。因此要增强股东的信心，必须加强信息沟通，通过信息沟通使股东了解自己投入的资金是如何使用的，企业的效益如何。

一般来说，对股东的信息沟通工作，主要是针对股东所关心的问题而展开的，据国外公关专家调查发现，股东最关心的问题，主要是下列几个方面：(1) 组织的经营管理情况。(2) 组织的赢利情况。(3) 组织的产品或服务项目。(4) 组织的业务拓展。(5) 分红政策。(6) 组织在同行业中的状况和竞争地位。(7) 组织的历史和成长过程。

公关人员应经常地、主动地向股东提供这些问题的详细资料，以增强股东对持有股权的自豪感和继续投资的热情。

3. 制订股东关系计划

股东关系计划主要包括以下 5 项内容：第一，确定股东关系目标。根据股东关系现状和需要确立目标。公关专家常常作出如下目标提示：(1) 唤起股东对公司的兴趣。(2) 在公司股东和经济团体之间建立有效的相互了解。(3) 促使股东使用和购买公司产品。(4) 减少股东对管理部门的批评和集体对抗。(5) 稳定公司的有价证券市场。(6) 增强公司在股东心目中的地位和提高公司的地区声望。(7) 争取股东对公司的忠诚。(8) 获取股东的支持，以便提供新的资本来源。 (9) 争取和引导股东来办好企业。(10) 增加新的投资者。(11) 争取股东对社区关系计划的支持。(12) 协调好投资顾问、证券分析人员关系，以得到有利的忠告。

第二，股东意见研究。需要确定握有不同股份的股东数目，他们是如何分布的。比如，个体投资者人数，共有股票的股东人数，入股集团、信托公司、保险公司、基金组织、雇员福利基金会、高等院校等机构和团体的数目，雇员中的股东人数，股东的地区分布，入股期限及其他信息等。

第三，确定股东需要了解的信息。

第四，制定股东关系政策。

第五，制定沟通方式。与股东沟通的方式无一定之规，视股东的具体情况而定，在一般情况下，最常采用以下 6 种沟通方式：

(1) 年度报告。年度报告主要是回顾过去、检查现状、展望未来。内容主要包括财务、生产、销售、人事行政等计划和数据。

（2）股东会议。从出席人员看，股东会议可以是董事会，也可以是全体股东会议或股东代表会议；从时间上看，可以是年度、季度会议，也可以是临时会议。股东会议的目的是沟通信息，进行重大决策。股东会议是股东对组织负有责任的“审判日”，因此必须高度重视、精心组织。

（3）发函或寄发调查表。

（4）编印刊物。如将“股东通讯”，“宣传手册”等送发股东手中，保持密切联系。

（5）审查或试用新产品。

（6）个别访问。

第四节　外部公众

外部公众是指组织之外的、与组织有实际的或潜在的利益关系和影响力的公众。它们构成了组织生存和发展的外部社会环境，是制约和促进社会组织生存和发展的重要因素。“组织存在的惟一原因，就是为外界环境服务”。没有外界环境，组织就会像泰山离开了大地母亲，发挥不了任何作用，失去存在的价值和意义。因此，了解和研究外部公众，协调与各类外部公众的关系是公关工作中十分重要的内容。

一、外部公众的定义

外部公众是组织的外部舆论环境，是组织实际形象的评价者。以企业为例，外部公众构成的舆论环境问题主要包括 3 个方面：一是产品知名度，企业知名度，企业家知名度；二是产品形象，企业形象，企业家形象；三是产品信誉，企业信誉，企业家信誉。这 3 个方面相互联系，公众首先要了解产品，了解企业，了解企业家，才能对他们产生印象。好的印象日积月累，于是形成了信誉，即美誉度。由此可见，外部公众对组织的正确认识和良好评价是塑造组织形象的关键所在，外部公众对组织的认识程度决定了组织知名度的高低，评价程度决定了美誉度的高低。但是组织并不是被动地屈从于外部公众，简单地适应外部公众。社会组织往往能够积极主动地反作用于外部公众，引导外部公众，改造外部公众。公共关系正是促使社会组织与外部公众保持动态平衡的协调机制。

二、外部公众的特点

与内部公众相比，外部公众具有以下特点：

1. 分布的广泛性

外部公众是数量最多、分布最广、规模最大的公众群体，它们散布在社会各个阶层、各个角落，就像天上的繁星，点缀在组织的周围。认识公众的广泛性，有助于我们对公众进行高屋建瓴的宏观把握。

2. 构成的复杂性

外部公众既可能是某一个人，也可能是某一群人，还可能是某一社会组织；既可能是利害关系一致的群体，如业务上的合作伙伴，认同某一品牌的各地消费者，也可能是利益相冲突的反对者，如竞争对手，投诉者；既可能是老人，也可能是儿童；既可能是工人、农民，也可能是官员、明星；既可能是中国人，也可能是外国人……总之，外部公众千姿百态，错综复杂，构成了组织的外部公众环境。可以说有多少种外部公众，就有多少项外部公关工作。

3. 利益的矛盾性和差异性

外部公众与社会组织之间的利益既有矛盾，又有差异。首先，各类外部公众不像内部公众那样，与社会组织是“利益共同体”的关系，它们之间是一种“利益矛盾体”的关系。各类外部公众都在与社会组织争夺利益，比如，消费者希望组织提供的产品或服务价廉物美；供应商、经销商希望风险共担、利益共享；社区希望得到赞助；政府希望多得税款；甚至新闻界也希望多进广告费。公共关系正是平衡多种利益的一种手段。其次，不同外部公众之间的利益需求也各不相同，具有差异性。组织必须分别满足各类公众的利益要求，才能得到他们的支持和合作，更好地生存和发展。这一特点决定了公关工作的刺激性和挑战性。

4. 关系的不可控性

外部公众进入或退出社会组织的关系网络，完全是自由的和随机的，虽然外部公众与社会组织的关系会受到一些社会因素和其他因素的制约，比如区域关系、传播媒体、行政关系等，但是外部公众是自由的，一般不受社会组织的控制，社会组织对它们没有多大的约束力和强制力。

三、社区公众

社区是一个社会学的概念，其英文为“community”，是指以一定地域为基础的社会集体。具体地说，居住于同一社会里的、具有共同联系并彼此交往的人们，就构成了一个社区。例如村庄、集镇、街坊邻里、城市的一个市区或郊区，甚至整个城市，都是在规模上大小不一的社区。社区是一个相对独立的地域性社会，每个社区都有其特定的人口和特定的地理区域，其居民之间有着共同的制度、共同的价值观念以及共同的社会来往。

社区公众是公共关系学的概念。它是相对社会组织而言的，是指社会组织所在社区的区域关系对象。主要包括，当地的居民家庭、社区管理部门、各种社会性组织与社区公众形成的公共关系即社区关系，社区关系亦称区域关系、睦邻关系、地主关系。谚语云："金乡邻，银亲眷"、"远亲不如近邻"、"邻里好，赛珍宝"，这种传统用于组织就是说要搞好社区关系，使组织和社区之间建立和保持一种亲情和相互理解的关系。

（一）社区公众的重要性

1. 社区公众是组织劳动力的主要来源

劳动力是社会组织正常运转的基本保证，而组织大部分的新员工主要来自社区的居民。这种就地取"材"的方法，不但可以节约组织的招聘费用，而且可以使社区居民安居乐业，减少社区以及组织的不安定因素。社区居民的教育文化水平决定着组织员工的素质，决定着组织的发展后劲。

2. 社区是组织最可靠的后勤保障系统

在后勤保障系统中，有相当一部分来自于所在的社区。组织所需要的相当大一部分的物资，也有赖于社区的提供。另外，组织员工和家属的日常生活也要依赖于周围的商店、医院、学校、电影院、菜场、停车场等，社区生活环境的配套完整，可以解除组织员工的后顾之忧，使其全心全意地投入工作。

3. 社区公众是组织较稳定的顾客

组织提供的产品和服务在社区内推出，可以减少大量的运输费用与仓储费用，降低商品的价格。同时，组织可以较快地从社区公众中获得反馈信息，及时改进产品，提高在市场上的竞争力。从顾客的角度说，购买或享受本社区的产品或服务，不仅价格上有优惠，而且售后服务更为方便。良好的社区关系有助于促成这种购买倾向，形成稳定的顾客队伍。

4. 社区文化会影响组织文化

社区文化是指社区公众在社会生活过程中创造孕育出来的人为环境、行为习惯和行为方式，它为社区成员所共享，又由社区成员共创和发展，社区文化的物质层面、精神层面、制度层面都会影响渗透到社会组织中去，成为组织文化的一个组成部分。

总之，社区是组织自下而上发展的土壤，离开了这个土壤，组织就无法生根立足，更谈不上发展壮大了。

(二) 处理社区关系的方法

美国公关学家罗伯特·L. 狄恩达在《公共关系手册》中指出："公共关系学是从社区关系开始的，而且应该认为社区关系是公共关系中一个专门组成部分，值得特别考虑、计划与实施。良好的社区关系将使公司受益无穷。"

组织怎样才能建立良好的社区关系呢？关键就在于促使组织社区化。组织社区化具体包括：信息社区化、活动社区化、利益社区化和性格社区化 4 个方面。

1. 信息社区化

加强与社区公众的信息沟通，是搞好社区关系的基础。信息社区化包括两个方面：组织信息社区化和社区信息组织化。一方面，社会组织应将本组织的政策宗旨、工作业务、员工人数、工资与福利待遇、产品用途、治理"三废"的情况、对社会的各种支持等信息及时有效地传递出去，以增加透明度，提高知名度；另一方面，组织负有宣传社区的责任，通过对社区的历史、传统、区位、建筑、自然景观、社区人物及社区事件等社区信息的宣传和介绍，增进社区全体成员对所在社区的了解和认同。社会组织可以通过以下 3 种方式传递有关组织信息和社区信息。

(1) 人际沟通。社区公众是组织内部员工的延伸，员工即是社区中的人，每天都要与社区居民打交道。因此可以有意识地培训员工与社区公众的普遍交往，以此沟通信息，达到信息社区化目的，另外社会组织的各级管理者、公关人员也应该积极与社区代表密切交往，加深组织与社区之间的相互理解。

(2) 媒介沟通。组织可以利用报纸、广播、电视和组织的报刊、宣传手册、广告招贴等各种媒介与社区公众进行广泛沟通。

(3) 意见征询与交流。一般而言，社区公众对他们的邻居、社会组织和社区传统也会产生兴趣和好奇。组织可以通过正规调查、访谈、开座谈会、舆论、领袖会议等形式向社区公众征询意见，交流信息。

2. 活动社区化

要证明组织是社区内的好公民、好邻居，最佳的方式就是同社区打成一片，使社区公众觉得组织的一举一动都是与社区相一致的，这样组织的运行机制就达到了社区化。

社区活动是社区成员相互认识、相互交流、相互影响的重要途径。正是在丰富多彩而又有自己特色的社区活动中，人们的社交、受尊重的需要才能得到相当程度的满足，社区活动既可促进社区成员价值观的趋同，也使社区生活方式更加特色化和定型化。因此，社会组织应鼓励组织中各级人员参加社区的各种活动，而且越多越好。比如参加社区大会、庆祝会、联谊会，参加植树活动、卫生防疫活动、社区文化活动和社区互助活动等。

3. 利益社区化

组织是社区的一分子，社区的利益也是组织自己的利益，对社区的损害就是对自己的损害。组织与社区拥有共同的基本要求，如都希望有卫生安全的生活环境、畅通的交通、完善的文化娱乐设施等。因而一个组织若想分享社区福利，就必须先尽义务，分担社区内政治、经济和文化的服务活动。比如：开展绿化社区环境的活动；赞助社区居住条件的改善；赞助养老院、残疾人基金会、希望工程等社会福利事业；赞助社区的体育运动和文化事业；关心和帮助社区某些贫困或危难的居民等。

4. 性格社区化

社区性格是社区文化的综合反映，是社区文化的缩影。社区性格包括社区意识、社区精神、社区生活方式、社区形象 4 个方面。社区意识体现为社区成员的社区共同感、社区归属感、社区满意感和社区参与感。这些社区意识可以凝聚和上升为社区精神，社区精神指导和制约着社区生活方式，在社区生活方式中逐步形成更具典型性的社区形象。社区形象是社区性格成熟的标志。社会组织在这 4 个方面与社区保持谐调一致，也就是实现了组织性格社区化。

组织性格与社区性格的相互融合，有一个从被动适应到主动影响的过程，公关人员应努力缩短这个过程，主动把社区性格纳入组织性格之中，使组织性格成为社区性格的典型代表和具体体现。

四、新闻界公众

新闻界公众包括两部分：一是指新闻机构，如广播、电视、电视台；二是指新闻工作者，如专栏作家、节目主持人等。新闻界公众是公关对象中最重要、最敏感的公众。搞好与新闻界公众的关系，是组织最主要的外部公关工作之一。

（一）新闻界公众是组织中一类特殊的公众，其特殊性表现在：新闻界

公众具有双重身份

一方面，新闻界是公关传播的渠道，另一方面，它又是社会组织特别争取甚至努力追求的公众对象。对象与手段合一的双重性，赋予新闻界公众特别重要的地位。

1. 新闻界公众告知信息时，具有普遍性、组织性、社会性、公开性、及时性、工具性六大特征。正是这些基本特征，使新闻传媒与其他传媒相比，在时空上、在权威性与可信度上、在可受性上与可塑性上都具有明显的强势。这种强势使它成为社会组织传递信息的主要通道。

2. 新闻界公众是社会信息流通过程中的把关人

在社会信息流通过程中，到处都设有把关人，这些把关人主要是新闻界公众。比如记者确定究竟哪些事实应该加以报道；编辑确定哪些应该刊登，哪些应该抛弃；专栏作家确定有哪些人物和事件值得书写；电视节目制作人决定摄影机应指向哪里。总之，他们决定着各种信息的取舍、流量和流向，也决定着社会组织的曝光机会、程度和频率。

3. 新闻界公众是组织舆论环境的引导者

新闻界公众具有"议程设置"的功能，也就是说，只要新闻传媒对一些问题给予重视，集中报道，并忽视或掩盖对其他问题的报道，就能影响公众舆论。而人们则倾向于关注和思考新闻传媒注意的那些问题并按照新闻传媒给予的重要次序，分配自己的注意力。比如某个组织、人物、产品或事件，如果成为新闻报道的热点，便会成为极具影响力的舆论话题，获得较高的社会知名度，如果是正面报道，则会提高组织的美誉度，反面报道则会降低组织的美誉度，正可谓"得之者锦上添花，失之者名誉扫地"。新闻界公众通过发挥议程设置功能，引导着社会组织的舆论导向，赋予社会组织某种特殊的社会地位。

4. 新闻界公众是组织形象社会化的塑造者

组织形象只有经过社会化即获得社会各界公众的认同和支持，才能转化为实际组织形象，而这一社会化的过程，也就是组织信息向社会公众传播的过程。这种传播可以通过组织的自我传播来进行，比如产品销售和服务、广告等，但是这种传播过程缓慢，范围局部，效果有限，要使组织形象从微观走向宏观，从局部走向社会，必须借助新闻传播。新闻传播的过程，也就是组织形象社会化的过程，组织的新闻形象，在很大程度上代表了组织的社会形象。

5. 新闻界公众是组织形象的监督者

俗话说："成也萧何，败也萧何。"新闻界公众就是社会组织的"萧何"，因为新闻界公众不仅是组织公关工作的同盟军，而且也是社会大众的卫士，他们常常利用手中的传播工具，用舆论的力量来维护社会大众的利益。当组织行为有利于社会大众时，新闻媒介便进行正面报道，为之扬名；当组织行为不利或有损于社会大众时，便进行反面报道，发挥舆论监督的作用，以促使社会组织矫正其行为，重塑良好形象。

（二）处理与新闻界关系的方法

组织和新闻界的关系，应是一种相互合作的关系。因为在实际工作中，公关人员是半个新闻记者，新闻记者也是半个公关人员，二者是互为中介的。一方面，公关人员要通过新闻记者，把组织的信息及时准确地传递出去，另一方面，新闻记者需要通过公关人员提供具有新闻价值的素材，丰富报道的内容和品种。因此，公关人员应加强与新闻界公众的合作与联系，建立良好的伙伴关系。

1. 尊重新闻界公众

这是搞好与新闻界关系的前提条件。组织对新闻界的尊重可以概括为16个字：以礼相待、以诚相待、平等对待、严阵以待。

以礼相待，指对新闻媒介机构和记者的接待要友好热情，有礼有节，尽力为他们来组织采访写稿、核实工作等提供必需的帮助和服务。

以诚相待，指组织要讲真话，要向新闻界提供真实可靠的材料和数据，既不能夸大组织业绩，也不能掩盖失误，更不能制造假新闻。如果确定为保密的技术和参数，或预见报道可能会带来巨大经济损失时，应如实向有关记者说明利害关系，请他们酌情考虑。

平等对待，指组织对各种新闻界公众要一视同仁，不分厚薄亲疏，决不可因新闻界单位名气大小和级别高低而区别对待。应尽可能使它们获得平等的信息量，使它们平等获得采访组织的机会，有时候，一个小报记者的一篇文章有可能"一石激起千层浪"，带来出人意料的效果。

严阵以待，指当组织发生危机事件时，组织应当严阵以待。严阵以待并不是想方设法掩盖"家丑"，也不是对新闻媒体横加指责，而是应本着虚心接受批评、认真查明真相、积极承担责任的态度，与新闻界公众进行合作，以化险为夷。

2. 保持长期接触，善交无冕之王

俗话说"若有恒，何必三更起五更睡；最无益，便是一日曝十日寒"，任何关系的建立和维系都在于持之以恒的不懈努力，平时就要与之保持经常性的联系，尤其是要善于结交新闻记者。他们是消息灵通人士和社会活动家，新闻媒介的舆论力量都是在记者的笔下形成的，如同影片《水门事件》片头那句精彩的话："记者手中操纵的打字机发出子弹的呼啸声和炮弹的轰鸣声。"所以，组织要想与新闻界搞好关系，就必须重视与新闻界公众的交际，善交无冕之王，切忌"平时不烧香，临时抱佛脚"。

3. 联合举办活动，全力支持新闻媒介

在市场经济条件下，日趋激烈的竞争更加体现出社会组织与新闻传媒的天然联系。一方面，组织把新闻传媒作为展开激烈竞争的工具与手段，推动着传媒的进一步发展；另一方面，新闻传媒的视角更加集中于各类组织，尤其是经济组织，促进了组织的发展，二者互相促进，互相支持，共同发展。作为公关主体的社会组织，要想进一步赢得新闻传媒的支持，首先就必须全力支持新闻传媒，如果在新闻传媒需要支持的时候能够雪中送炭，鼎力相助，往往能起到事半功倍的效果。这样不仅能密切与新闻传媒的关系，还能放大扩展组织形象。社会组织对新闻传媒的支持主要表现在联合举办各种活动上。

联办报纸：由组织出资，新闻界出人，联合创办报纸，这类报纸主要是专业报，报道范围和服务对象十分明确。如湖北的《长江开发报》、《经济信息报》就属此类。

联办新闻：比如联办某个新闻专版、新闻专栏或者是新闻专题节目。

联办征文：围绕某一新闻主题展开征文活动，比如"今世缘怀有奖征文"等。

联办社会活动：联合举办某项社会公益活动或群众社交活动。

联办基金：如武汉新闻基金、广东省新闻基金，用于奖励宣传武汉、广东省的单位和个人。

这种联办活动，既支持了新闻媒介的发展又有利于宣传组织形象，可以产生良好的"互补效应"。切忌将联办变成变相贿赂和收买。

4. 加强新闻传播，利用各种新闻传播方式

组织进行新闻传播，通常采取以下几种方式：

（1）邀请记者采访。这是宣传组织形象的重要方式之一。邀请来的记者应与组织有特殊的良好关系，人数不宜多，采访时间可较长，这样写出的新闻报道有一定深度，公关效果较好。在西方，政治家们经常邀请记者共进午餐，以加深了解，有利于宣传。许多企业也常邀请记者随团出国考察或举办产品展览会。

（2）举办记者招待会，又称新闻发布会。这既能密切同新闻界的关系，又有利于宣传组织形象，一般在组织有重大事件发生时（如厂庆、周年纪念、新产品上市、危机事件）可以举行。

（3）制造新闻事件，以吸引新闻界注意。所谓制造新闻，是指由组织以健康正当的手段，有意识地采取既对自己有利又使社会公众受惠的行动，以引起社会公众和新闻界的注意，达到宣传本组织的目的。组织制造的新闻事件新颖有趣，具有较高的新闻价值，能引起记者们的注意和跟踪报道。所以组织掌握好这一策略，就能达到理想的传播效果和公关目的。

（4）自己动手写新闻稿，主动提供给新闻媒介。这种方法既能够及时、准确地传递组织新闻信息，又能为新闻记者节省人力和物力，两好合一好，皆大欢喜。

对于一个组织而言，以下事件可作新闻稿的题材：①大型奠基典礼、开幕仪式或纪念日活动。②新产品的试制和新设备的投产。③产量、质量、产值、税利等经济指标的突破性进展。④重大政策的颁布和实施。⑤劳动模范，科技发明。⑥国内外市场的开拓。⑦员工的学习、娱乐、保健等福利活动。⑧重大人事变动。⑨产品价格变化。⑩厂名、厂徽、商标的更换等。

五、政府公众

在公共关系学的视野里，政府是作为社会组织必须面对的一类公众而存在的。政府公众指政府各行政机构及其官员和工作人员，具体可分为两大类：一是纵向政府公众，如上级主管部门；二是横向政府公众，它们是工商、人事、财政、税务、市政、治安、法院、海关、卫检、环保等职能机构和管理部门。政府公众是所有公关对象中最具社会权威性的公众。处理好组织和政府的关系，是组织生存和发展的根本保障。

（一）政府公众的特殊重要性

政府作为公众，具有不同于其他一般公众的特殊性。其特殊性表现在：其他公众与组织之间是一种互不隶属的横向关系，而政府与组织的关系则是管理者与被管理者的纵向关系。一言以蔽之，政府公众是拥有权力的公众，这是它与其他公众的一个显著区别。具体地说，政府公众的特殊性表现在以下几方面：

1. 政府是一种具有强力的权力机构

政府是国家权力的执行机构，它通过立法、行政、司法，运用各种政治、行政、法律手段，管理和制约各种社会组织，以确保其政策的执行。这种权力是其他任何公众所没有的。

2. 政府是最具社会影响力的社会组织

作为国家政权机构，政府对有关产业和区域的倾斜、财政拨款政策、经济调控政策和福利政策等都能直接影响到整个经济发展走向，从而间接影响组织的经济状况。这种社会影响力也是其他公众不可比拟的。

3. 政府是社会组织的统一管理者

政府具有行使组织、领导和管理等职能，对各种社会组织的管理是政府实行全社会统一管理的重要组成部分。政府通过制定政策法律和行政干预，对各种社会组织进行必要的管理、监督、指导和调节。

4. 政府是组织重要的外信息源

中央和地方各级政府中，都设有专门负责收集社会各种政治、经济、文化等方面社会信息、统计数据的机构，如统计局。这些信息资料和政府机关的各类文件、简报等，都是对社会组织具有重要参考价值的信息资源。

5. 政府是组织重要的资金来源

政府与各组织存在财政税务关系。政府可以采取免税、减税、无偿财政拨款、优惠贷款等方式，支持和扶助各类组织的发展。如果组织能争取政府在资金和税收方面的支持，自然有利于自身的发展。

6. 政府是全体社会公共利益的代表

从利益角度来划分，全社会的利益可分为国家利益、集体利益和个人利益3种，3种利益存在着不可避免的矛盾和冲突。政府作为全民利益的代表，要同时维护三者的利益，在这种情况下，组织和政府公众之间又存在着如西方学者所说的“敌对关系”。社会组织对这种利益关系要有清醒的认识和明确的态度，协调好政府和组织的关系，是搞好政府关系的关键所在。

（二）处理政府关系的方法

社会上流行的口头禅：跑“部”“钱”进、“会哭的孩子有奶吃”，形象地反映了处理好政府关系的重要性。在计划经济下搞好政府关系可以做到“要钱有钱，要政策有政策”，在市场经济下，搞好政府关系同样可以取得政府的大力支持，但必须在公关技巧上多下功夫。

1. 培养和提高政治素质

美国企业管理专家彼德·萨勒尔博士认为：政治和经济是一对连体儿，有远见的企业家不应当孤立地讲经营、讲发展，而应当把经济与政治结合起来，既研究现实问题，也研究战略性问题，政治素质应当成为企业家的重要素质之一。在“官本位”思想源远流长的中国，企业家和公关人员的政治素质尤为重要。一位中国巨富说："中国没有百分之百的商人，商人也要讲政治，我用 50% 的时间研究政治，30% 的时间面对各种社会关系，剩下 20% 的时间考虑商业上的事情。"许多实践也证明：公关人员的政治素质越高，进行业务拓展就越有把握。

公关人员的政治素质主要包括以下 3 项内容：

（1）熟悉国家政策。国家政策是经营的指南针，与法律相比，具有更大的灵活性和变动性。了解政策、善用政策是组织回避风险、创造竞争优势的重要法宝，谁最能"吃透"政策，谁就能最大限度地受惠。人们常说"抓住机遇"，从一定意义上讲，就是善于抓住政策调整的契机，使社会组织的运行不偏离国家政策规定的轨道，一直处于良性发展状态。

（2）了解政府机构运作情况。既然不可避免地要与政府打交道，公关人员自然需要弄清政府机构的内部机构和层次、工作范围和办事程序。只有了解这些情况，才能减少诸如"踢皮球"、"公文旅行"的现象，提高办事效率。

（3）服从管理，做政府的模范公民。政府依靠法律、法规、政策来管理社会。社会组织应自觉地服从政府管理，遵纪守法，不以非法手段谋求政府官员的支持，依法纳税，决不"你有税法，我有逃法"，偷税漏税，损公肥私。只有服从政府的指导和管理，做政府的模范公民，才能赢得政府的信赖。

2. 加强与政府的双向沟通

公关人员应积极主动地与政府公众沟通信息，及时地、不断地汇报情况，使政府能了解组织的基本情况和发展动向。汇报内容主要包括以下几方面：①组织遵守政府法令、政策，完成国家计划情况。②组织的纳税情况，承担其他社会责任、义务情况。③组织生产经营、销售盈利情况。④组织的社会地位、贡献、影响等情况。⑤组织对社会即政府的需要情况。为达到以上目的，组织应采取以人际传播为主、大众传播为辅的沟通方式，多渠道、多层次地与政府部门沟通，以谋求政府的理解与支持。

3. 加强人际交往，建立与政府官员的私人感情

与政府官员建立良好的私人感情，既有利于日后及时、准确地得到政府方面的有关信息，又可以加深社会组织在其心目中的印象，更可以创造出组织发展的良好契机。例如，美国总统克林顿有一次与沙特王子会晤，谈笑之间，为波音航空公司争得一份价值 60 亿美元的订货合同。欧洲空中客车公司眼睁睁地看着煮熟的鸭子从自己的锅里飞到别人的餐桌上。若没有克林顿

与波音航空公司的良好友谊，这种奇迹是不会发生的。

4. 积极参加政府组织的各种公益活动

组织作为社会有机体的一个重要组成部分，必须为政府分担一定的社会责任，无偿提供必要的社会服务。一般来说，由政府提倡的有利于社会的公益事业和活动，组织都应积极参加。这样做，一方面可以加强政府对组织的信赖和赞许，另一方面可以提高组织的声誉和知名度。

5. 邀请政府官员参加组织重大活动

利用组织开业、周年纪念、新产品发布会等时机，邀请政府官员参加，同时邀请他们参观工厂、产业，了解情况，以提高他们对本组织的兴趣，加深他们对本组织的认识和好感。

6. 利用国事活动，扩大宣传效应

当今世界，经济使命成为国际交往的主流，政治斗争更多地以经济斗争为表现形式。“政治搭台，经济唱戏”成为大趋势。利用政治活动，尤其是重大的国事活动来宣传组织形象，无疑是天赐良机。一般而言，向国宾赠送礼品是一种行之有效的公关方式，这种方式可以同时收到名人效应和新闻效应。国宾接受并使用了某种礼品，自然就提高了这种物品的知名度，即所谓“名人创名牌”，新闻界对此进行报道，又是做了免费广告。这种一举两得的实例比比皆是。

六、顾客公众

顾客公众指购买或可能购买本组织提供的产品或服务的个人、团体或组织。按顾客与组织的消费性质划分，顾客公众包括个人消费者和团体用户，比如商店的顾客、酒店的住客、电影院的观众、出版物的读者以及工业用品的用户等。按顾客与组织的交往方式划分，顾客公众可分为 3 种：一是内部顾客，即员工，企业界有一句口号，“下一道工序就是上一道工序的用户”；二是中级顾客，即经销商或代理商；三是终端顾客，即通常所说的消费者、用户。我们这里所谈的顾客公众是指第 3 种。顾客公众是与组织具有直接利益关系的外部公众，是公关工作的核心对象。

（一）顾客公众的重要性

1. 顾客公众是组织人数最多的外部公众

在现代社会，高度社会化、专业化的生产和服务使“躬耕自食”褪色为一个古老的梦，整个社会已经成为一个相互依赖、相互作用、相互影响的有机整体，任何组织和个人都不是孤立于组织之外而获得所需的衣、食、住、行等生活条件。这就是说，在现实生活中，任何一个组织和个人都可能是某一组织的顾客，从广义的角度讲，全社会每个成员都属于顾客之列，但是从组织角度来看，组织所面对的每一个人并不都是组织的顾客，比如一个3岁的小女孩就不是某剃须刀片厂家的顾客，尽管如此，与组织的其他外部公众相比，顾客公众毫无疑问是组织人数最多的外部公众，而且是无组织、无秩序的外部公众。

2. 顾客公众是组织的衣食父母

早在19世纪，马克思就提出“消费决定生产”，他认为，消费的能力决定着生产能力、消费的需求决定着生产的需求，无穷无尽的消费欲望是刺激市场生产力的直接动力，也是推动人类经济发展的主要驱动力量。因此，马克思的结论是：没有消费，就没有生产。由这一论断，我们可以推出：没有消费者，就没有社会组织，消费者决定着社会组织的生死存亡，消费者是社会组织的衣食父母，没有消费者的“养育”，就没有社会组织的茁壮成长。

（二）处理顾客关系的方法

建立良好的顾客关系，是公关人员矢志不渝的追求，也是千百年来被商家不断演绎的制胜法宝。

1. 树立正确的顾客观

哲人说：没有正确的观念，就没有正确的行动，一切活动都是如此。处理顾客关系更不例外，“顾客第一，消费者就是上帝”是处理顾客关系的基本观念，“顾客满意”是评价顾客关系的基本指标。在处理顾客关系时，必须把这种顾客导向观念转化为具体可遵守的观点，体现在组织工作的方方面面，比如，顾客永远是对的，顾客的抱怨正是商机；顾客要什么就给什么，努力让顾客感动；每一次都能让每一个顾客感到满意等。这些顾客观念应内化于每个企业人员心中，成为处理顾客关系不可动摇的准则。

“顾客满意”是“顾客至上”观念的衡量指标，是指顾客接受有形或无形产品感到需求满足的状态。顾客满意包括理念满意、行为满意、视听满意和服务满意。在协调顾客关系时，只有全方位让顾客感到满意，才能有效地激发顾客对组织的忠诚度和喜爱度。

2. 增强服务意识，实行全过程星级服务

越来越多的组织意识到：提供恰当的服务品质可变成商战利器，为公司创造并保持可观的竞争优势。美国的专家在研究中发现一个惊人的事实：顾客会拒绝某公司的产品，其原因有7成与产品无关。惟有先进完善的服务体系和服务态度，才能让顾客感动，令顾客满意，导致其采取购买行为。由此可见，服务是不可战胜的赢家法则，服务就是商机，服务就是打开顾客心扉的钥匙，尽管“痴心的脚步赶不上变心的翅膀”，但是只要付出持之以恒的热情，就一定能产生“皮格马利翁效应”，既赢得老顾客的忠诚，又赢得一连串的未来顾客。

良好的服务意识主要体现在：要时刻为顾客着想，把为顾客着想作为企业的使命和责任；处处留心、发现为顾客服务的机会；根据顾客的要求及时提供优质服务；严格选用服务人员，加强对服务人员的培训。

良好的服务不应该仅仅停留在售后，而应该贯穿售前、售中和售后，实行全过程、全方位的星级服务。只有这样才能一步步加深与顾客的感情，博得顾客的好感和认同。海尔集团提出了“国际星级服务”的概念，对消费者实行全过程星级服务，内容包括：

售前服务：主要是解除用户购买时决策的烦恼，讲解演示，答疑解惑。

售中服务：对用户实行无搬运服务，送货上门，安装到位，现场调试，示范指导。

售后服务：概括为一二三四法则，一个结果（服务圆满），二个理念（带走用户的烦恼，留下海尔的真诚），三个控制（服务投诉率小于10PPM，服务遗漏率小于10PPM，服务不满意率小于10PPM），四个不漏（一个不漏地记录用户的反映，一个不漏地处理用户的反映，一个不漏地复查用户结果，一个不漏地将处理结果反映到设计生产经营部门）。

3. 建立顾客资料库，加强双向沟通

进入21世纪，传统的大众营销方式逐渐向一对一营销方式转换。传统的大众营销是把产品销售给尽可能多的顾客，其目标是提高市场占有率。而一对一营销则是销售尽可能多的产品给某一个顾客（在其整个一生中），再由这些核心顾客来带动其他的顾客，其目标是顾客占有率，具体做法是先选出一些核心顾客（最有价值，潜力最大），后派出职员担任顾客经理进行单独一对一沟通，给最能赢利的顾客提供最大的消费价值，培养顾客的忠诚感。

一对一营销意味着要把时间和精力放在对顾客的管理上，意味着传统的“消费者请注意”的沟通方式必须转变为“请注意消费者”的沟通方式。因此，搜集顾客信息，研究顾客心理，了解顾客需求就成为处理顾客关系的前提条件，而其中确保成功的关键则是如何建立顾客资料库，为进行双向沟通奠定基础。

所谓顾客资料库，是企业利用各种渠道传递信息给顾客，并积极寻求顾客的回应，将它们汇集在资料库中，再依据这些回应资料来调整和修正自己的经营计划。顾客资料库应包括顾客情况资料和售后服务资料。顾客资料库建立起来后，可采取多种方法，通过多种渠道与顾客进行全方位沟通。具体方法有：发放意见卡、客户访谈、信函调查、电话交谈、用户通讯、视听沟通、组织参观、联谊活动等，通过与顾客持续不断的沟通，使之成为企业长期友好的合作伙伴。

案例讨论：年度报告的“冷遇”

某公司每年要印制并分发一份报告书给它的1万名员工。这份报告的内容为陈述公司过去一年来在经济上的成就，表扬对提高生产力有重大贡献的员工，同时讨论一些员工会觉得有兴趣的题目，比如升迁机会、增加福利以及公司在增加工作场所安全方面所作的各种努力。

但最近几年来，这份报告的阅读率却呈逐渐下滑的趋势。其实没有什么特别的原因，但最常听到的评语则是“这份报告太枯燥了，令人读不下去”。有人建议把这份年度报告制成录影带；也有人建议在报告里加进电脑图片；更有人建议干脆把报告书制成电脑磁片，然后邮寄给所有的员工，让他们可以在家里个人电脑上阅读。这些建议，各有哪些利弊？你最后会建议采用哪一种？

思考练习

1. 何谓“公众”？其基本特点是什么？
2. 按照公众的发展过程如何进行公众分类？试举例说明。
3. 按照问题导向分类，公众主要包括哪些？
4. 为什么说公共关系的一半在内部？
5. 处理新闻界关系的基本原则和技巧是什么？
6. 处理社区关系的重要性表现在哪些方面？
7. 如何处理顾客关系？
8. 为什么政府关系很重要？你认为该如何处理？

第七章　公共关系传播

本章概要

- 公共关系传播既是一种信息传播，也是一种关系传播，信息型传播策略强调战术性，关系型传播策略强调战略性。
- 信息传播的六要素包括传播者、传播内容、传播渠道、传播对象、传播效果和反馈，围绕传播要素形成的不同理论对公共关系实践提供了有效的指导。
- 关系传播是公共关系传播的最终目标，关系的维度包括投资、信任、许诺和相互约束的舒适，组织—公众关系的基本要素包括相互控制、信任、关系满意和关系承诺。
- 本章提出关系传播的三维框架，他们是强弱维度、目的维度和内容维度，强弱维度分为强关系、弱关系；目的维度分为战略性维持、日常性维持；内容维度分为信息层、文化层和情感层。
- 公共关系传播模式可分为战术型和战略型两种。战术型公共关系模式包括宣传型、交际型、服务型、社会型、征询型五种。战略型公共关系模式，包括建设型、维系型、进攻型、防御型、矫正型五种。

核心概念

传播要素　传播理论　关系传播　传播模式

从传播学理论的本体论来看，传播主要有两种类型：信息传播和关系传播，信息传播主要是对“信息符号”进行编码，比如语言、文字等，它是用来表达“内容的意义”，关系传播主要是对“指令符号”进行编码，比如传播过程中的姿态、情感和背景等，它是用来表达“关系的意义”。内容意义常常是比较明确的、具体的，关系意义则是比较隐蔽的、含蓄的。二者的主要区别在于，“内容”的讯息使你注意到他人说了什么，“关系”的讯息则使你注意到他人是怎么说的。

就公共关系而言，它既是一种信息传播，也是一种关系传播，信息传播是以说服为特征，是一种公共关系工具和手段，关系传播是以对话为特征，它才是组织追求的最终目标。因此，本章打破以往的单一线性传播研究，分别从信息传播和关系传播两个角度，来探讨公共关系的传播特征和内容。

第一节　信息传播要素与理论

自从 C. 香农和 W. 韦弗的《传播的数学理论》问世以来，传统主流的传播学理论一直是沿着“数值化的线性表达”来研究传播行为的，一般来说，人们对传播的定义就是“信息的传递与分享”。像“5W”模式、“媒介即讯息”等理论都是建立在这种本体论认识基础之上的。

传统的公共关系传播策略，也主要是从信息传播的角度来展开的，应该说，信息型的传播策略是微观层面的战术型公共关系的主要内容。下面分别从信息传播要素和相关理论的角度，来探讨在公共关系中的应用。

1948 年，传播学四大奠基人之一拉斯维尔提出了著名的“5W”模式，“Who says what in which channel to whom with what effects”。即“传播者（Who）—说了什么（says what）—通过什么渠道（in which channel）—对谁说（to whom）—取得了什么效果（with what effects）”。他第一次较为科学、详细地分解了信息传播的过程，后来，随着美国传播学者德弗勒提出传播的控制论模式，“反馈”开始进入传播研究者的视野。

一、传播者

传播者，又称信源，是指在传播活动中，借助特定媒介发布信息的人。他是传播活动的引发者。传播者的任务包括搜集信息、筛选信息、加工信息、实施传播，收集和处理反馈信息等。职业传播者主要包括新闻记者、广告人员、行销人员、公共关系人员等，他们以不同的功能推动着社会的繁荣和发展。

与其他职业传播者相比，公共关系传播者有以下特点：

首先，公共关系传播者是一种第三方传播者，需要借助大众媒体的力量，需要与大众传媒从业者通力合作。

其次，由于公共关系人员的多重角色，他们要应对的传播情形更加复杂多变，因此作为传播者更需要精通如何取得最佳的传播者效果。

有关传播者的理论，主要有“把关人”理论、可信性研究、休眠者效应和自己人效应。

1. “把关人”理论

“把关人”又称为“守门人”（gate keeper），是由美国社会心理学家、传播学的奠基人之一库尔特·卢因在《群体生活的渠道》一文中提出的。他认为，信息总是沿着包含有“门”的某些渠道传播，在这些渠道中，根据公正的规则或者是“把关人”的标准，决定信息是否可以进入渠道或继续在渠道里流动。

传播学认为“把关人”是一种普遍存在的现象。在传播者与受众之间，“把关人”起着决定继续或中止信息传递的作用。“把关人”可以是个人，也可以是集体。把关人的把关行为可以分为疏导与抑制。前者是指把关人准予某些新闻流通的行为，后者则是指禁止一些新闻流通或将其暂时搁置的行为。

任何一个传播过程中都存在着把关人的把关行为，不管是自觉的还是不自觉的。公共关系传播同样也存在着“把关”现象，不过把关的标准随着时代而不断变迁。例如，当公关从业人员发现掩饰组织的过错，过滤掉对组织“有害”的讯息不能奏效时，他们开始改变把关的标准，更加真诚地面对他们的公众。

2. 可信性研究

传播专家发现，同一内容的讯息，如果出于不同的传播者，人们对它的接受程度是不一样的。这是因为他们首先要根据传播者的可信性，对信息作出判断。霍夫兰对信源的可信性与说服效果之间关系的实证考察表明，信源的可信性越高，其说服效果就越大；可信度越低，说服效果就越小。传播者的可信性从3个方面影响着传播效果：

（1）专长、权威。传播者越具有专业权威性，其可信性就越高，传播效果就越好。

（2）动机、意图。传播者如果是为其个人利益，那么其劝服功效就会大打折扣。相反，当传播者的动机对他本人的利益影响不大时，他的劝服力量才最大。在这种情况下，即便传播者的威信不高，也能导致人们对某事物态度的改变。用阿伦森的话来说，假如一个人说服别人而自己得不到什么好处（甚至会失去什么），人们就会信任他，他也因此而更有影响力。如男人主张妇女解放显然比女人鼓吹同一观点更有说服力。

（3）信誉。信誉包括是否诚实、客观、公正等品格条件。传播者的信誉越高，传播效果就越好。

可信性研究告诉我们，公关传播应注意选用可信度高的传播者，至少在接收方看来是学识渊博、诚实可信，或者能够在一定程度上认同或接近的人，以利于达到预期效果。

3. 休眠者效应

由可信性带来的说服效果并不是一成不变的。霍夫兰等人进一步研究表明，随着时间的推移，高可信度信源的说服效果会出现衰减，而低可信度信源的说服效果则有上升的趋势，如图 7-1 所示。

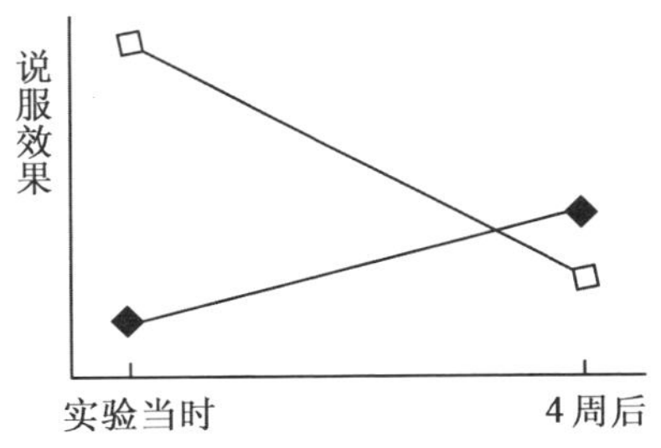

图 7-1　可信性效果的时间推移

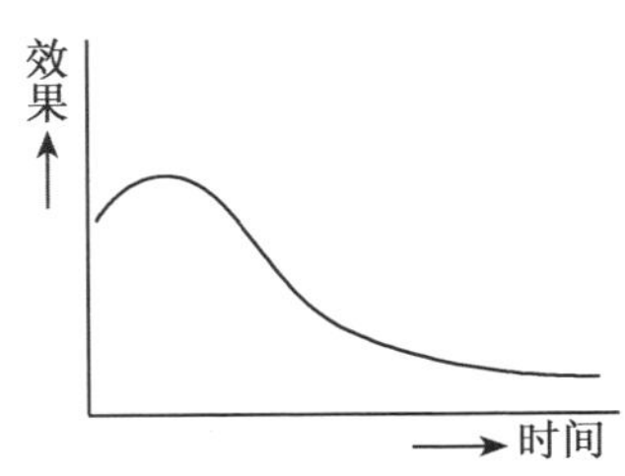

图 7-2　“休眠效果”示意图

这种现象，霍夫兰等人称为“休眠效果”（sleeper effect），如图 7-2 所示。尽管“休眠效果”有待于进一步研究和证实，但它说明了一个重要道理，即信源的可信度对信息的短期效果具有极为重要的影响，但从长期效果来说，最终起决定作用的是内容本身的说服力。

4. 自己人效应

卡尔·霍夫兰的说服理论指出：“最可能改变一次传播效果的方法之一，是改变传播对象对传播者的印象。”实验证明，假如传播对象喜欢传播者，就很可能被说服。如果接受者认为讯息的来源是来自一个与他自己相似的人——即具有同一性，就更是如此，这就是“自己人效应”。公共关系传播者应当注意运用“自己人效应”，使公众建立一种“自己人”的认同感，为取得良好的传播效果创造条件。

二、传播内容

传播内容是由一组相关联的意义符号组成，能够表达完整意义的讯息。讯息包含了信源希望传达的信息或意义，是传播者与受传者之间社会互动的中介。通过讯息，两者之间发生意义的交换，达到互动的目的。

讯息是由符号组成的，符号是讯息的载体。符号并不仅仅指语言符号，还包括音调、音色、音速、字体、动作、姿势、表情、服装、饮食、美术和建筑等各种非语言符号。因此，讯息可以是语言的、口头的，也可以是非语言的、书面的或是象征性的。公共关系传播应重视各种非语言符号所传递的信息。

公关传播的讯息通常与组织紧密相关，用于澄清某项事实，或者向公众表明自己的立场和态度，以消除公众的疑惑，赢得公众的支持。以下几个信息传播理论，对于提高公共关系信息的有效性，具有切实的指导意义。

1. 一面提示与两面提示

传播者在设计传播内容时，都会遇到这样一个问题：是仅向受众说明于己有利的材料呢，还是在提示于己有利的材料同时，也以适当的方式提示于己不利的材料。霍夫兰及其助手研究表明，无论是“一面提示”即只谈一面之词，还是“两面提示”即把正、反两面的意见都提出来，效果的大小在很大程度上取决于对象的性质，具体来说有以下几种情况：

（1）如果受众一开始就倾向于反对传播者的观点，那么“两面提示”比“一面提示”更为见效。因为受众会觉得你是站在比较客观、公正的立场上看问题，因而就会比较重视你的意见。

（2）如果受众原来就倾向于接受传播者的观点，那么只讲正面就比正、反两面都讲更好。因为这时对受众来讲，正面之词等于投其所好，进一步巩固了受众的预存认识。

（3）对于受教育程度较高的受众，应将正、反两方面的意见一并陈述。假如对他们只一面提示，他们会觉得传播者轻视他们的理解力与辨别力，同时会认为传播者怀有偏见，内心发虚，害怕或无力面对反面事实。当然，正反都说并不意味着各打50大板，不置可否。而是说在宣传正面主张的同时，举出主要的反面论点，并进行分析与反驳。

（4）对于受教育程度较低的受众（比如既没有受过高等教育，也没有受过中等教育者），最好是一面提示。因为把正、反两方面的意见都摆出来，会使他们感到混乱，迷惑不解。他们可能比接受传播之前更感到糊糊涂涂，不知所措。因此，对他们最好只讲一面之词。

简而言之，对于反对者和受教育程度高者，宜进行两面提示，而对于赞成者和受教育程度低者，则宜进行一面提示。

2. 首因效应和近因效应

心理学研究表明，人们对事情的开头与结尾往往印象较深，这种现象被称为首因效应和近因效应。首因效应指对开头记得牢，近因效应指对结尾印象深刻。研究者发现，首因效应在学习上占优势，而近因效应则在记忆上表现得明显，刚发生的事显然比几个月前的事情印象深刻。用施拉姆的话说，“首先提出的论点在引起注意上是有利的，而最后提出的论点在被记住上是有利的”。

这一理论向我们提示了较为优势的信息顺序，告诉公共关系传播者要善于利用信息的开头和结尾。但这只是基本原则，在实际中应视情况灵活运用。

3. 明示结论与含蓄

耶鲁研究认为，传播者把结论直截了当地告诉受众，要比让他们自己去猜出结论更为有效。但是，有时含蓄一些，让受众自己得出结论效果更佳。因为自己得出的结论要比传者给出的结论更容易接受，记得也更牢，同时也更不容易动摇变更。根据众多研究的成果，我们可以得出以下几条一般结论：

（1）在论题和论旨比较复杂的场合，明示结论比不下结论效果要好。

（2）在说服对象的文化水平和理解能力较低的场合，应该明示结论。

（3）让说服对象自己得出结论的方法，用于论题简单，论旨明确或说服对象文化水平较高、有能力充分理解论旨的场合较佳。

4. 感性诉求与理性诉求

理性诉求，是以充分的事实根据、周密的逻辑推理、冷静的分析论述为特点；感性诉求，则不大顾及前因后果、来龙去脉，主要通过调动人的感情，打动人的内心、煽起人的情绪来达到劝服的目的。

一般来说，感性诉求比理性诉求更易奏效。施拉姆曾说，“大量实验表明，动感情的呼吁较之理性的呼吁更可能导致态度的改变”。因为大多数情况下左右人们态度的还是情感。

三、传播渠道

传播渠道，又称信道，是讯息的搬运者，也是将传播过程中的各种因素连接起来的纽带。最近，有学者提出“载具”的概念作为传播媒介的最小单元。他们认为，不同的载具有着不同的传播特性，应该以载具为基础进行更为精细的传播渠道选择。

媒介，比传播渠道的意义更窄一些，专指负载、传递信息符号的中介性物质实体。随着科技的发展，传播媒介已由最初的口头语言发展到书信、便笺、电话、书籍、报纸、广播、电视、网络等。一项对书面和口头沟通传播效果的比较研究表明，书面语与口头语相结合的传播效果最好，口头语的效果其次，纯书面沟通的效果最差。

麦克卢汉关于媒介有 3 个著名的论断，即“媒介延伸论”、“媒介冷热论”、“媒介讯息论”。

1. “媒介延伸论”

即“媒介是人体的延伸”。麦克卢汉认为，每一种媒介都是每一种人体的延伸，改变着人们感知世界的方式和生存方式。例如，印刷文字是眼睛的延伸，电话是声音和耳朵的延伸，广播是耳朵的延伸，电视则是耳朵和眼睛的同时延伸，计算机不仅是眼睛的延伸，而且是人类整个中枢神经系统的延伸。

2. “媒介冷热论”

依照麦克卢汉的看法，所有的媒介都分属两类：热媒介和冷媒介。

所谓热媒介，是指传播的信息明确清楚，或曰清晰度高，因而接受者的参与度相对降低的媒介。所谓冷媒介，是指传播的信息模糊含混，或曰清晰度低，因而接受者的参与程度随之提高的媒介。

以照片与漫画为例：照片的清晰度高，画面信息一目了然，人们不用再多做“补充”意思已很明确，也就是说参与度降低，所以照片是热媒介；而漫画的清晰度很低，提供的信息不清楚，人们必须调动想像力予以“补充”才能完整理解其中的含义，也就是说参与度提高，所以漫画是冷媒介。

属于热媒介的还有广播、电影、书籍、演讲、报纸等（麦克卢汉所说的媒介既指传播工具，又指传播方式如演讲、讨论会、座谈等），它们都是信息的清晰度高而受众的参与度低的媒介。

属于冷媒介的还有电视、电话、交谈、讨论会等，它们都是信息的清晰度低而受众的参与度高的媒介。需要指出的是，麦克卢汉关于冷热媒介的划分并不非常严密。

3. “媒介讯息论”

即“媒介即讯息”。这是麦氏媒介观的核心所在。他认为，每种新媒介的出现，无论其所传信息具体内容怎样，新媒介本身就会给人类社会带来某种信息，并在一定程度上引起社会的某种变革，就这一意义而言，媒介本身就代表着时代的信息。麦克卢汉还一语惊人地提出：一种传播媒介的内容，通常就是另外一种传播媒介。言语是文字的内容，正如文字是印刷的内容一样，而印刷是电报的内容。

四、传播对象

传播对象，又叫受传者、信宿，是讯息的接受者和反应者，是讯息到达的目的地。受传者是传播信息的使用者，是传播过程中的译码者，是传播之后的反馈者。在人际传播中，传播者与受传者的角色不是固定不变的，而是不断地转换和交替。

对于公共关系传播而言，传播对象是组织的各类公众。这些公众是组织的利益相关人，他们对公关传播的接收、理解、认同或反对以及采取的行动决定着公关传播的效果，并最终影响到组织的生存状况。以下几种针对受众的传播理论，有助于提高传播技巧和效果。

1. 选择性定律

1960年，克拉珀在《大众传播的效果》一书中，提出了受众接收信息时具有选择性的特点。选择性定律是就受众对信息的接受、理解和贮存而言的，它包括选择性注意、选择性理解和选择性记忆3个层次。克拉珀认为，受众对于信息的选择性行为，是影响传播者意图实现的主要干扰，信息与受众原有的立场差别越大，由此造成的干扰作用就越强，传播者要想取得预期效果，必须设法减少选择性因素的干扰。

（1）选择性注意。又称为选择性接触，是指人们不可能对所有的信息投入等量的注意力，而是只会注意其中的一些，对其他信息则不予接收，或者视而不见、听而不闻。研究表明，受众对投合心意的信息会予以较多的关注。具体而言，有以下几种情况：人们会选择最能满足他功利需要或精神需要的信息加以关注；在这个前提下，他会进一步选择那些容易获得、容易理解的信息，选择那些接收成本低的信息；人们往往注意并赞成那些同自己原有观点相一致的信息，回避、拒绝与自己观点相左的信息，以避免心理上的不适；人们不仅注意与己有关的信息，也会注意与自己关系最密切的亲朋好友可能关心的信息等。

（2）选择性理解。是指受众成员由于自己原先的经验、知识、态度和价值观的不同，会对同一信息作出独特的解释，使之与原有的认识相协调而不是相冲突。一般而言，与受众内外特征较一致的信息，受到曲解的程度较低；反之，则较高。与事实有关的信息被曲解的程度较小，与价值有关的信息被曲解的程度较大。

（3）选择性记忆。所谓选择性记忆是指人们根据各自的需求，在已被接受和理解的信息中挑选出对自己有用、有利和有价值的信息，然后储存在大脑中。研究表明，人们对刺激强度大的信息容易记住，对十分有利于自己的或明显反对自己的以及最感兴趣的那些信息容易记住，对那些反复接触到的信息也容易记住。在一般情况下，容易记住那些投合自己观点的信息，忘却那些与自己观点不一致的信息，这有利于保持人们心理上的舒适。

2. 使用与满足理论

使用与满足理论，把受众看成是有着特定“需求”的个人，把他们的媒介接触活动看成是基于特定的需求动机来“使用”媒介，从而使这些需求得到“满足”的过程。这是一种以受众为中心的理论。它表明，受众是主动的，受众对大众传播媒介的运用在很大程度上是有目的的，而不是盲目的。

选择性定律和使用与满足理论进一步表明在传受过程中，受众的被动性是相对的，而不是绝对的。受众不是无所作为的靶子，而是在被动中有不可忽视的主动性。公共关系传播者要想影响公众，必须深入地了解公众，科学地研究公众，按客观规律办事，而不能一厢情愿地凭主观意愿进行传播。

3. 个人差异论

传播者常常会发现，相同的讯息在不同的受众那里取得的效果也大相径庭，这是由受众自身的个体差异所造成的。

个人差异论最早由霍夫兰在 1946 年提出。这个理论的中心思想是：每个人不仅有来自先天和后天的个体特征，如年龄、性别、兴趣、智力、经历、价值观等，不可能完全一致，而且由此形成的心理（认知、动机）结构和行动结构也不尽相同。因此，面对同一信息，他们的反应各异，乃至千差万别。心理学研究表明：

（1）自信心越强，可说服性越低；自信心越弱，可说服性越高。

（2）具有“可说服性”、自尊较弱的人对自己评价较低，态度较容易改变，自尊较强的人的态度不大容易改变。

（3）传播对象原有信念强度的影响有 4 种情况：

事实既成程度——一个人主动采取某种行动后，就会产生一种肯定自己行为的倾向，很难接受否定其行为的观点。

声明的公开程度——一个人公开表明某种态度后，就很难改变态度。

对信息选择的自由程度——如果一个人自愿接收某一信息，他就会为这种信息所持的观点辩护，而如果他被迫接收某种信息，就不需要为接收的这一信息辩护。

对信息传播的参与程度——让传播对象参与传播活动，扮演传播者角色，他们卷入程度越深，对自己所传播的观点的感受也就越深，对这一观点的信奉也就越坚定。

4. 社会关系论

社会关系论是拉扎斯菲尔德、贝雷尔森和卡茨等人的研究成果。受众的社会关系对传播效果有着巨大的影响。社会关系主要包括人际网络、群体规范和意见领袖等，具体到受众的社会关系则主要有他们所属的工作单位、社会组织以及各种非正式的群体等。

研究结果显示，传播者与受众的社会关系越紧密，对传播效果的影响就越大；在受众成员之间，受众与其所属的群体之间，也是相互影响的，这种影响十分明显地左右着大众传播的效果。当人际影响与大众传播的方向一致时，它可以提高大众传播的效果；相反时，它可能会较大地削弱大众传播的效果。

5. 沉默的螺旋

“沉默的螺旋”概念最早见于诺依曼 1974 年在《传播学刊》上发表的一篇论文，1980 年以德文出版的《沉默的螺旋：舆论——我们的社会皮肤》一书，对这个理论进行了全面的阐述。

该理论表明，意见的表明和“沉默”的扩散是一个螺旋式的社会传播过程。个人在表明自己的观点之际首先要对周围的意见环境进行观察，当发现自己属于“多数”或“优势”意见时，他们便倾向于积极大胆地表明自己的观点；当发觉自己属于“少数”或“劣势”意见时，一般人就会屈于环境压力而转向“沉默”或附和“优势”意见。也就是说，一方的“沉默”造成另一方意见的增势，使“优势”意见显得更加强大，这种强大的力量反过来又迫使更多的持不同意见者转向“沉默”。如此循环，便形成了一个一方越来越大声疾呼，而另一方越来越沉默下去的螺旋式过程。诺依曼认为，任何“多数意见”、舆论乃至流行或时尚的形成，其背后都存在着“沉默的螺旋”规律，社会生活中的“舆论一边倒”或“关键时刻的雪崩现象”，正是这一规律起作用的结果。

“沉默的螺旋”理论对于公关传播者的意义在于，在传播中，努力保持自己“优势”意见的地位。如果是处于沉默的一方，也要努力地扭转局势，改变群体已有的合意并推动新的合意的形成，不可一直沉默下去。

五、传播效果

传播者进行传播，其目的总在于取得某种预期的效果。在传播学研究领域，传播效果具有两重含义：其一，它指带有说服动机的传播行为在受传者身上引起的心理、态度和行为的变化；其二，它指传播活动尤其是报刊、广播、电视等大众传播媒介对受传者和社会所产生的一切影响和结果的总体，不管这些影响是有意的还是无意的，直接的还是间接的，显著的还是潜在的。

对于公关传播而言，传播效果主要指传播活动在多大程度上实现了传播者的意图或目的，它所引起的受传者认知、情感、态度和行为的变化是否符合公关传播者的期望。议程设置理论、两极传播理论和创新扩散理论对公共关系具有重要的指导作用。

1. 议程设置理论

“议程设置功能”作为一种理论假说，最早见于美国传播学家 M. E. 麦库姆斯和 D. L. 肖 1972 年在《舆论季刊》上发表的一篇论文，题目是《大众传播的议程设置功能》。

麦库姆斯和肖提出，媒体“议程设置”有两个进程：一是议题的显著度从媒体向公众的传播过程，这是一个外显的过程；二是公众不断接受媒体传播信息的过程，这是一个内隐的过程。在媒体和公众议题之间存在着一种因果关系，即新闻媒体的优先议题会成为公众的优先议题，媒体的信息会潜移默化地影响受众把某些新闻列为重点。正如科恩所言，“在大多数情况下，报界在告诉它的读者如何思考时并不成功；但在告诉读者该想些什么时却惊人地成功”。

大众传播的“议程设置”效果主要有 3 种机制：

第一种机制是“知觉模式”，也叫“0/1 效果模式”。也就是说，大众传媒报道或不报道某个“议题”，会影响到公众对该“议题”的感知。

第二种机制是“显著性模式”，也叫“0/1/2 效果模式”，即媒介对少数“议题”的突出强调，会引起公众对这些议题的重视。

第三种机制是“优先顺序模式”，也叫“0/1/2…N 效果模式”，即传媒对一系列“议题”按照一定的优先顺序所给予的不同程度的报道，会影响公众对这些议题的重要性顺序所作的判断。

一般认为，大众传媒主要是通过这 3 种机制来设置议程的。而且，从“感知”到“重视”再到为一系列议题按其重要程度排出“优先顺序”，这是一个影响和效果依次累积的过程，越往后效果越大，影响也越深刻。

研究表明，报纸的“议程设置”对较长期议题的“重要性顺序排列”影响较大。而电视的“热点化效果”比较突出；报纸的新闻报道形成“议程”的基本框架，而电视新闻报道则挑选出“议程”中若干最主要的“议题”加以突出强调。

议程设置理论告诉我们，就物理视野和活动范围有限的一般人而论，这种关于当前大事及其重要性的认识和判断，通常来自于大众传播，大众传媒不仅是重要的信息源，而且是重要的影响源。

2. 两级传播理论

两级传播理论是传播学四大奠基人之一拉扎斯菲尔德 1940 年提出的。在该理论中，他首次提出了“意见领袖”的概念。意见领袖是指在传播活动中表现活跃的一小部分人，他们对某方面的事态发展比较关心，比较了解，并积极主动地向群众传递有关方面的信息，并且作出解释。所谓两级传播，是指信息并不总是由大众传播媒介直接传达给每一个受众，在不少情况下，信息是先传给意见领袖，再由意见领袖传播给其他受众。

第一级传播属于大众传播，第二级传播属于人际传播。两级传播理论等于把人际影响同媒介效应结合为一体，意在表明人际传播的效应要大于大众传播，或者说在信息的流通中人际网络的影响要大于媒介渠道的作用。两级传播理论启示着公共关系的传播者，要善于识别公众中的“意见领袖”，从而依靠他们将信息传播得更广。

3. 创新扩散理论

“创新扩散理论”又叫“创新推广模式”，由美国著名的传播学家弗里特・罗杰斯在 1962 年出版的《创新发明的推广》一书中提出，曾一度成为发展传播研究的主导范式。它表明了一种新观念、新风尚在社会系统中推广或扩散、传播的过程。这一理论把新事物传播的过程归结为受到以下 4 个因素的影响：

（1）新事物。这可以是新发明、新知识、新概念等。人们在决定是否采纳某一新事物时，通常考虑是否能获得利益，与过去价值、经验是否容易协调，采用的复杂性程度如何，即试验性与可观察性如何等。

（2）传播推广的渠道。这包括大众传播和人际传播。大众传播改变认知较好，人际传播改变态度和行为更有效。同时，新事物传播者与接受者同质性越高，传播的效果就越好；反之，传播的效果则越差。

（3）推广阶段。一般新事物的传播要经历 4 个阶段：知晓——劝服——决策——证实。知晓是个人获得某一创新信息的阶段；劝服是个人对创新信息感兴趣，寻找材料来分析，并形成赞成或是反对态度的阶段；决策是个人分析自己是否有条件，是否有助于实现自己的目标，从而决定采纳或是拒绝某种创新，作出选择的阶段；证实是个人谋求加强他正在进行的决策的阶段，如果面临分歧的意见信息，他可能改变他以前的决策。

（4）人。罗杰斯依照创新性程度又分为创新者、早采用者、早跟进者、晚跟进者、落后群 5 个类别。

六、反馈

在传播学中，把传播者从受众那儿获取传播的接收状况及接收后的反应过程称为反馈。反馈是体现社会传播的双向性和互动性的重要机制，是受众能动性的表现，也是确定传播效果的重要途径。

根据传播效果与传播者预期效果的关系，反馈可以分为正反馈和负反馈，即两者一致为正反馈，相反是负反馈。根据收集反馈的时间，又可以分为前馈和后馈，传播活动之前收集的反馈叫前馈，之后的叫后馈。前馈有助于了解受众，提高传播的针对性和效果，后馈有利于评估传播效果。

1. 布里德潜网

布里德是美国一位研究控制问题的专家。他认为，在报社内部存在着一张无形的网，这个网一方面确保媒介组织既定的编辑方针顺利贯彻，另一方面又防止不懂规矩的外来者对媒介既定行规的袭扰。这张网看不见，摸不着，没有人对它进行解释，也没有明文规定。它是在媒介组织发展中形成的，暗中调节着媒介内部的人际关系，这就是布里德潜网。

布里德研究表明，媒介内部的布里德潜网实际上是社会控制体系在媒介内部的反应与媒介的个性传统的体现。“布里德潜网”一说有助于公关传播人员更好地监测组织的生存环境，从而作出有效的调整和改变。

2. 拟态环境

所谓“拟态环境”，即信息环境，它并不是现实环境的“镜子”式的再现，而是传播媒介通过对象征性事件或信息进行选择和加工、重新加以结构化以后向人们提示的环境。

这一理论是由美国著名新闻工作者李普曼提出来的。他认为，大众传播形成的信息环境（拟态环境），不仅制约人的认知和行为，而且通过制约人的认识和行为来对客观的现实环境产生影响。这样，使得现代环境不仅越来越信息化，而且信息环境也越来越环境化。大众传播提示的信息环境，越来越有演化为现实环境的趋势。

拟态环境理论启示公共关系传播者，现实环境已经分化为客观环境和信息环境两种，而这两种环境，尤其是信息环境会对公关传播产生影响，我们不能忽视这种影响。

第二节　关系传播维度与要素

“人们不能不传播”。这是传播学的一条金科玉律，它的意思是，任何行为都是一种潜在传播，在其他人在场的情况下，你与其他人的关系总是在传播之中，即使你不想与对方建立关系，你所表现出来的“无传播”关系本身也是一种信息。

事实上，传播永远不是一个简单的信息链条，任何一个既定的行为链都可能以不同的方式被“标点”，这种不同的方式就是指不同的关系背景。

小约翰认为：第一，关系总是与传播有关，不能与传播分离的；第二，关系的本质是由关系成员的传播行为决定的；第三，关系通常是含蓄模糊、不清晰的；第四，关系总是随着卷入关系方的传播过程而发展的。总之，关系是动态的、网状的。①

因此，传播的本质是寓于传播关系的建构和传播主体的互动之中的，传播是社会关系的整合，并且关系总是按照自身的意志来裁剪传播内容的，传播是通过一种被传播的内容来反映或说明一种关系的。

在信息传播中，人们常用的符码是语言，比如声音、词汇、短语等都是用来传播内容的数字式符码，它们往往具有较为明确的意义和内涵。

而在关系传播中，则主要使用非言语，比如面部表情、姿态、手势、时空环境等这些类比式符码，来传递较为潜在的、深层的情感和内涵，来评述与他人的关系。

---

① Stephen W. Little John，Theories of Human Communication［影印］（《人类传播理论》），清华大学出版社，第 235 页。

比如，父亲看到女儿在操场上摔倒了，他马上会说："别哭，爸爸来了。"这句话的内容信息非常明确，但是关系信息呢，则取决于这一信息的表达方式，父亲传播的可能是担心、恐惧、愤怒、厌烦或宰制，与此同时，他可能会传播几种不同的感性认识："你真不当心"、"你一刻也不让人省心"、"我对你够关心的了"等，因此，一旦涉及关系，就会出现"行胜于言"的状况。

研究表明，在一个传播过程中，关系高于内容，关系影响内容，关系决定内容。当传播者和接受者之间的关系达到最饱和状态时，传播将产生一种催眠效果，这个时候的内容信息接近零度，也就是说，内容已经失去意义，只剩下最纯粹的传播关系，一个最典型的例子就是，热恋中的双方喋喋不休，有效信息极少，甚至是没有信息量可言的，但正是在对"真实的废话"的不断重复中，情侣关系得以建立和巩固。

比较而言，公共关系理论基本上是遵循传统主流传播学研究的线性模式。大众传播视角重在强调"信息层面"的策略和效果研究，组织传播视角强调"文化层面"策略和效果研究，人际传播视角则强调"情感层面"的关系维持与发展。它们基本上是将"传播"和"关系"分离开来，要么以"传播"为研究单元，传播既是目的又是手段；要么以"关系"为基本单元，传播从目的退回到战略工具的地位，人际关系研究被大大强调，而人与环境关系的研究又被忽略，在人际传播视野下，公共关系研究始终无法形成一个统一的理论。

关系传播理论的代表巴罗阿多（Palo Alto）学派反对根据线性单向模式而构造起来的效果研究，他们提出，对于说服、宣传和研究大众传播效果来说，单向模式可能是非常适用的，但是这种假定的线性因果关系并不适合作为相互联系与相互影响的以"关系"为中心的传播。

本书认为，公共关系学只有建立在"关系传播理论"基础之上，才能够形成一个相对统一的知识体系。用马克思的话来说，我们不能真正分开传播手段和传播关系，它们在一起组成传播模式。

一、关系的基本维度

所谓"关系"，是指基于相互影响模式下对双方彼此行为的一组期望。一般情况下，关系存在于下列情形：

第一，相互作用的事物彼此感知并且彼此考虑；第二，具有某种相互影响；第三，对于"关系"的本性是什么和赋予"关系"的本性的适当行为是什么达成了某种共识。

根据这个定义，一个成功的关系，是由相互的感知、影响、利益和行为决定的，由此而论，公共关系传播便意味着对组织和它们重要的公众之间共赢关系的发展、维持、成长以及培育。

1995 年，伍德（Wood）通过对 700 多篇论文和书籍进行研究，提出了满意人际关系的四个基本维度：投资、许诺、信任、相互约束的舒适。①

“投资”是衡量关系建立的维度。指的是关系双方对建立关系的投入状况，比如投入的时间、能量、感情、努力和其他资源等。投资对等的程度，影响着关系满意的程度。调查显示，如果双方都相信在这种关系中每人的付出是平等的，那么这种关系是双方最满意的。

“许诺”是衡量关系维持的维度。指的是关系双方一起面对不可避免的困境时的共同选择和责任，这表明，困境是加强关系的机会，而不是终止关系的借口。

“信任”是衡量关系加强的维度。指的是关系双方能够相互依赖的情感，具有一种高度的可预言性，因为每个人都相信他的同伴是可靠的（dependable）、可信的（reliable）、直率的（forthright）以及值得信赖的（trustworthy），也就是说，双方都认为，维持其长期关系是一件至关重要的事情，每一方都依靠对方去保护这种关系的利益。

“相互约束的舒适”是衡量关系对称的维度。这种对称包括自治（autonomy）与关联（connection）的对称，开放（openness）与封闭（closeness）的对称，新奇（novelty）与可预言（predictability）的对称。比如，多数人既喜欢独处，又喜欢热闹，既希望被人了解，又希望保有隐私。这种矛盾的紧张状态达到一种和谐，这种关系就能够长久。

总之，“人是关系的动物”，有生命，就有关系 ，生命就是一直在人我关系中活动的过程，没有关系，就没有生命，不了解关系，我们就会混乱、挣扎、徒劳无功。所以，关系动机在于依赖，即经济依赖和心理依赖，它们构成了关系动机的两个核心要素，经济依赖反映了来自外部的物质需求动机，比如对衣、食、住、行等的需求；心理依赖反映了来自内部的情感需求动机，比如自尊自重、归属感、身份感等。一般来说，个体的情感维度，是核心驱动力，也是所有行动的基础。

---

① 参见 Rudolph F. Verderber，Kathleen S. Verderber：《人际关系与沟通》，杨智文化 1996 年版。

二、组织—公众关系的基本要素

根据格鲁尼格和艾林的卓越理论，组织—公众关系的4个基本要素是：信任、相互控制、关系满意和关系承诺。下面具体介绍这4个维度：

1. 相互控制（Control Mutuality）

相互控制是指“一方决定其有充分的权力影响另一方的程度”，相互控制的概念反映了关系中的“权力分布”、“权力建构”、“授权”等思想。为了维持一个稳定的、积极的关系，双方之间的相互控制在某种程度上是存在的，研究表明，相互控制和信任是调节公共关系战略、解决冲突的两个主要变量。

2. 信任（Trust）

信任是指“一方愿意对另一方敞开自己的意愿和信心程度”，信任强调了一个人愿意敞开自己去公正诚实、光明正大地与对方交往的信心和意愿。

信任是公共关系领域中的一个至关重要的构成要素，布鲁宁和莱丁汉姆把信任设置为组织—公众关系量表的9个面向之一，同样，拉丽莎·格鲁尼格 和艾林也强调了信任和可靠性的重要性，因为来自公众的信任能够决定一个组织的生存，信任在人际传播和蕴涵着危机的组织冲突中也是一个非常重要的概念。

研究证明，除了相互控制以外，信任是组织—公众关系量表中第二个重要的元素，组织与其公众之间的信任，可以调节公共关系战略对解决冲突的效果，更具体地说，一个组织的对称/伦理传播或双向传播的运用，能够在组织—公众关系中产生信任，反过来，信任的感觉又能够减少一个公众可能采取个体战略的可能性，信任的缺乏会导致公众采取“被迫战略”。

3. 关系满意（Relational Satisfaction）

所谓关系满意，是指“一方因为对关系的积极期待被强化而产生的喜欢另一方的程度”；从一个社会交换的视角看，一个满意的关系是指“一个人的贡献及所得到的回报是公平的，并且关系回报超出其付出”。与相互控制和信任不同，关系满意与认知面向有关，并包含了喜爱等情感因素。

关系满意度是保持有效关系的一个标志，是关系质量的一个决定因子，组织和公众双方对于彼此关系的满意程度是精确测量组织及其战略公众关系的一个重要指标。关系评估的一个主要领域就是关系满意，因此需要运用大量的测量方法来评估感觉、想法，或者亲密关系中的行为。

4. 关系承诺（Relational Commitment）

从关系营销的角度看，关系承诺定义为“交换一方相信与另一方的关系现状是很重要的，保持这种关系可以保证回报最大化；就是说，承诺方相信关系是值得促进和令人享受的”，承诺是“一种持久的保持关系的愿望”，承诺是公司和伙伴方关系的核心要素。

承诺包括两种类型：情感承诺和持续承诺。情感承诺是指对一个实体的情感和感情，一般来说，对组织承诺的测量主要集中在情感承诺上，组织承诺具有以下特征 ：

第一，组织目标和价值观的高度认同和信仰。

第二，为了组织的利益而竭尽全力。

第三，保留组织成员身份的强烈渴望。

持续承诺意味着某种作用线的持续，持续承诺被定义为在组织情境中，由于员工知道离开组织所造成的后果而愿意继续对组织承诺的程度，因此，情感承诺和持续承诺都应该作为公共关系项目的一个结果，并列入关系承诺概念。

总之，信任、相互控制、关系满意和关系承诺代表了组织和公众之间彼此信任的程度、相互影响的程度、相互满意的程度、一方对另一方承诺的程度。确切地说，就是“双方达成有权相互影响的程度（相互控制）”、“一方的相信程度以及愿意向对方开放自己的程度”（信任）、“由于对关系强化的积极期待，一方对另一方喜欢的程度”（关系满意），“一方相信和感觉关系值得投入精力的程度”（关系承诺），它们是组织—公众关系质量的 4 个核心特征，这 4 个关系特征之间具有高度的相关性。相互控制反映了在 OPRS 中，权力具有不可避免的不对称性本质，同样地，信任和满意反映了所有关系的认同和情感因素，而承诺水平反映了资源互换的程度，资源互换包括人际关系的情感和心理因素以及组织内部关系的行为因素。

有学者提出，人情与面子是反映东方文化的第五个维度。中国文化是以关系导向或者社会导向为特征的，在本质上，人们的存在是通过与他人的关系来定义的，人们的关系是按照等级制度来建构的，社会秩序是通过每一方在关系角色中的荣誉地位来保证的，因此，人情和面子被定义为组织—公众关系中一种可以交换的资源，人情和面子可以理解为两个方面：实用战略和资源共享。

三、关系传播的三个维度

我们知道，要维持一种关系，一方必须对另一方进行传播，只要人们进行传播，他们就形成关系，当人们停止传播，关系就开始削弱了，但并不是说，传播的连续性就等同于关系的连续性，有时候，身体间的互动是不连续的，可关系却是连续的，但是，一旦人们真正停止传播，并且不参与以后的互动时，他们的关系就结束了。因此，为了维持一种关系，人们必须维持传播。同样，关系质量主要是由关系中的传播质量所决定的，因此，为了维持关系质量，人们必须维持传播质量，传播是关系维持的关键。

罗杰斯在创新—扩散理论中，把大众传播的过程分为两个方面，一是作为信息传递过程的“信息流”，二是作为效果和影响产生和波及过程的“影响流”，“信息流”是一级传播，可以经由传媒直接流向一般受众，“影响流”是多级的，要经过人际传播中很多环节的过滤。如图 7-3 所示。

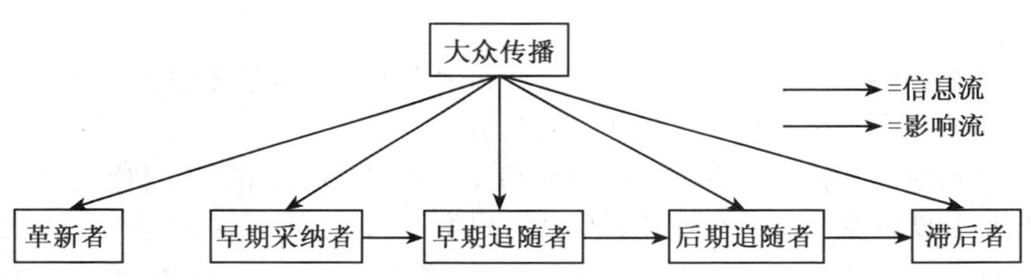

图 7-3　新事物普及过程中“信息流”和“影响流”

从公共关系生态论的角度看，任何一个组织中的关系传播都不是一维流动的，而是多维流通的。比如，从内容维度来看，关系传播流包括信息流、文化流和情感流，具体地说就是由“社会层面”的关系、“文化层面”的关系和“人际层面”的关系这三种关系所构成的一个传播的连续统一体；从目的维度来看，公共关系意义上的关系传播流是一个从完全无意识、无计划的日常性传播到完全有意识、有计划的战略性传播的变化连续体；从强弱维度来看，关系传播流就是一个从强关系到弱关系的传播变化连续体。如图 7-4 所示。

1. 强弱维度

一个关系是如何形成的？在很大程度上取决于人们对这种关系的渴望，在一个规范的社会或组织中，由于社会结（比如家庭关系）、工作结（比如

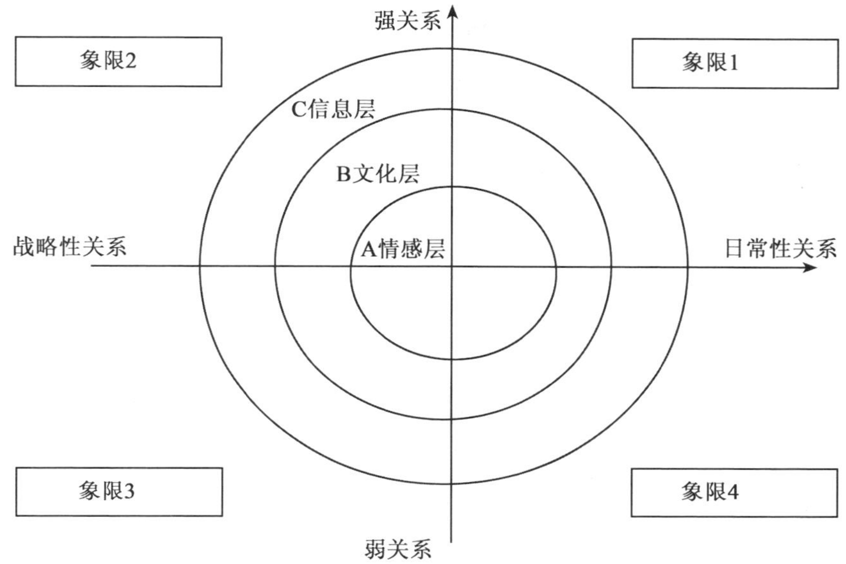

图 7-4　关系传播流的 3 个维度

压力集团）和空间结（比如社区）的存在，一些不情愿的关系也需要保持，也就是说，关系渴望的程度会影响关系维持的强弱程度。

社会学家格兰诺维特提出，“互动频率、情感强度、亲密关系和互惠交换”，是测量关系强弱的四个维度，并由此提出“弱关系理论”，也叫“弱连带优势理论”。① 如图 7-5、图 7-6 所示。

弱连带多的人可以在建立情报网、经营知识创新、求职、口碑行销、建立客户关系以及寻找商业伙伴上占有优势。

若一个人拥有很多弱连带，尤其是拥有“桥”，那么他在资讯获取上会有极大的优势，在资讯传递上也常常居于关键地位。

一个社区内若有许多内部连带紧密的小团体，小团体间的弱连带却很少，则讯息会限在某些团体内，传播效果很差，反之，小团体少，弱连带多的社区，则讯息传播快速。

---

① Kolankiewicz, George, Social Capital and Social Change. British Journal of Sociology. 47: 427-441, 1996.

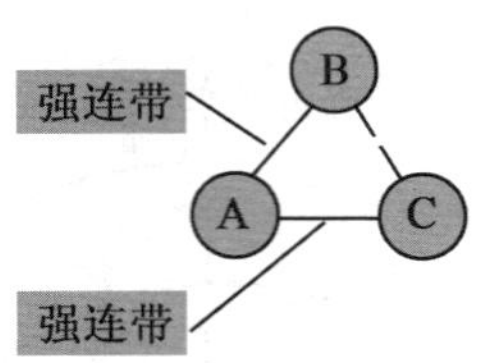

当 A 和 B 及 A 和 C 是强连带时，B 和 C 发展出强连带的概率也相应增加。

图 7-5　强连带优势图

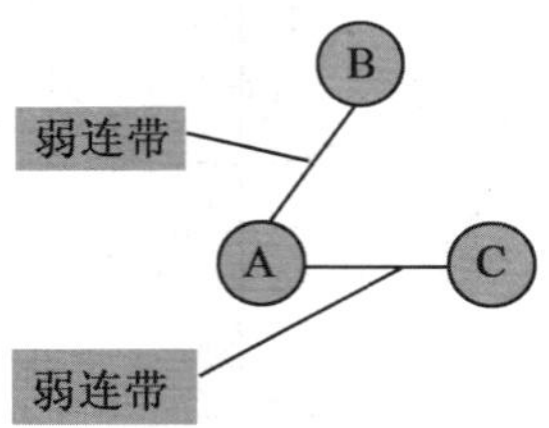

当 A 和 B 及 A 和 C 是弱连带时，A 在资讯传递上可以扮演“桥”的角色。

图 7-6　弱连带优势图

该理论认为：强关系是群体内部连接的纽带，由此获得的信息重复性高，而弱关系则是群体之间的纽带，由于掌握着不同的信息，因而它提供的信息重复性低，具有弱连带优势，充当着信息桥的角色，弱关系是传递信息的有效桥梁。

香港学者边燕杰针对中国的特殊情况，提出了与格氏截然不同的强关系假设。① 他认为，由于中国社会的文化背景不同，是强关系而不是弱关系承担着桥梁的作用，在伦理本位的中国社会条件下，社会网络不再是信息桥，而是人情网。人情关系的强弱与获得照顾是正相关的：人情关系强，得到照顾的可能性就大；人情关系弱，结果不得而知；没有人情关系，除偶然的例外，不会得到照顾，信息的获得只是人情关系的副产品。

从关系传播的角度来看，关系的强弱并不是纯粹的强关系或者弱关系，它会随着传播程度和战略需要而变化，同样一种关系在有些时候是强的，有些时候是弱的。比如消费者在某些时候偏爱某一品牌，过一段时间其态度转

① 边燕杰：《社会网络与求职过程》，见涂肇庆、林益民：《中国改革时期的社会变迁：西方社会学研究评述》，牛津大学出版社 1999 年版，第 110 ~ 138 页。

为不满、厌恶、不予理睬等。

在关系过程中，我们可以使用4种方法来影响关系强弱的程度。

第一，调整组织的形象定位或者品牌个性。比如当麦当劳将其形象定位在“家庭般的欢乐”上时，它和家庭、社区是一种强关系，和体育运动则是一种弱关系，而当它改变其形象定位为“运动、健康”后，与体育界的关系就变成强关系。

第二，利用公共议题获得社会支持。来自社会的公共议题可以形成舆论氛围，制造一种社会支持，这些社会支持可能来自不同的渠道，在强关系中，社会支持来自内部系统和外部系统，有人把内部支持称为“劝告”，把外部支持称为“共享网络”，在弱关系中，支持最有可能来自关系外部的人们，虽然社会支持对于所有的关系都是很重要的传播行为，但它对弱关系特别重要。由于不同的支持逻辑可以改变关系的强弱程度，使它们处在一个变化的连续体中。

第三，采取建设性与毁灭性的传播行为，使关系强弱发生变化。建设性维持战略和毁灭性维持战略是有差异的，一般而言，关系维持战略有3个基本维度：建设性与毁灭性；正反感情并存与满足使用；前摄与被动。大多数关系传播都集中在前摄的、建设性的关系维持上，公共关系活动的目的就是广泛建立弱关系，不断维持强关系，并建立二者之间的有机转化。

第四，增强关系维持的意愿和活动。维持过程本身可能会受到关系强弱程度、维持活动意愿的影响，在一个弱关系中，人们可能会更有意识地维持关系，但是与强关系相比，开展维持活动的意愿却比较弱。比如在组织—环境主义者关系中，组织会有意识地加强环保意识和措施，尽量减少与环境主义者的冲突，但是在一般情况下，它们不会主动与之沟通对话。相反，如果该组织的形象定位就是注重环保，如壳牌润滑油、杜邦化工公司等，它们和环境主义者的关系就是一种强关系，那么其关系维持的意愿和活动都会增强。

2. 目的维度

关系传播的目的维度，可分为战略性维持和日常性维持，战略性维持是指有意识、有目的的维持；日常性维持是维持意识比较弱，并且没有关系维持的意图。关系维持行为到底是战略的还是日常的？这并不是一个简单的议题，有意识、有目的的关系维持很可能存在于一个连续的统一体中。

在战略性维持和日常性维持之间，有3种可能性存在。

第一，一些行为本身就是从战略伙伴关系开始的，但是随着时间的变化成为日常性行为。研究发现，战略性维持与关系长度之间存在消极相关性，日常性维持和关系长度之间有积极相关性，它主要是通过人脉、任务共享和冲突管理来进行维持。总之，随着时间的变化，战略性维持行为会变为日常性行为。

第二，就日常性维持和战略性维持之间的关系而言。有些行为是被一些伙伴日常性执行，却被另一些伙伴战略性执行。研究发现，在战略性维持行为中，积极的相关性从中到强，在日常性维持行为中，积极的相关性也是从中到强，而日常性维持和战略性维持之间却没有关系。

第三，同样的行为在某些场合被战略地使用，而在另一些场合却被日常化使用。研究也发现，所有的维持行为既可以战略地执行，也可以日常化执行。

在公共关系研究中，对战略性维持的讨论是最多的，最典型的就是格鲁尼格及其同事历时 10 年的卓越公共关系与传播管理研究。该研究从项目层面、部门层面、组织层面和经济层面探讨了战略性传播对卓越公共关系的贡献。

对日常性传播的研究也比较多，但是很分散零乱、肤浅，主要集中在组织内部关系的传播管理。

在这个目的维度中，公共关系研究必须回答的是：战略性传播是如何实现的，何时实现的？日常性传播是如何以及何时实现的？战略性传播和日常性传播之间是如何相互转化的？

3. 内容维度

根据人类传播的质量，美国人际传播学家斯图尔特把人类关系分为 3 个层面："社会层面"的关系、"文化层面"的关系和"人际层面"的关系。这 3 种关系均处在一个传播的连续统一体中。人际传播既可能是偏重社会的，也可能是偏重文化的或者人际的。社会层面的关系体现了一种以社会分工信息为主的角色关系；文化层面的关系体现了一种以文化信息为主的价值观关系；人际层面的关系体现了一种情感关系。斯图尔特认为，真正的人际关系是一种在交往运动中得以保持的，从社会关系向文化关系滑动，最终达到人际关系的传播过程。

因此，从关系传播的内容来看，可以分为 3 个层面：信息层、文化层和情感层。

（1）信息层

在一个组织中，其信息由于加工渠道或处理地点的不同可凝结在 4 个层面上：

一是组织战略层信息。在组织确定其战略时，描述了其战略使命、宗旨、目标和政策等，这会形成一定的组织愿景和规治场，它们所散发的信息将指导整个组织运营。

二是组织执行层信息。如采购、生产、营销、人事、会计等职能部门的信息。

三是顾客界面信息。包括市场需求、消费结构、水平、渠道和技术信息，以及国际市场发展状况等信息。

四是社会环境信息。它包括人口、非生产力、生活水平、生活习惯、审美观念以及政策与法规、经济动态、科技发展与进步等信息。

信息流传播是一种双向传播，既是内向性的也是外向性的。内向性信息流就是指流入组织的信息，包括来自各种媒介的宏观经济信息、行业信息以及来自市场的反馈信息；而外向性信息流，则是指组织通过各种媒介发布的产品信息、服务信息、组织形象信息等。

在两种信息流中，组织中的公共关系人员所扮演的角色不同。在内向性信息流中，公共关系人员扮演着边界扫描者的角色，而在外向性信息流中，则扮演着信息发布者和形象代言人的角色。在双向传播过程中，反馈和对话的存在是区分双向传播与单向传播的一个关键。

（2）文化层

文化层包括了关于关系的价值观、信仰和行动规则，这些价值观在关系维持过程中有着丰富的内涵，文化价值观分为 3 个层面：通用的、集体的和个人的。

通用层面价值观是最基础的和人类精神共享的，它包括一些基本的表达行为，比如笑、哭的文化内涵；集体层面价值观是由某些人而不是所有人共享的，对于某一个团体或者类别，它们拥有共同的价值观。个人价值观是最独特的，在某些集体文化中代表着一个行为的多样化。

文化价值观的 3 个层面以个体文化、组织文化和社会文化的形式构成了公共关系传播实践的 3 个紧密相连的内容。

文化人类学家赫尔把世界文化分为高情境文化与低情境文化。在高情境文化中，比如中东、日本、中国，人们使用比较含糊的传播信息，这一信息不能被来自外部团体的人们所理解，人们更多地是按照内群体和外群体来思考问题，他们之间依赖感比较强。在低情境文化中，比如美国、西欧，接受者不会期望通过外部情境的辅助解释来理解信息，传播信息是清晰的，成员之间更加个性化，属于弱文化。由此我们可以看出，低情境文化要求清晰的传播，高情境文化传播则比较模糊，低情境文化是弱关系，高情境文化是强关系。

霍夫斯泰德（Hofstede）提出的文化四维度更加具体地体现了文化、关系和传播的相关性，这 4 个维度是：权力差距、不确定性规避、男性主义—女性主义 以及个人主义—集体主义。

权力差距是指因文化不平等而带来的根本差异。权力差距是对老板和下属之间的人际权力或影响力的一种测量，在高权力差距文化中，公共关系人员也许无法参与决策，在一个低权力差距的文化中，公共关系人员可能有一些影响力，或者最起码有资格进入权力联盟，这种进入对公共关系从业者有着直接的影响，因为这样他可以建立组织与公众的关系。

不确定性规避（UA）是指人类应付模糊和危机的能力，组织规则和工作重点是其中很重要的部分，对于公共关系人员来说，不确定性规避的程度不仅会影响组织的内部传播，而且会影响与外部公众沟通的灵活度。在一个高 UA 组织中，如果没有组织的事先认可，公共关系人员也许不能够进行传播，这种对公众需求缺乏快速反应的能力也许会影响关系的建立，相反，在一个低 UA 组织中，较少的约束和控制使得公共关系人员能够更好地控制其传播行为及其与公众关系的建立。

男性主义—女性主义维度主要是检验在一个文化中，组织传播行为的男性特征和女性特征。研究表明，在一个高男性主义文化中，其传播行为更注重物质层面，比如提升、机会和成功等。在一个高女性主义文化中，其传播行为更注重在工作质量方面，包括工作环境、氛围以及和谐的工作关系。这个文化维度显示女性比男性更擅长关系的建立。或者说，女性主义反映了一种强关系，男性主义体现了一种弱关系。

个人主义—集体主义维度与关系的强弱更直接，霍夫斯泰德认为，个人主义—集体主义是处于不同文化的主要层面之一，他把个人主义定义为个体的人对于群体、组织或其他团体的情感独立。个人主义强调自我取向，是一种弱关系，集体主义突出关系取向，是一种强关系，这种文化差异不仅影响关系模型，而且进一步强烈影响着传播模式，这也是未来公共关系研究的重点之一。

（3）情感层

情感层体现的是个体对关系传播的影响，“关系动机”理论认为，个体的情感维度是关系的核心驱动力，既是所有行动的基础，也是所有行动的结果，所以它处在整个关系圈的中心位置。我们可以以 3 种方式来理解这个情感层。

第一，可以把情感看作一种干扰变量，能够影响关系过程的发展。例如，一个人的交往风格可能会影响他如何维持关系，以及动用关系资源的能力，关系的建构和维系，必需借助个人的煽情方式，发挥个人的主观能动性。

第二，可以把情感看作一个工具，通过对感情的投资来促成关系的发展。

第三，把情感看成是关系维持的一个结果。正面的结果有爱情、亲情、友情等；负面的结果有仇恨、敌视、讨厌等。我们把关系的情感维度划分为 6 个要素：赞同、归属、公平，尊重、满意和信任，每一个要素都是关系追求的结果，情感层的传播模式是典型的对话传播。

第三节 公共关系传播模式

公共关系传播模式是公共关系工作的方法系统，是由一定的公共关系目标和任务，以及数种具体的方法和技巧构成的有机体系。

如前所述，根据信息传播和关系传播的特点，公共关系传播模式可以分为战术型和战略型两种。战术型公共关系模式，主要包括宣传型公关、交际型公关、服务型公关、社会型公关、征询型公关。战略型公共关系模式，主要包括建设型公关、维系型公关、矫正型公关、防御型公关、进攻型公关。

一、战术型公共关系模式

1. 宣传型公共关系

宣传型公共关系是运用大众传播媒介和内部沟通方法，开展宣传工作，树立良好组织形象的公关活动模式。主要做法是：充分利用各种传播媒介和交流方式，进行内外传播，让各类公众充分了解组织、支持组织，从而形成有利于组织发展的社会舆论。这种模式适用于新产品上市、新企业开张，以及需要广泛告知的事件。

其特点是主导性强、时效性强、传播面广、传播效果好。

根据传播对象的不同，此模式又可以分为内部宣传和外部宣传两种。

(1) 内部宣传

内部宣传是最常见的日常性公共关系工作之一。它的主要对象是内部公众，其目的是让内部信息自由流通，鼓舞士气，增强凝聚力。

内部宣传的常用手段有：企业报纸、员工手册、黑板报、宣传窗、闭路电视、演讲会、讨论会等。

（2）外部宣传

外部宣传是最主要的日常性公共关系工作之一。它的主要对象是新闻媒体和社会大众，其目的是希望能够在较短时间内形成良好的舆论环境，迅速提升组织的知名度和美誉度。

外部宣传的常用手段有：新闻报道、专题通讯、经验介绍、记者招待会、公关广告、展览会、制造新闻等。

2. 交际型公共关系

交际型公共关系是在人际交往中开展公共关系工作的一种模式，其目的是通过人与人的直接接触，进行感情上的联络，为组织广结良缘，建立广泛的社会关系资源网络，形成有利于组织发展的人际环境。这种模式适用于目标明确的传播和沟通。其特点是：针对性强，灵活性强，情感性强，反馈直接迅速、传播效果好。

根据交往对象的不同，此模式又可以分为团体交际和个体交际两种。

（1）团体交际

团体交际是一种最容易操作的公共关系活动模式，它的主要对象是各种利益相关者，比如内部员工、经销商、新闻界、忠诚消费者等。其目的是进一步加强和深化双方的感情联系。

团体交际的常用手段有：各种座谈会、招待会、工作午餐会、宴会、茶话会、舞会、参观游览等。

（2）个体交际

个体交际是一种最普遍的公共关系活动模式，它的对象是那些前来投诉的顾客、出色的内部员工、努力追求的舆论界名流等。其目的是获得这些舆论领袖的支持。

个体交际的常用手段有：交谈、接待、专访、祝贺、信件往来等。

3. 服务型公共关系

服务型公共关系是一种以提供优质服务为主要手段的公共关系活动模式，目的是以实际行动来获得社会公众的了解和好评，从而树立良好形象。所谓“公共关系90%靠自己干得好”，其含义即在于此。

服务型公关并不仅仅局限于服务行业，任何一类社会组织都可以向社会大众提供必要的服务。其常见的手段有：工业企业的售后服务、商业企业的优质服务、公用事业的完善服务、政府部门的公仆服务、消费教育和引导……

服务型公共关系，谋求的不仅仅是一种基本服务，还是一种区别于竞争者的扩展服务、超值服务。通过这种服务，可以建立起组织与社会大众之间的长期依存关系，以免遭竞争者的冲击与渗透，凸显自身的品牌个性。

4. 社会型公共关系

社会型公共关系是组织利用举办各种社会性、公益性、赞助性活动开展公共关系工作的模式。其目的是通过积极的社会活动，扩大组织的社会影响，提高其声誉。社会型公共关系主要有3种活动形式：一是以组织本身的重要活动为中心而开展的。比如公司的开业剪彩、周年纪念、大楼竣工等；二是以赞助社会福利事业为中心开展的公关活动。如赞助教育、希望工程、赞助公共设施建设等；三是资助大众传播媒介举办的各种活动，如赞助体育盛会以及歌唱比赛等活动。

5. 征询型公共关系

征询型公共关系活动是以提供信息服务为主的公共关系活动，目的是通过采集信息、舆论调查、民意测验等工作，了解社会舆论，为组织的经营管理决策服务。

征询型公共关系活动的形式包括：调查访问、热线电话、座谈会、广告等。

二、战略型公共关系模式

为适应不同的公共关系状态和社会环境，公关人员除了做好日常的战术型公共关系活动之外，还应在组织发展的不同时期提出不同的战略性目标，并选择相应的战略型公共关系活动模式。

战略型公关活动模式是指在一定时期内，组织为了达到宏观战略目标所选择的公关活动模式，这些活动往往由一系列或一组工作构成。常见的战略型公关活动模式有：建设型 、维系型 、进攻型 、防御型和矫正型。

1. 建设型公共关系活动模式

建设型公共关系活动模式是指在组织初创时期或新产品、新服务首次推出时，为打开局面而采用的公关工作模式，是打基础的模式。其主要功能是在组织初创时完善自我、精彩亮相、提高知名度、形成良好的“第一社会印象”，就是通常所说的“创牌子”。这种模式下活动的重点是宣传和交际、向社会公众介绍自己、使公众对新组织、新服务、新产品有所认识，引起公众兴趣，尽量使更多的公众知道、理解、接近自己，并获得公众的好感、信任和支持。

2. 维系型公共关系活动模式

维系型公共关系活动模式是指组织在稳定发展时用以维持、巩固良好公共关系的模式。这种模式的主要任务是通过不间断地宣传和工作，维持组织在社会公众心目中的良好形象。

在这种模式下，组织一方面开展各种优惠服务吸引公众再次合作，另一方面通过传播活动把组织的各种信息持续不断地传递给各类公众，使组织的良好形象保留在公众的记忆中，而不至于被公众遗忘。

3. 进攻型公共关系活动模式

进攻型公共关系活动是一种主动进取、争取公众、创造良好环境时采用的一种公关模式。这种模式要求组织运用一切可以利用的手段，抓住一切有利的时机和条件，以积极主动的姿态调整自身行为，改变环境，摆脱被动局面，创造有利于组织发展的新局面。这种模式的最大特点就是“主动”，如不断开发新产品和新市场，改变组织对环境的依赖关系；组织同业联合会，以减少与竞争者之间的冲突与摩擦；建立分公司，实行战略性市场转移，创造新环境、新机会等。

4. 防御型公共关系活动模式

防御型公共关系活动模式是组织为防止自身的公共关系失调而采取的一种公关活动。这种模式是用于组织与外部环境出现不协调或与公众发生摩擦苗头的时候，其特点是防御与引导相结合，多采用调查、预测手段。

公共关系人员应在组织发展顺利、组织—公众关系良好的时候，善于发现问题、预见问题，及时决定是否采用防御型公共关系模式，策划相应的活动，采取措施，防范危机于未然。

5. 矫正型公共关系活动模式

矫正型公共关系活动模式是组织遇到风险、组织的公共关系严重失调，组织形象受到严重损害时所采用的一种公关活动模式。其特点是“及时”：及时发现问题、及时纠正错误、及时改善不良形象。

在组织形象受到损害时，公关人员应立刻采取矫正型公共关系活动模式。查明组织形象受损原因，采取专业措施，尽量减轻损害造成的后果，矫正公众对组织的不良印象，挽回组织的声誉。

组织形象受损一般有两种情况，情况不同，应对措施也不尽相同。一种情况是由于外在的原因，如某些误解、谣言，甚至人为的破坏，致使组织形象受到损害。这时公关人员应及时、准确地查明原因，迅速制定对策，有效传达关于组织的真实的信息，纠正或消除损害组织形象的行为和因素。另一种情况是由于组织的内在原因，如产品质量、服务态度、环境保护、管理政策、经营方针等方面发生了问题而导致公共关系失调。这种情况下公关人员应及时把外界舆论准确地反馈给决策层和有关部门，采取实际措施纠正组织的不妥之处，妥善、合理处理与相关公众的关系，争取公众的谅解和回心转意。

案例讨论：无名的优质防晒油

某一制药厂开发出一种新的防晒油。这个新产品上市后必定会和同类型的多种产品相互竞争。立场公正的实验室测试的结果显示，这一产品对于阻挡 UVB 射线特别有效（UVB 会造成皮肤灼伤，甚至会造成皮肤提早老化）。这是很好的新产品，药剂师对它的评价也非常高。

不幸的是，一般大众对于这种新产品并没有任何认识，也被市面上品牌众多的防晒油搞糊涂了，不知道哪一种才是好产品？你受聘替该产品进行宣传推广，使用的传播媒体包括报纸、杂志、广播电台、电视台、网络。你有什么方法使这些媒体来报道这种新产品？

思考练习

1. 如何理解公共关系的信息传播和关系传播功能？
2. 举例说明信息传播理论在公共关系实践中的运用。
3. 关系传播的三个维度是什么？如何理解强关系和弱关系、战略性维持和日常性维持？
4. 战术型公共关系的活动模式和具体方式有哪些？
5. 举例说明战略型公共关系的活动模式和目的。

第八章 公共关系的程序

本章概要

- 公共关系工作过程可分为 4 个步骤：调查研究、制订目标、实施传播和评估结果。
- 调查内容因公共关系主体的不同而有所不同，调查方法主要有定性调查和定量调查。分析工具有 3 种：形象地位图、形象要素调查表、形象内容间隔图。
- 公共关系目标主要包括影响目标和工作目标两类，影响目标包括信息目标、态度目标和行为目标，工作目标是需要具体执行的任务目标。
- 实施传播阶段主要有以下内容：确定主题，策划活动，选择媒体，开展传播等。
- 结果评估主要是检测过程和评估最终目标。

核心概念

调查研究　制订目标　实施传播　评估结果

公共关系作为一种传播管理工作，有一套完整的传播过程。这个过程包括 4 个相互区别又相互连接的活动程序。正确的活动程序是公共关系工作顺利进行并取得成功的保障。根据国内外公共关系学者的研究和组织机构公共关系工作的实践经验，一般将公共关系工作过程概括为以下 4 个步骤：调查研究、制订目标、实施传播和评估结果。

第一节 调查研究

公共关系调查研究就是通过亲身的接触、广泛的了解和各种调查方法，充分地掌握有关组织公共关系的历史、现状和存在的问题，在占有大量信息和数据的基础上，对各类组织的公共关系状况进行全面的了解、分析和研究，为各类组织机构的公共关系战略决策提供依据，从而达到树立良好组织形象的目的。

一、调查研究的内容

公共关系调查的内容因公共关系主体的不同而有所不同。

1. 公共关系部门的调查内容

对于组织机构的公共关系部门来说，公共关系调查包括对组织自身基本情况的调查、对组织形象状况的调查和对组织所处社会环境的调查 3 个方面。

（1）对组织自身情况的调查

一个组织公共关系状况的好坏，首先取决于组织内部公共关系的状况以及与此相联系的各种条件。因此，公共关系调查首先应对组织自身情况进行调查分析。

组织自身的基本情况包括生产经营运作情况和组织全体成员的基本情况。前者又包括组织的历史发展情况；重大事件及其在社会各界公众中引起的反响；本单位所拥有的设备数量和科技领先程度；行政管理人员、专业科技人员的数量、素质和结构；组织的核心竞争力；战略目标及其对社会的贡献等。后者又包括组织全体人员的规模、年龄、文化程度、技术水平。对本组织作出较大贡献的员工的成就和事迹；组织负责人的简历、文化水平、工作能力和社会影响力等。

（2）对组织形象状况的调查

组织的形象状况包含形象如何以及为什么如此两个方面的内容。形象是由知名度和美誉度构成的。所谓知名度，是组织的名称、标记或产品甚至商标被公众知道和了解的程度、社会影响的广度和深度。美誉度则是指一个组织获得公众信任、赞誉的程度，社会影响的美、丑、好、坏，是社会评价好坏程度的指标。

组织形象的构成主要有两个方面：

首先是产品形象。产品形象包括顾客和消费者对于产品的价格、质量、性能、用途等方面的反映，对于该产品优点、缺点的评价及如何改进方面的建议。拥有著名品牌的跨国公司十分重视公众的意见，它们会想方设法了解公众对本公司产品的评价，如美国宝洁公司在所有产品的包装上都印上免费服务电话号码，供公众提意见时使用。该公司的一位副经理说，公司的每一项决策都在听取用户意见后而加以修改的。

其次是组织形象。一个组织形象的好坏，将直接影响到组织未来的发展，而组织在管理者自身心目中的形象和在公众心目中的形象往往相距甚远，如果不充分听取公众对于本组织形象的评价，及时改进本组织的形象和提高人员素质，那么将有碍于组织的发展。组织形象方面的信息包括：

① 公众对于本组织机构的评价，如组织机构是否健全，设置是否合理，人员是否精简，运转是否灵活，办事效率高低如何等。

② 公众对于组织管理水平的评价，如对于经营决策的评价（决策方向是否正确、目标是否合理、方案有无创意）、对于生产管理的评价（生产和劳动组织是否恰当、生产计划是否完善、生产各环节的衔接是否严密）、对于销售管理的评价（市场预测是否准确、产品定价是否合理、广告宣传做得好坏如何、吸引顾客是否有新招）、对于人事管理的评价（用人是否得当、考察任用干部的程序是否合理）等。

③ 公众对于组织人员素质的评价，如对于决策者，主要了解其战略眼光、决策能力、创新精神等方面，对于销售人员则需要了解与顾客联系的能力、满足顾客需要的能力、获得顾客信任和好感的能力等。

④ 公众对于组织服务质量的评价，包括服务态度、办事效率、对顾客的责任感、向顾客提供咨询建议的诚实感、售后服务的好坏等。

⑤ 对于组织创新能力的评价，包括管理创新和科技创新能力等。

公众由于身份不同，对一个组织的形象评价往往见仁见智、评价各异。外部公众和内部公众不同，领导人和普通员工也不一样。因此，必须注意了解各方面公众的意见，力图客观、准确、真实地反映机构的组织形象。

对社会公众意见的调查，不仅要了解公众是怎样看本组织的，而且要了解公众为什么会如此看待本组织，亦即形成某种印象和评价的原因。对后一问题的了解，其重要性比了解前一问题有过之而无不及。只有了解了公众形成某种印象和评价的原因，才能有针对性地制定公共关系策略，从而收到事半功倍的效果。特别需指出的是，要有目的地调查有无公众敌视组织，占多大比重，达到何种程度，产生的原因，是组织本身的原因还是偏见，是由于宣传方法不当造成的还是宣传的力度不够造成的等。这方面的信息对制定公共关系战略至关重要，是提高公共关系工作效率的基础。

(3) 对组织所处社会环境的调查

社会环境在很大程度上决定着组织的兴衰存亡。对社会环境的调查包括：①政策法律环境调查，即了解一国政府的方针、政策、法律、条例，以及一国政府近期有关这方面政策方针的变化及其变化趋势；②文化环境的调查。了解一国文化环境背景对提高公共关系工作效率，树立良好的组织形象极为重要，有反面的例子为证。某跨国大公司在中国市场上的促销广告中出现了消费者下跪的画面，令中国公众极其反感，声讨该广告的浪潮导致该公司出现形象危机，尽管公司出面作了解释和说明，无意奚落中国消费者，但该广告的负面效应使该公司遭遇了无法回避的公关危机。事实证明了解一国文化环境是形成良好公共关系的重要基础；③其他同类组织的公共关系状况调查，即调查同类同行组织的工作现状和历史、好的方法和经验、在社会公众中的形象状况等，为提升自身形象和竞争力作准备；④社会问题调查，即调查社会经济的、政治的、思想的等各方面的问题，如生态与人类资源问题、社会财富的分配问题等。因为这些不仅影响公众的意见和需求的变化，甚至会影响到组织的发展。

2. 公共关系咨询机构的调查内容

公共关系咨询公司的调查内容与机构内部的公关部门的调查内容略有不同。在一个项目中，公共关系公司需要全面了解客户，需要对客户及其相关因素进行调查。

(1) 对客户的调查研究

公共关系顾问公司必须全面地了解它们的客户，包括客户的背景信息、资金、信誉、过去及现在所做过的公共关系活动、公共关系强项和弱点及组织面临的机遇，这些是一切公共关系项目的起点。

假如客户是从事商业经营的，公共关系公司应熟悉其所生产的产品、提供的服务及行业的竞争情况。在开展公共关系活动时，了解该客户的市场、法律及财务上的情况，将有助于更好地开展公共关系活动。通过采访主要的管理人员，查看年度报告、季度报告能获得相关的信息。客户是独立经营还是连锁经营，产品及服务的提供方式（如运用网络经销），其供应商和消费者的情况，都是了解客户的基本信息。其他一些重要的背景信息包括组织的使命、目标、强项和弱点及短期目标和长远目标的关系。

假如客户是非营利性的，公共关系公司要了解其提供的服务、组织的老客户及其赞助者。

除此之外，公共关系公司还应了解客户员工的基本情况、管理及非管理人员的比例。假如有公共关系部门的主管，要对于他及重要的管理人员给予特别的关注。最高管理层对公共关系的重视程度如何？他们认为公共关系人员能解决公共关系中存在的问题吗？

最后，公共关系公司需要找出那些直接与公共关系有关的问题，客户的信誉及它的消费者或者老客户的情况。这些问题的答案反映了客户美誉度和信誉度，这是公共关系公司最关心的问题。客户在公众心目中形象如何？过去及现在开展过哪些公共关系活动？客户有无突出的公共关系强项？也就是说，有无开展过哪些有助于提高客户公众形象的项目或活动？公共关系弱点又是什么？哪些项目或活动有可能有损客户的形象或产生负面的公众舆论？是否存在改善公众舆论及行为的机遇？

全面了解客户，这是公共关系公司服务客户过程中的首要要求。

（2）机遇或问题的调查研究

接下来的调查，涉及组织在某一特定的时间开展某一特定的公共关系活动的原因。是因为此时出现提高组织公众形象的良好机遇，还是为应对存在的公共关系危机？如果是后者，不管是个体还是组织，必须及时开展有效的调查研究。

抓住良好机遇展开的公共关系活动称为积极的公共关系活动。从短期来看，有效的积极的公共关系活动花费的代价很高，但是它常常还是比被动应对的公共关系项目花费要少。积极的公共关系活动好比健康组织积极推荐使用的预防药。同理，客户应在平常注意“预防”公共关系中出现的问题。

但并不能由此简单地说积极的公共关系活动就好，被动应对的公共关系活动就不好。当公共关系危机防不胜防的时候，被动应对的公共关系项目是非常必要的，也是很有用的。公共关系工作人员必须准备好随时应对公共关系危机，采取最有效的防范危机发生的措施。

一个公共关系项目，是属于积极应对的还是被动应对的项目，或者是长期的还是短期的，这都属于公共关系调查研究过程中要查清的问题。

3. 目标公众的调查研究

这一调查研究无论对公共关系公司还是公共关系部门都是非常必要和重要的，故在此详细介绍。调查的目的就是确定谁为目标公众。只有确定了目标公众，才能有效地进行传播沟通。

（1）目标公众认证

所有的组织与特定的公众有着长期的或短期的关系或联系。对于组织机构来说，它们所关心的是大众传媒、内部员工、国家政府或地方政府。对于生产产品或提供服务的商业组织来说，消费者是最重要的公众。公有的商业组织有另外一个重要的公众那就是股东和金融机构。值得一提的是每一个组织都有自己特殊的目标公众。对于非营利性的组织来说，赞助者是它们的主要公众；对于学校来说，家长是它们的公众；集团公司就需要与它们的目标公众经销商及供应商保持经常性的联系与沟通。

为了更好地认识公众，我们把每一类型目标公众再进行细分，进而对之进行有针对性的公共关系宣传。例如传媒应该被分成大众媒体和专业化媒体。内部公众——员工可分为管理人员和非管理人员；成员包括组织的雇员、办公室工作人员、潜在的员工。组织包括国家性的和地方性的组织。客户所在的社区包括社区媒体、社区领导层、社区机构。政府公众可以被分为国家的、省级的、市级的、县级的层次。消费者公众包括公司员工、顾客、消费团体和消费者出版物、社区媒体、社区领导阶层和社区机构。投资者公众包括股东及潜在的股东、投资顾问、财经媒体等。(可参考示例8—a)

（2）公共关系目标

在确定了目标公众并进行了分类以后，公共关系人员还有更艰巨的任务，寻找更重要的目标公众——潜在公众。潜在公众的威望、影响力及与客户的广泛联系是决定其重要性的因素。我们在衡量潜在目标公众的重要性时要考虑以下4个问题：

① 这些公众是谁（他们的数量及性格倾向等）？

② 为什么他们对组织很重要？

③ 在公共关系活动中，他们参与程度如何？

④ 哪些公众对组织来说是最重要的？

（3）基本的信息

在目标公众被细分后，公共关系人员要确定每一类型的公众可能会感兴趣的信息。通常公共关系人员想了解每一层次的公众对组织的了解情况、组织在他们心目中的形象、对组织的产品或提供的服务的满意度、新老公众对客户或组织的态度、对于公众的调查、媒体的习惯及不同媒体的消费公众，这些信息是公共关系人员制订和实施公共关系项目目标的依据。

［示例8—a］主要公众

Ⅰ. 媒体公众

大众媒体

地区层次的大众媒体
印刷出版物
报纸
杂志
电视台
广播电台
国家层次的大众媒体
印刷出版物
广播网络
有线服务
专业化的媒体
地区层次的媒体
贸易、工业及各机构的出版物
组织的出版社及会员出版社的出版物
种族出版物及特殊团体的出版物
专业性的广播节目及电台
国家层次上的媒体
商业出版物
国家层次的贸易、工业及团体的出版物
国家层次上的出版社及会员出版物
国家层次上的种族出版物
国家层次上的特殊团体出版物
国家层次上的专业性广播项目及网络
Ⅱ. 员工公众
管理类的公众
高层管理者
中层管理者
低层管理者
非管理类的公众（员工）
专家
办事员
办公室工作人员
维护人员

设备操作者
司机
保安
其他的维护人员
组织代言人
其他非管理人员
Ⅲ. 成员公众
组织雇员
总部的管理层工作人员
总部的非管理层工作人员
其他的总部工作人员
办公人员
董事会、委员会
组织成员
正式员工
潜在的组织成员
国家层次或地区的分支机构
组织的雇员
组织办公人员
组织成员
潜在的组织成员
相关的或其他的联盟
Ⅳ. 社区公众
社区媒体
大众传媒
专业性媒体
社区领导层
公务人员
教育从业者
专家
市政领导人
银行家
团体领导人

区域负责人
社区组织
市政机关
服务机构
社会组织
商业组织
文化组织
宗教组织
青年团体
政治组织
特殊兴趣组织
Ⅴ. 政府公众
国家级的
　全国人民代表大会
　代表、工作人员、委员
　行政机构
　国家主席
　国务院工作人员、政府顾问
　　各部委、机关、委员会
省级的
　省级人民代表大会
　代表、工作人员、委员
　行政部门
　省长
　工作人员、顾问、委员
　政府主管部门、机关、委员会
县级的
　县长
　其他工作人员、委员会、部门
市级的
　市长
　市人民代表大会
　其他工作人员、委员会、部门

Ⅵ. 投资公众
股东和潜在的股东
投资顾问
财经新闻界
主要的有线服务
主要的商业杂志
主要的报纸
Ⅶ. 消费者公众
公司员工
顾客
专家
高收入者
中等阶层
低收入者
其他的阶层
消费者权益保护组织
消费者的出版物
社区媒体、大众和专业化媒体
社区领导和团体
Ⅷ. 国际公众
东道国媒体
大众的
专业化的
主办国的领导人
公务工作人员
教育者
政治领导人
文化管理者
宗教管理者
社会管理者
专家
行政人员
东道国的组织

商业组织
服务机构
社交聚会
文化机构
宗教组织
政治团体
特殊兴趣的组织
其他
Ⅸ. 特殊公众
面向特殊公众的媒体
大众媒体
专业化媒体
特殊公众领导层
公务员
技术带头人
地区领导人
特殊公众的组织
民众组织
政治性组织
服务级织
商业组织
文化团体
宗教团体
青年协会联盟
其他
Ⅹ. 整合营销传播
顾客
  新顾客
  老顾客
  潜在的顾客
员工
媒体
  大众化媒体

专业化媒体

投资者

股东和潜在的股东

金融形势分析员

金融行业的媒体

供应商

竞争对手

政府法规制定者

二、调查研究的方法

获得了基本的信息后，公共关系人员下一步就要确定调查研究的事宜。这些都是很重要的信息。公共关系调查通常运用两种方法：定性调查和定量调查。

1. 定性调查

定性调查方法常用于公共关系调查研究中，主要有以下几种：

（1）文献调查法

文献调查法是在第一手资料难以得到或不够用时，通过组织内部或外部的文献资料分析所要调查问题的方法。文献调查法是一种效率高、花费少的调查方法，可用于其他调查过程之前，以便尽量减少调查的开支。文献调查法的来源主要有历史遗留下来的资料和当前记录在案的文献资料。如①查看组织或客户的记录（商业报告、统计数据、财经报告、过去的公共关系记录）和各种交流活动（经理的演讲、业务通讯、时事通讯、备忘录、小册子等）。②已经出版的出版物。这些出版物包括大众媒体上的新闻、调查或民意测验、图书馆的参考书、政府文件、登记簿目录、贸易组织的资料。③客户与组织的各个部门或团体的交流情况记录。如与组织的顾问团、委员、委员会及组织内外相关部门的交流信息等。④通过互联网获得信息。这已成为公共关系人员获得信息的最重要途径。最受欢迎的搜索引擎有雅虎、谷歌、百度，国内的网页有新浪、sohu、网易，国外的网页有 Excite、HotBot、Infoseek 和 Lycos 等。

（2）观察法

观察法是调查人员进入调查现场，利用感官或借助科学工具，在调查对象中直接收集信息的方法。观察法最大的特点是直观性，可以排除其他调查方法的间接性所造成的误会和干扰。同时，观察法简便易行，灵活多样。

观察法要求事前拟定调查提纲，包括观察的时间、地点、对象、目的、记录方式等。进入观察现场后，要做好观察记录。用观察法收集到的信息比较客观和准确，方法简便易行，是公关人员经常采用的方法，但缺点是工作时间长，范围狭小，易受观察者的主观因素的干扰。对于比较复杂的事件，观察法容易受到事物表面性和偶然性的影响，难以反映事物的本质。

（3）访问法

访问法就是公关人员按照预先设计好的题目，有目的、有计划地对被调查对象进行访谈，直接收集信息的方法。访问法按照访谈对象的多少可以分为个别访谈和集体访谈，按照访谈的形式可以分为当面访谈和电话访谈。具体有以下几种方式，①通过采访目标公众的主要成员，了解情况。公共关系人员可以从市政领导、政府工作人员、商业界领导人、教育家、有影响力的编辑、记者和社区其他重要人物那里获得很有价值的信息。②顾客或老主顾的反馈信息是很有帮助的。公关人员可以通过电话、邮件、面对面的访谈来获得这方面的信息。③专业调查小组的建议和意见。最受欢迎的做法是由8～12人组成中心小组，他们是目标公众的代表，有经验的调查人员能有效地鼓励中心小组中的参与者如实反映出他们对组织的看法。如组织机构的形象、产品、服务、对开展公共关系活动的建议及其他一些与机构有关的问题。

2. 定量调查法

抽样调查、做实验和内容分析是在公共关系中广泛应用的3种调查方法。统计法又是每一种方法的核心所在。

（1）抽样调查法

在3种方法中，抽样调查又是最常用的定量调查方法，对于调查公众对产品的认知度、态度和行为，以及媒体习惯是最有效的。

公众调查可以分成普查和抽查两种，对于小型人口总体，可以应用普查法。但大多数时候，组织要面对人数众多的公众，普查法非一个组织人力、物力、财力所及。因此，公众调查大多数场合是用抽查的方法。

抽样调查法是按照一定的方式，从调查总体中抽取部分样本进行调查，用样本的结论来说明总体情况的一种调查方法。常用的抽样方法有以下4种：简单随机抽样、分层随机抽样、分区多级抽样、配额抽样。

配额抽样法是一种不完全随机抽样法。盖洛普的试验证明，对于复杂的社会问题，配额抽样法是一种准确率高，且省时、省力、省钱的好方法。

配额抽样的具体方法是：在确定了调查对象的特征后，根据基础材料，按公众总体中具有规定特征的人口比例，确定样本中各种特征的人数，再把这些人数分配给调查员，请他们按照规定特征选择调查对象。

问卷调查法是调查员运用统一设计的问卷，利用书面方式回答问题，向被调查者收集信息的方法。在上述几种调查方式中，都有可能用到问卷，而问卷调查法也可单独运用，因此，问卷是进行公众调查的主要工具。问卷设计有很强的专业性、科学性和艺术性，所以有人说："一个好的问卷设计就是成功的一半。"

问卷要围绕调查的主题提问，以测定公众的情况、认识和态度。问卷一般分为两个部分，第一部分是前言，要求用简洁、明确的文字向公众说明调查的目的及回答问卷的要求。前言应当文词恳切，尊重公众。第二个部分是问卷的正文，请公众回答。根据正文的问题是否规定了备选答案，问卷可以分为两种：其一是封闭式问卷；其二是开放式问卷。

调查人员在设计问卷时应注意以下问题：

① 尊重公众，慎重选择所提问题，防止对公众情感造成伤害。

② 问题的组织要有顺序，合乎逻辑。每一个问题可能涉及不同的方面，但不同问题的排列必须是有前后顺序的。

③ 文字简洁、明确、通俗易懂，不可太长，不要用公众难以理解的专业术语，不要加太多的形容词。

④ 不要用双重提问，即一个问题最好只有一个答案。如，你喜欢我厂的产品和包装吗？这个提问实际上含有两个问题，使公众难以回答。

⑤ 措辞准确，防止模糊不清或模棱两可。

⑥ 避免使用带倾向性的措辞。如，为了加强全厂职工的团结，我厂准备举行厂庆30周年大会，你赞成吗？

⑦ 备选答案力求全面，避免出现重大遗漏。

⑧ 如果对问卷没有把握，可以先在小范围内进行测试，请部分公众回答问题，分析问卷，看看其中是否有不妥之处。

个体采访是最昂贵、最耗时的调查法，但是这样做却是很值得的。采访者可通过语言和非语言的信号，作出准确的判断，这种判断的准确性是其他方式不可比拟的。当然要得到一个很有效的抽样调查，要比电话随机拨号困难得多。因为时间关系以及它所带来的不方便，很多人不太愿意接受电话采访。同邮寄调查表一样，个体采访对那些真正对活动感兴趣和愿意牺牲时间的人来说是最有效的方法。

尽管存在局限性及瑕疵，抽样调查法却是公共关系中最受欢迎的定量调查方法。

（2）实验法

在近几年，实验法获得青睐。不管在实验室环境中或在现实生活中，实验法的准确性最高。在广告或公共关系中，实验法常用来测试哪种宣传方式对于既定公众是最有效的。两组随意选取的被调查者，一组被置于宣传媒体环境中，另一组则相反。两组在实验前后都接受测验，假如其中被置于宣传媒体环境中的一组很大程度上改变了态度，这样的结果自然归因于他们受到所接触到的信息的影响。

（3）内容分析法

内容分析法被用来分析目标媒体中的信息内容的主题或趋势。这种方法可用来分析媒体对待公共关系主体的态度——它们在媒体心目中的形象，正面的或负面的等。内容分析法对分析涉及组织利益公共关系活动或问题对组织的影响也很有用。同时这种方法也可以追踪社会、经济或政治方面可能对组织产生影响的发展。

定量调查方法应该由那些在本行业内有着良好信誉的专业公司来做，或者由经过培训和有经验的员工来做。如果由那些没有在调查技巧上接受过正规培训的公共关系人员去做，就会浪费客户的金钱和时间，更有甚者，不准确的调查结果还可能会产生误导。

三、调查分析的工具

通过调查得到大量的第一手资料，并不等于调查研究工作的完成，还需要对这些第一手资料进行分析和归纳，得出结论性意见。分析和归纳主要是组织形象地位分析、组织形象形成的原因分析和形象差距分析 3 个方面。

1. 组织形象地位分析

对组织形象的评定不能仅停留在客观描述之上，还必须对其进行定位。采用形象地位图可便于表现组织形象的定位。

形象地位图是一个二维平面坐标图。横坐标代表知名度，纵坐标代表美誉度，如图 8-1 所示。

具体做法是：①确定知名度。如果某个组织调查了 100 名公众，其中有 80 名知道该企业，则知名度为 80 ÷ 100 = 80%；②确定美誉度。如果 80 名公众中有 60 名对该组织表示好感和赞赏，则美誉度为 60 ÷ 80 = 75%；③标记形象地位点（A 点）。A 点的形象地位说明该组织美誉度一般，知名度稍高。今后工作应在继续扩大知名度的前提下，下大力气提高美誉度。

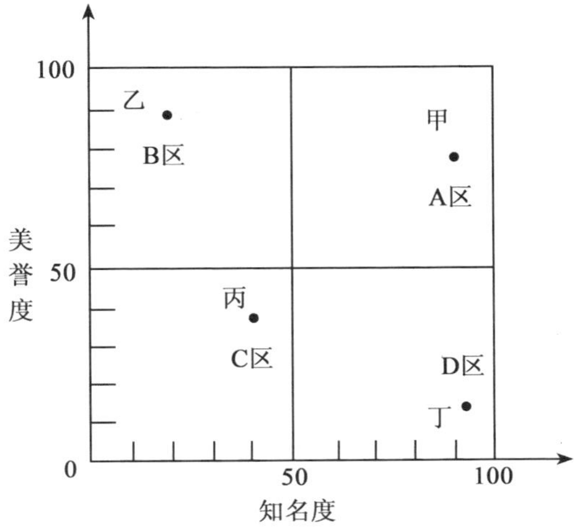

图 8-1　形象地位图

根据知名度和美誉度数值大小的不同组合，可将形象地位图分成四个象限，从一到四，依次表示形象的好坏。如第一象限，表示知名度和美誉度都很高，形象地位点落在此象限，表示组织的社会形象最佳。第三象限则相反。第二、四象限分别表示美誉度高、知名度低和知名度高、美誉度低。据此图形，组织机构很容易就能发现本机构的公共关系现状，并就此制定公共关系战略决策。

2. 组织形象形成的原因分析

形象地位图直观地反映了一个组织在公众心目中的形象，有助于公关人员对组织的形象作出正确的估计，但不能了解其形成的原因和具体内容。要解决这个问题必须分析组织形象形成的具体原因，运用态度测量理论中的“语意差别分析法”制作组织形象内容表，作为分析工具。

组织形象内容表的制作方法是将关系到组织形象的重要因素（如经营方针、办事效率、服务态度、业务水平等）列举出来，然后用正反相对的两个形容词表示好坏的两个极端，在这两个极端中间设置程度有所差别的中间档次（通常中间档次为 5 个），便于公众对每一个调查项目分档次进行评价。最后，公共关系人员对所有调查表格进行统计，计算每一个调查项目中各种程度的评价所占的百分比，如表 8-1 所示（有效问卷为 100 份）。

表 8-1　　　　　　　　　　　　**组织形象内容表**

评价与分值 调查项目	非常 7	相当 6	稍微 5	中 4	稍微 3	相当 2	非常 1	评价与分值 调查项目
经营方针正确		65	25	10				经营方针不正确
产品质量好			25	65	10			产品质量差
服务水平高				15	20	65		服务水平低
品牌知名度高					20	70	10	品牌知名度低
创新能力强						90	10	创新能力弱
员工素质好			25	50	25			员工素质差
市场占有率高				20	70	10		市场占有率低
企业规模大					25	50	25	企业规模小

表 8-1 说明该组织的经营方针基本正确，守信用，服务态度较好，但办事效率不高，创新能力不强。根据上述情况，该组织应该在开拓创新、提高效率上下功夫，以改善组织形象。

3. 分析比较形象差距

在分析组织形象形成原因的基础上，可进一步分析比较期望中的组织形象和实际形象，并制成形象内容间距图。方法是将组织形象内容表上表示不同程度评价的 7 个档次相应地数字化，成为数值标尺，用 10 表示非常差，20 表示相当差，依此类推，用 70 表示非常好。再根据调查表上的统计数字，算出公众对每一个调查项目评价的加权平均值，将各个平均值分别标定在数字标尺对应点上，连接各点，就成为组织的形象曲线。

计算加权平均值的一般公式如下：

$$X_W = \frac{W_1X_1 + W_2X_2 + \cdots + W_iX_i}{W_1 + W_2 + \cdots + W_i}$$

公式中，X 为所求加权平均值；W（ $=1, 2, \cdots, n$）是第 i 个调查值的对应权数。由于在组织形象内容表中的各个数值都是用百分数表示的，在左右两端与中间档次共为 7 个的情况下，每一个调查项目的全部数字之和为 $W_1 + W_2 + \cdots + W_z = 100$，所以上面的一般公式可以简化为

$$X_W = \frac{W_1X_1 + W_2X_2 + \cdots + W_7X_7}{W_1 + W_2 + \cdots + W_7}$$

例如，我们根据上面的组织形象内容表的调查数据，计算经营方针项目的加权平均值是：

$$经营方针的加权平均值 = \frac{60 \times 10 + 50 \times 20 + 40 \times 70}{100} = 44$$

用同样的公式我们可以计算其他各个调查项目的平均值。这样，我们根据上面的组织形象内容表，可得出组织形象曲线，如图 8-2 所示。

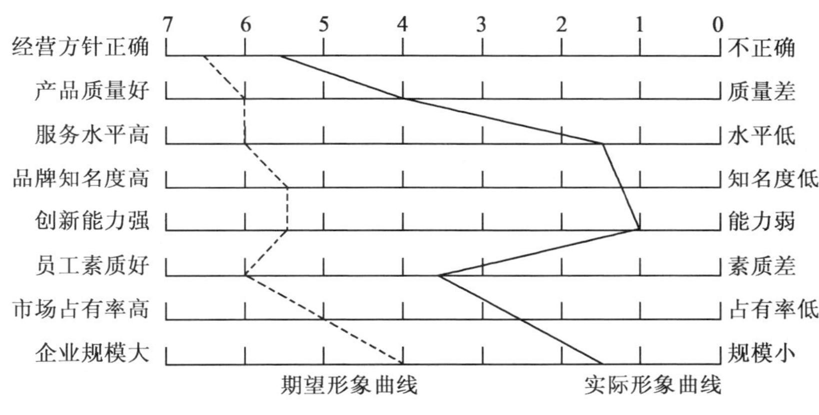

图 8-2　组织形象间隔图

图中实线表示组织的实际形象，虚线表示组织的自我期望形象（在制订社会年度计划时作出），两线之间的差距即为形象差距。

第二节　制订目标

在公共关系传播过程中，制订公共关系目标是其中最重要的一环。它们是公共关系活动中想要达到的目标体系。目标是实施公共关系活动的原因所在。目标是广义的还是狭义的，是长期的还是短期的，是由目标本身决定的。

一、制订目标的原则

现在很多组织运用目标管理法（MBO）去制订总目标和分目标，如公共关系部门。目标管理法是一个完善的方法，包括那些由部门领导和各级员工形成的目标。例如，在公共关系工作程序中，公共关系部门的负责人和代表管理阶层的助手、影像制作专业工作人员和其他工作人员，他们共同合作制订短期的和长期的目标及目标的评估方法，然后，两方面互相配合，定时评估目标的实施和进展情况，同时，不时地修改他们的目标及评估方法。

本书在这里所讨论的是制订公共关系项目中的具体目标。不管我们用MBO或其他传统的方式来确定目标，都必须坚持两条原则。

首先，公共关系目标应当具体化。应该用明确的语句来描述目标，如：

●引起公众对某一事件的注意。

●激发公众参与到这一事件中来。

其次，公共关系目标应具有可评估性。为了方便评估，可用容易进行衡量的语句来描述目标、确定目标的完成时间。如这些目标可以描述为：

●在10月份通过地方日报、电视台、3个广播电台向公众宣传某事件。

●在5月15日，至少使1 500人参与到事件中去。

上述两个目标都可以进行精确的衡量：第一个方面可以通过广播媒体、网络监测服务来进行评估。第二个方面可以通过实际参与人数或售票情况来评估。

在公共关系项目中，有两种最基本的目标类型：影响目标和工作目标。相比较来说，影响目标要比工作目标重要，但是在每种类型中，活动没有先后次序之分。例如，在公共关系活动中，没有必要在活动开展前，就大量地宣传。在具体活动中，重要与不重要完全根据具体情况而定。

二、影响目标

影响目标有3种：信息影响目标、态度影响目标及行为影响目标。之所以称为影响目标是因为它们代表公共关系项目所期望产生的影响。

1. 信息影响目标

信息影响目标包括信息传播、公众对信息的接受和记忆3个步骤。如公共关系人员想宣传下一个行动或事件，交流经验或其他形式的信息，或想让公众知道一个非争议性的话题。下面是3个信息层面上目标的示例：

●（在5月份）提高社区各部门对公众意见信访室的了解度。

●在3个月的安全生产竞赛活动中，提高员工对安全生产程序的了解度。

●通过对8月份世界杯体育赛事的赞助，增强社会大众对本品牌的知晓率和提及度。

2. 态度影响目标

态度影响目标在于改变公众对组织机构及其产品、工作及服务的态度。主要包括3个方面的内容：形成新态度、强化已有的态度或改变存在的态度。

（1）形成新态度。对于一个新的组织机构，公众也许没有一点认识，此时公共关系的任务就是提高这个机构的知名度，并在公众心目中留下良好的形象。下面是两个目标的示例：

● （在开幕仪式上，使25%的顾客）对新开张的商店有一个良好的印象。

● （在第一年内，使80%的员工）提高对公司新的退休政策的认可程度。

需要强调的是要树立一个新形象，仅仅适用于那些没有争议的组织和活动。一些新组织或活动一经产生，立刻就能产生强烈的反响。在这种情况下，制订加强或转变公众态度的目标更为合适。

（2）强化已有的态度。目标公众可能对组织有一点好的印象，却很不稳定。在这种情况下，公共关系应试图通过各种方法、事件来加强这种态度。如：

● （在3月份和4月份，通过其80%的捐赠活动）强化某一非营利组织在公众心中正面的形象。

（3）改变或颠倒（通常是负面的）已有的态度。在此种情况下，公共关系人员需要谨慎从事，不要为一个“不可能实现的目标”去浪费时间和金钱。当然，在公共关系中，完全扭转已有的认识和态度是很困难的。一般来说，态度或行为的转变需要时间，它不可能通过一个短期的公共关系活动来实现。公共关系先驱艾维·李花费了多年的时间才改变公众对约翰·D. 洛克菲勒的态度。最终，艾维·李成功地改变了公众对约翰·D. 洛克菲勒的看法，从对科罗拉多矿工的死受到谴责的罪人而转变为一个受人爱戴的慈善家。

3. 行为影响目标

行为影响目标涉及改变对机构的态度，像态度改变一样，行为的改变有新行为的产生、新行为的强化或者对机构的不利行为的改变。

下面是产生新行为的示例：

● （在8月10日之前，使机构内85%的员工）接受新的安全措施。

● （在未来两年内）说服65%的50多岁的人定期做身体检查。

● （在现行政策下）鼓励农户采取科学技术种植作物。

提高或强化已存在的积极行为目标示例如下：

● （在今年内）鼓励更多的开车者使用安全带（提高 40%）。

● （在广大农村）提高农民对计划生育的认识（提高 60%）。

转变消极行为的目标示例如下：

● （在 6 个月时间内）减少工业企业（30%）随意排污的行为。

● （在未来 3 个月）说服偏远农村家庭（90%）送女孩上学。

三、工作目标

工作目标，在目标类型中是较低一级的目标，代表了需要做的工作。也就是说，发布信息与进行传播活动。工作目标是指项目所要达到的结果目标（或输出目标）。在公共关系活动中，它们常作为一种类型的工作目标而存在。公共关系负责人也许只制订影响目标。这看起来是很合适的方法，因为这种目标更具体化和量化。例如：

●在 5 月 10 日以前，在地区主要媒体上：日报、电视台及其他的 3 个主要广播电台上发布一条信息。

●在 12 月 15 日之前，在北京、上海、深圳、武汉、南京 5 个主要城市召开的销售人员大会上作一次重要口头演讲。

通过实际发布给地区电台或电视台信息的数量和口头演讲的数量，目标的评估就变得很容易，还可以制订目标完成的时间计划。

有些公共关系从业人员在公共关系活动中仅仅制订工作目标。这种做法的有利之处在于制订了明确具体的可实现的量化目标，一旦这些目标实现了，公共关系人员就可以宣称自己成功了。不幸的是，工作目标与实际的公共关系项目对公众的实际影响力是没有直接关联的。为此，我们必须关注更为重要的目标类型——影响目标。

这里所谈到的目标，是在进行调查之后制订的。像前面提到的一样，调查资料的内容不能超出公众所接触的信息范围。这就要求在公共关系项目中有信息目标。假如公众对组织机构很陌生，了解很少或者在其心中的形象是负面的，根据这些情况公共关系人员制订相应的态度影响目标。假如目标公众的行为还未形成，还处于萌芽状态，公共关系人员根据情况来制订恰当的行为影响目标。公众的媒体消费习惯，可能对形成项目目标没有直接的作用，但是它对实施传播过程中选择合适的媒体很有帮助。

在公共关系传播过程中，目标制订在先，对项目决策具有决定性的意义。传播实施过程本身是最好验证目标效果的方法。

［示例 8—b］公共关系目标的层次

●**影响目标**

●**信息目标**

信息传播

信息接受

信息记忆

●**态度目标**

态度萌芽

态度加强

态度改变

●**行为目标**

行为萌芽

行为加强

行为转变

●**工作目标**

向大众媒体传播目标信息

向自办媒体传播目标信息或实施方案

第三节 传播实施

一个公共关系项目包含的主要内容有：①公共关系项目的主题，即想要传达给公众的中心信息。②安排与策划具体公共关系活动。③选取恰当的媒体：可控制还是不可控制媒体。④有效开展公共关系活动。⑤排除沟通障碍。

一、公共关系活动主题

公共关系活动主题是一个公共关系项目的首要要素。围绕项目的主题，精心策划，把与项目有关的活动和特殊事件结合起来。

公共关系主题应该简明扼要，能给人留下深刻的印象。主题最好不要超过 5 个字。并不是所有的项目都要求有主题的标语，但是一个很简要、富有创造性的主题能给人留下深刻的印象。

一般来说，大多数的公共关系项目都有一个中心广告并附带有标语或主题。在某些情况下，项目可能会出现面对不同公众制作不同主题活动。公共关系人员应制订出尽可能准确的计划。把握好交流什么，怎么去交流这些问题。

二、公共关系活动或特殊事件

公共关系活动或特殊事件应与项目的活动主题放在一起综合考虑。通常情况下，虽然组织机构的活动或特殊事件是广告和主题的焦点，但是有的公共关系项目忽略了这一要素，活动主题和信息就成为重心。一般而言，公共关系项目应与活动相配合。一个中心活动或事件可使大多数项目更具新闻价值，更有趣和更具影响力。开展活动或事件应该求真务实、严肃认真、能吸引公众兴趣。参与的人数越多，再加上名人的助阵，效果会更佳。要尽量避免肤浅的、没有真实内容的“肤浅的假活动”。有时它们的负面影响远远大于正面影响。如果公共关系活动或事件带有公益事业的性质，则能提高组织机构的知名度。示例 8—c 是典型的公共关系活动和特殊事件。

[示例 8—c] 公共关系活动和特殊事件

一些特殊的日子、活动周及活动月

展览

交易会和展览会

会议、研讨会

周年纪念日、有纪念意义的事件

特别的奖励、退休、庆典

意见室开放、参观工厂

市里召开的会议、公开辩论

竞赛

游行集会、选美比赛

赞助社区的事业

赞助组织的活动（社区青少年组织）

设立奖学金

设立慈善和教育基金

招待会

音乐会

演唱会

休闲游玩活动

郊游活动
花卉展
破土仪式、奠基仪式、安全知识竞赛
产品展示会
产品展览厅展览
名人访问与参观
讲座、告别晚会、欢迎仪式、欢送仪式
选举活动
发布报道和调查数据
宣布选举或调查结果
开幕仪式
宣布任命
宣布一项新政策或政策的变更
宣布一个新项目、产品和提供赞助
学校开学仪式、会议、事件
庆祝、节日、舞会、迪斯科晚会
宴会
艺术展览、开幕式、展览
音乐会、戏曲演出、芭蕾舞演出
电影节、时装表演
体育比赛
参观博物馆、国内旅行
名人见面会、名人签名会
洗车服务、附近地区的清扫、为老年人提供的服务、健康检查
培训活动
专门的教育节目：节俭教育、健康教育
参与社区活动
欢庆国家的节日
主题活动和庆贺
其他民族和文化的庆典
其他组织的庆典

三、可控与不可控媒体

公共关系中常用的两种传播媒体是：可控媒体和不可控媒体。

使用不可控媒体必然涉及组织与大众传媒、专业化媒体之间的交流。这样不可控媒体的编辑就成为公共关系的目标公众。公共关系的目标就是发布对组织有利的、正面的新闻报道。大众传媒发布组织信息常见的方式有新闻稿、特写、提供拍照机会和新闻发布会。示例 8—d 列举出了这些形式。它们之所以被称作不可控媒体是因为公共关系从业人员无法对活动与事件有影响和控制权。

编辑完全有权决定是否采用，采用多少公共关系人员发来的新闻稿或特写新闻稿。编辑也可以完全无视公共关系人员所有的劳动成果，派出本报的记者去采访或录制材料。组织或公共关系人员并不因媒体采用他们的新闻记事而向媒体索要报酬，因此采用新闻记事与否完全是媒体自己的选择。

相反地，采用可控媒体，是有偿的宣传活动。新闻报道的用词、形式和布局完全由组织机构自己决定。可控媒体的形式包括印刷小册子、时事通讯、报道、视听材料，如影片、投影、幻灯片、胶片软件（基于手提电脑的可以制作幻灯片的软件）及通过开会和采访的交流与沟通。可控媒体还包括为提高组织机构形象的公共关系广告；为表明机构立场的夸大其词的广告及其他形式的非产品宣传广告。信息容量大、应用广泛的、无所不在的网页及网址是必不可少的宣传形式。

示例 8—d 是关于可控和不可控媒体的更详细阐述。

［示例 8—d］可控与不可控媒体

●不可控媒体

新闻稿——纸质新闻稿和可视新闻稿

特别报道

附有说明的图片

新闻发布会

媒体信息套——纸质或光盘形式

广播/电视上的公益广告（仅适用于非营利性组织）

采访

纸质媒体的采访

广播媒体的采访

个人参与无线电节目

新闻录音带（针对电台）
新闻幻灯片和胶片（电视台）
专门节目（电台及电视台）
商业特别报道
金融广告
产品广告
画报广告
背景编辑材料〔说明某政策或事件背景之公报〕
发给编辑的信件

●可控媒体

纸质传播方式
出版公司
小册子、传单
手册、图书
书信、公告、备忘录
海报、布告栏、传单
法人组织的期刊
各种期刊杂志：企业期刊、经销商期刊、股东期刊、供应商期刊、特殊公众的期刊
年度报告
纪念邮票
展览
流动图书馆
流动展览
态度或信息调查
意见箱
规则和规章
书面报告
捆绑式广告
金融插页
印刷橱窗展览物
音像（视听）传播方式
金融影片

幻灯片
投影
电话、电话银行
多媒体形式的展览及展示
磁带和录像带
可视的和多媒体形式的橱窗展览
可视口头演示
幻灯片和胶片
人际交流方法
正式的演讲、讲座和专题讨论会
公开讨论会
问答讨论
员工提议
法律的、医学的、生育控制及其他各种提议
委员会议
员工会议
非正式会议
游行
管理部门协作整理管理资料、主题列表
培训课程
采访
员工培训
面对面汇报
公共关系广告（其目的不在于促销）
纸质和电台广告
公共机构的广告（塑造形象）
公共事务广告：对于争议性问题的表态
直接邮寄广告
户外广告：告示板、标志
变迁告示、空中广告、传单广告
其他细目：日历、烟灰缸、笔、小书本型的纸火柴、砂板、记事板、网址

四、有效的沟通

公共关系活动的最后一环是如何高效地开展公共关系活动。在实践中，我们发现信息的来源、信息本身状况、信息的渠道、信息的接受者及反馈都是有效沟通的影响因素。就是说，有效的沟通依赖于：信息的可信度（可靠度）；信息的新颖性；有效的非语言沟通和有效的语言沟通；双向式沟通；群体的影响；有针对性的宣传活动；公众的参与（反馈）。

1. 信息的可信度（可靠度）

整个公共关系活动的成败主要取决于信息来源（出处）及公众对组织发言人的认可程度，可信度取决于公众对所接受的信息的接受程度。在媒体上具有可信度的代言人一般来说要具有可信赖性、权威性。这些特点是公共关系人员在选择代言人时应遵循的指导方针。很明显，建立在消息来源具有很高可靠性基础之上的交流，对公共关系项目来说是最重要的。

2. 信息的新颖性

为达到有效的沟通需采用新颖且有吸引力的信息，这些信息可能影响人们固有的看法。这也从另一方面说明信息必须具有激发性——它必须击中公众反应之弦。对目标公众没有新意和鼓动性的信息应该舍弃。

3. 有效的非语言沟通

在公共关系活动中，有效沟通还必须运用恰当的非语言信息。有很多著述从不同角度强调了非语言信息的重要性。为了有效实施传播，公共关系人员应该仔细地分析组织活动或特殊事件的本质，它是整个公共关系活动的基础。

选择恰当的标志去代表组织或目标是最重要的非语言沟通方式。这就涉及环境或氛围、公众参与的热心程度、参与的人员、邀请的客人背景、个人交流的方式的特点。这些都应该精心安排。对于组织来说，这些都是沟通成功与否必不可少的细节。示例 8—e 是进行非语言沟通时应注意的细节问题。

[示例 8—e] 非语言沟通

适当的标志

定位活动的气氛或氛围：活跃、安静、严肃

参与活动的组织的员工及组织的代言人

公众调查

仪表、着装、活动

客人的仪表和着装

背景布置
建筑风格
色调
灯光效果
音响效果
整体的空间布局
背景布置：横幅、广告标志
家具的类型和布置及座位安排
装饰工艺品：绘画、挂毯、标语
音乐类型的选择及音量的大小
娱乐活动（假如有的话）
食品、饮料、点心（假如有的话）
个人间交流的方式：晚宴、酒会、招待会
时间安排：活动重心及高潮的安排

4. 有效的语言沟通

第 4 个传播的指导方针是运用有效的语言信息或发布真实信息。有效的语言最显著的两个特点是明了和准确。

毋庸置疑，信息的表达必须准确。在公共关系项目中，用词必须准确，所以公共关系人员有时需要借助于词典或辞典。在实际开展公共关系活动之前，应首先对小部分公众进行测验来消除歧义。除了准确外，语言还要清晰。最后语言连贯是语言清晰的另一个重要因素。语言的逻辑关系必须清晰，简单的短句比复杂的长句更有利于语言的前后连贯，清晰的过渡和小结都有前后连贯的效果。因此，准确、简单和连贯是使语言清晰明了的主要因素。

语言还应该符合不同的客户、公众的身份，适合不同的场合。假如组织机构是重要银行等单位，太过口语化的语言就不恰当。快餐连锁店和旅馆所用的语言风格会截然不同。同样地，语言也应随之适合不同的目标公众。很明显，老年人和年轻人所用的语言不同，不同的场合要求不同层次和不同风格的语言。因此，有效的语言沟通有两个主要的要求，那就是准确与清晰。

5. 双向式沟通

有效的沟通应该是双向的。以前，沟通被认为具有单向性，就是通过一种方式、渠道把信息从源头传到目标公众，在目标公众接收到信息时，就认为沟通结束了。然而，今天，公共关系人员必须坚持双向沟通：要能接受到公众的反馈信息。总之，像前述公众参与原则论那样，沟通应该是双向的。

可以采用意见箱、反馈卡、编辑信箱的形式与公众进行交流。然而，最有效的双向沟通方式是人与人之间面对面的交流。有提问与解答的演讲、小组会议都是有效的面对面交流形式。通常，把目标公众分成小组能提供人与人之间交流的更多的机会。因为交流双方充分地接触，所以是最有效的沟通形式。

6. 群体的影响

群体影响力是另一种有效的沟通方式。每个人总是属于各种正式或非正式的群体。重要的群体，总是对它们的成员有着巨大的影响。它会使成员感受到一种凝聚力，有一种归属感。他们相互地面对面地交流和彼此影响。他们共同遵守一定的规范和准则。

公共关系人员的任务就是寻求和确定对于组织来说最重要的目标公众。与前面的相似，应该制作目标公众的列表目录。保持联系，应该通过演讲或演出以及其他各种有效的方法与这些团体保持联系。团体的领导接受组织的信息或立场将会影响整个团体。由于团体的凝聚力和向心力，使这种传播方式很有效。

7. 有针对性的宣传活动

公共关系目标包括改变公众的态度及行为。而改变已有的态度或行为，难度最大。这是因为人们总是易于接受他们认为正确的信息。

很显然，在遇到强烈的抵制态度或行为时，想去加以改变是很难的，甚至会产生负面影响。当碰到有争议的问题时，把公众或个人根据对问题的态度进行分类，然后进行有针对性的沟通十分必要。

有针对性的公共关系沟通是要求公共关系人员首先要把“积极的”公众作为他们的工作目标。其次是“有些积极的”公众，再次是“不置可否的”公众。对那些完全持否定态度的公众则不予考虑。

8. 公众的参与（反馈）

最后一条有效传播的方式是尽可能地让公众亲身去参与活动，这是惟一的一种交流方式。让公众亲自了解组织提供的服务及产品，去进行自我说服。到目前为止，研究人员发现与其他方式相比，自我说服最具效力。因此，公共关系人员应该尽可能寻找让公众参与的机会。

五、沟通的障碍

无论公共关系工作计划制订得多么完善，在实施过程中都难以一帆风顺，许多意想不到的因素常常使计划受阻，这些因素包括传播工具运用不当、方式方法不当、沟通渠道不畅以及其他方面的问题。研究沟通的障碍并加以排除，是有效沟通不可缺少的环节。在公共关系传播过程中，常见的障碍有：

1. 语言障碍

语言是以语音为物质外壳、以词汇为材料、以语法为结构条理而构成的符号体系。语言与思维不可分离，为人类所独有，是一种特殊的社会现象。离开了语言，人们无法表达情感、交流信息、协调关系，甚至无法生存。

语言又是一种极复杂的工具，要想掌握它决非易事。由于语言方面的原因造成沟通的麻烦到处可见。不用说不同国度、不同地区的人们因使用不同的语言造成许多误会，就是都使用汉语普通话，也难以避免出现沟通的困难。同样一句话，因重音不同、语气不同、场景不同，人们完全可以对其作不同乃至相反的理解。如“火”，就可以将其理解为吸烟时没有打火机而问别人要火，或看见某处发生火灾向同伴发出警告，或寒冷的夜晚在荒郊野外长途跋涉疲惫至极时看见一星火光而发出的由衷的欢呼。正因为语言障碍普遍存在，在实施公共关系沟通时要特别注意语言的明确性、准确性，防止发生误解。

2. 习俗障碍

习俗即风俗习惯，是在一定文化历史背景下形成的具有固定特点的调整人际关系的社会因素，比如道德习惯、礼节、审美传统等。习俗世代相传，是经过长期重复出现而约定俗成的习惯法。虽然习俗不具有法律一样的强制力，但通过家族、邻里、亲朋和社会的舆论监督，往往迫使人们入乡随俗，即使圣贤也很难例外。

由于民族、地区的不同，习俗也不一样。不同的习俗常常造成沟通中的误解，以致沟通受挫。一位印度人请一位在印度工作的美国人到家里作客。印度人说什么时间都行，由您决定。美国人很高兴地答应了，却迟迟未去。印度人好生奇怪，以为自己不够盛情，再次去邀请，仍由美国人选时间，并且表示随时都欢迎。美国人答应了，又没有去。此事终究未成功。后有知情人告诉他们，印度人请客不约定具体时间，是尊重和友好的表示，而美国人请客则一定约定时间，否则不登门。他们把不约具体时间的请客看成是没有诚意的客气。由此可见，习俗不同会造成多大的误会。

3. 观念障碍

观念是由一定的经验和知识积淀而成，是一定社会条件下人们接受、信奉并用以指导自己行动的理论和观点。观念本身是沟通的内容之一，同时对沟通有巨大作用。有的观念是促进沟通的强大动力，有的观念则会阻碍沟通。

观念障碍主要有两大类：封闭观念和极端观念。封闭观念源于小农经济。自给自足的小农经济只需从事简单劳动，一家一户就是一个生产单位，不需要分工和协作，没有丰富的社会联系。在此基础上，形成了自我封闭观念。这种封闭观念表现为不沟通，这自然对沟通不利。极端观念则是对沟通中的某一环节、方面和特点加以夸大，加以绝对化，而否定其他，排斥其他。当我们听到别人说“绝对是……”或“不可能有别的”时，多半就是极端观念在起作用。

4. 心理障碍

心理障碍是指人的认知、情感、态度等心理因素对沟通造成的障碍。在日常生活中，常常出现由于隐蔽的假设不同而导致意见冲突。因此，在沟通过程中，必须时时注意检查自己的各种假设的正误并对对方的假设作出正确预测。

除了认知方面的障碍之外，情感的失控也会导致沟通受阻。例如感情冲动时往往听不进不同意见；不能摆脱心情压抑状态的人大多数表现出孤僻、不愿与人交往的倾向；态度欠佳也不能取得理想的沟通效果。

5. 组织障碍

合理的组织结构能够有效地进行内外沟通，不合理的组织结构则会成为束缚沟通的枷锁。沟通过程中的组织障碍主要表现在以下几个方面：

第一，传递层次过多造成信息失真。信息在传递过程中，中间环节越多，保真率越低，有时甚至出现最后的信息与原来的信息相比面目全非的情况。因此，在组织机构上减少传递层次，减少信息传递环节，尽量做到“一竿子到底”，是保证沟通准确无误的有效措施。

第二，机构臃肿造成沟通缓慢。机构臃肿，环节众多，信息传递起来又必须每个环节必到，这势必造成沟通缓慢。

第三，条块分割造成沟通中断。条块分割的组织结构，使信息很难畅通无阻。有时，只要有一关通不过，就不能实现沟通。

第四，沟通渠道单一造成信息量不足。这种沟通中的组织障碍主要是指信息的传递基本上是单方向的——上情下达。由于缺乏从下往上提建议的渠道，因而送达到决策层的信息量明显不足。

除上述5个方面的障碍外，还有诸如政治障碍、生理障碍、技术障碍、方法障碍等。

要排除以上这些沟通障碍，必须注意以下问题：

第一，要注意缩小信息传播者与其目标公众之间的差异。要做到这一点，可采取以下方法：利用与公众所处的社会位置最接近的媒介；利用公众心目中信誉较高的传播媒介；尽量减少与公众在态度方面的冲突；用公众可以接受的语言或事例来说明所要沟通的问题；确定大多数公众的立场，表明自己的立场与这些人的立场相一致；发挥“公众细分”的作用，公众细分将会帮助信息传播者得到积极的反应；根据形势需要随时调整反映组织要求的信息。

第二，传播者必须牢记以下基本事实：公众是由许多受到各方面影响的个体构成的；公众乐于接受与他们利益密切相关的信息和与他们原有认识、态度相一致的信息；各种大众传播媒介创造了他们各自的公众社区；大众传播媒介所产生的社会影响并非都可以测量出来。

总之，公共关系传播过程的内容有策划、确定主题与信息，策划重大活动或特殊事件，选用传播媒体，遵循有效传播原则和排除沟通障碍等方面。

第四节　结果评估

对公共关系项目进行评估，是一个过程检测和最终目标评估过程。如果等到公共关系项目执行完以后才进行检测是很不明智的。与之相反，我们应该在项目执行过程中，对此进行检测评估，以便根据情况对项目进行适当的调整。

一、信息目标的评估

对公共关系信息目标评估的尺度有：信息的宣传力度、信息接受程度及信息记忆程度。

1. 信息的宣传力度

信息的宣传力度可由传播媒体的选择方式和媒体检测服务决定。同时还可通过出版物的发行数量和广播电视的收视率来衡量。活动的参与人数也是信息的宣传力度的一个反映指标。最后，信息的宣传力度可用公共关系公司开发的计算机追踪系统去衡量。

2. 信息的接受度

一般来说，信息的接受度或潜在的信息接受度，取决于公共关系项目中宣传品的可读性。信息的难易度，建立在信息中词句的难易程度以及句子长短的基础上。但调查的目标应该是公众对信息理解与领悟的程度。

3. 信息的记忆度

信息记忆度可通过问卷法来检测目标公众对于客户信息的了解度。信息记忆度可通过非定量调查法来衡量，但通常采取抽样调查法来了解。

因此，信息的宣传力度、信息接受度、信息记忆度是决定信息有效性的关键因素。严格地运用这些指标去衡量评估结果会更精确。

二、态度目标的评估

态度目标可通过几个完善的调查方式来衡量。其中，最常用的是通过李克特量表和语意差别法两个方式，来衡量态度的坚定性和倾向性；同时，它们对评估新态度是否产生或已存在的态度是否加强或改变同样有效。这两种方法都需要在实施公共关系项目前后进行调查，以评估公共关系项目对公众的影响程度。态度目标评估必须由那些在调查方面受过良好培训和有丰富经验的专家来实施。

三、行为目标的评估

最后，可通过两种方法评估行为目标，一是可以调查目标公众在接受宣传信息前后行为的变化。像态度目标的评估一样，行为目标同样也需要调查评估接受宣传信息前后的变化。封闭式的多项选择题是最常用的评估方法。

二是行为目标的评估方法是简单地观察目标公众的行为，在某些情况下，可通过统计参与特殊事件的公众数量或接收到的反馈电话的数量来获得。在大多数情况下，公众人数不是很多，我们可通过观察他们在接受信息前、中和后的变化来获得。

在调查及观察公众行为两方面，非定量调查法都能提供有用的信息。但为了获得准确的评估结果，定量评估应是非常必要的。

四、工作目标的评估

除了要对影响目标进行评估外，公共关系人员同样关心工作目标的有效性。工作目标的有效性涉及可控与不可控媒体。它可通过发送给出版部门及广播电台、电视台的新闻稿数量和与新闻记者接触的次数，对目标公众演讲的次数，发放的出版物数量，与主要公众开会的次数这些指标来评估。在工作目标领域，公共关系人员根据原计划，通过选择不同的传播媒体来完成他们的目标。尽管这些都是很容易实现的目标，然而，当项目的目标被评估完以后，并不意味着工作完成了。这些信息对以后公共关系活动，对于处理与不同公众的关系以及策划以后类似短期公共关系活动都很有参考价值。

第五节 公共关系案例欣赏
——《泰坦尼克号》录像带发行策划

为了提高电影《泰坦尼克号》录像带的发行量，布洛博斯影像店延长了营业时间，在店里举行了一场首发夜晚会，并发行了“泰坦尼克号午夜销售奖券”，顾客有可能赢得一个乘豪华游轮去全世界任何地方旅行的机会，示例3—1a是圣地亚哥的新闻公告，示例3—1b是说明这项活动的新闻稿。

一、调查研究

影院上座率和以前卖座电影的录像带销售情况，是布洛博斯影像店是否加入未来录像带销售竞争的决定因素。《狮子王》、《杰莉·马格》这两部卖座影片均为布洛博斯影像店创造了录像销售记录。由于《泰坦尼克号》在影院的巨大成功，布洛博斯影像店认识到这将成为一个录像销售的神话并创造破纪录的销售情况。通过对顾客租赁和购买录像带习惯的调查，布洛博斯影像店预先估计好顾客将要租赁和购买的录像带数量并储存了足够数量的录像带，以保证有足够的商品就位，使布洛博斯影像店成为一个能保证顾客购买到《泰坦尼克号》录像带的地方。调查还显示，如果向顾客暗示，让他们相信自己是第一批购买这部电影录像带的人，他们会更愿意购买。因此布洛博斯影像店增加了宣传的鼓动性，又延长了营业时间以确保顾客能够在9月1日凌晨买到录像带。而且电影观赏模式告诉我们，年轻的女性构成了《泰坦尼克号》观众群的最大部分，布洛博斯影像店的宣传就主要面对这部分观众。另外，它还在全美市场划定了34个重点销售区，以便加大在这些主要城市的宣传力度和与媒体关系的调节。

二、制订计划

1. 影响目标

（1）利用顾客对《泰坦尼克号》影片的热情，吸引他们到布洛博斯影像店来。

（2）通过《泰坦尼克号》录像带的发行，提高布洛博斯影像店的交易额和销售收入。

（3）通过足够的《泰坦尼克号》录像带的供应，提高布洛博斯影像店的媒体曝光率。

（4）保持《泰坦尼克号》录像带预售市场的份额。

（5）在竞争中，要显示一点与众不同之处。

（6）确立布洛博斯影像店在影像业领军人物形象。

（7）提高布洛博斯影像店礼品卡的知名度。

2. 工作目标

（1）录像带正式发行前预售至少 50 万盒。

（2）在其他影像店销售之前向顾客提供《泰坦尼克号》录像带。

（3）通过大力宣传或举行各种活动将至少 50 万位顾客吸引到全美的布洛博斯影像店来，并鼓励他们购买或租赁《泰坦尼克号》录像带。

（4）为布洛博斯影像店获取至少 200 万美元的免费媒体曝光。

3. 工作步骤

公共关系小组把在每个分店组织的布洛博斯影像《泰坦尼克号》午夜销售活动用电台以及“视觉”媒体联系起来，保证每个市场的参加人数和强大的视觉冲击效果。对布洛博斯影像店的公共关系小组来说，这次午夜销售和“泰坦尼克号主题晚会”是一个极好的提高媒体曝光率的机会，因为晚会就在晚间新闻播出期间开始，各个电视台都能在现场找到很好的报道素材。由于各个销售区及媒体相距较远，公共关系小组负责管理一个全国性的媒体新闻发布，随时对布格博斯影像店的各种活动发布新闻，而且在每个城市还有布洛博斯影像店的发言人。当然，布洛博斯影像公司所有的努力都是为了《泰坦尼克号》的顺利发行。

全国范围内 4 000 家布洛博斯影像商店的停业时间延长至凌晨 2 点。这样做有两个主要原因。第一，可以在 9 月 1 日凌晨 12：01 向顾客提供等待已久的《泰坦尼克号》录像带，保证使他们成为在不违反录像发行期限的前提下第一批买到《泰坦尼克号》的人。第二，保证使首发夜晚会成为媒体关注的焦点，提供方便的采访机会并创造强大的视觉效果，使这次活动成为 1998 年文化界的一件美谈。

为了进一步吸引顾客光顾布洛博斯影像店，影像店会向各店中前 100 名购买或租赁《泰坦尼克号》录像带的顾客赠送“泰坦尼克号”船票的复印件，如果顾客在 24 小时内按照上面的指示拨打 1－888－521－6754 就有机会赢得乘豪华游轮去全世界任何地方旅游的大奖，或是派拉蒙卡罗文主题公园游的机会。这种参加奖券的限量发行会促使顾客们在发售前几个小时就在店外排起长队，并且是新闻媒体报道的好题材。另外，布洛博斯影像店将能通过接听免费电话了解参加活动者的情况。

在《泰坦尼克号》发售前，布洛博斯影像公司鼓动顾客们光顾商店，并且储存大量录像带以满足购买需求。任何购买超过5美元商品的顾客都会获得一张价值5美元的泰坦尼克号纪念礼品卡，用它可以在布洛博斯影像店购买《泰坦尼克号》或其他任何一种录像带。但预计5%～7%的顾客不会使用这张卡，而是将它作为纪念品保存以待增值。事实上，在预售阶段进行的调查表明，75%的顾客说他们准备保存这张卡。

4. 预算

所有公共关系预算达到20万美元，包括公共关系顾问费用、支出和事项花费。

三、实施传播

为提高"泰坦尼克号午夜销售"的新闻曝光率，布洛博斯影像公司34个重点销售区的商店应该尽量成为新闻焦点。店员一律化妆，穿上救生衣，并打扮成影片中的主要人物。"轮船事务长"在门口欢迎进店的顾客，而"招待们"负责上点心。

为了引起大家的兴趣，公共关系小组事先向各新闻媒体发送了传真，声明在每个市场的商店中都会有专门的布洛博斯影像店发言人负责这次午夜销售的解释工作。另外，34个重点销售区中的公共关系顾问都会在整个事件中负责调节媒体和后勤。考虑到当时电视制作人员必定短缺，布洛博斯影像店在很多城市都临时聘用了电视录像制作人进行多角度拍摄。由于在每个销售区向电视台提供制作完的胶片，电视台关于布洛博斯影像店的新闻必定会大大增加。此外，布洛博斯影像公司事先向媒体免费发送了宣传资料. 并与之进行广泛的联系合作，使布洛博斯影像公司发行《泰坦尼克号》录像带成为焦点新闻。在主要销售区，还同电台合作，获得免费的宣传以得到额外的媒体曝光，从而稳固布洛博斯影像店是买到《泰坦尼克号》最好的地方的印象。在9月1日中午，也就是《泰坦尼克号》录像带开始发行12小时后，布洛博斯影像店举行了一个新闻发布会，宣布"我们已经打破了新录像带发行的销售纪录"，从而在当天晚间提高媒体曝光率。

在产品的投放过程中，在全美雇用了34个不同的公共关系顾问——在过去这被视为不可能的事情，今天却成了现实。另外，布洛博斯影像公司的信息部还经常召开会议，使各个城市的公共关系小组能够分享经验，从而集中各个不同的专业小组的智慧和创造力。

四、结果评估

在《泰坦尼克号》录像带的发行中，布洛博斯影像公司在财政和媒体方面投入了前所未有的注意力，当然，“泰坦尼克号午夜销售”也同电影一样，获得了成功，许多分店所在的街区，顾客们已经排起了长队。在芝加哥，警察们不得不在商店周围疏导交通；在洛杉矶，400 多人在午夜排队购买录像带。布洛博斯影像店在录像带预售市场中所占的份额一般是 2% ~ 3%，但在这次《泰坦尼克号》录像带销售中增长了 300%，达到 10% 的份额：布洛博斯影像店预售了超过 100 万的《泰坦尼克号》录像带，这不仅是公司历史上销售额的最高纪录，也创造了录像带零售史上的记录。调查还显示，有 17% 的预购者以前并不是布洛博斯影像的顾客。

在“泰坦尼克号午夜销售”过程中，平均销售事务较一般营业提高了 321%，其中在第 1 个小时，布洛博斯影像店就接到了顾客要求参加销售奖券活动的 86. 5 万个电话；还有超过 200 万的参加了午夜销售的顾客在 24 小时内打电话要求参加销售奖券活动。布洛博斯影像的调查显示，在当晚购买录像带的顾客中有 50% 表示如果布洛博斯影像店的营业时间不延长，他们不会去购买。

所有地方性的媒体都报道了《泰坦尼克号》录像带的发行宣传，还有许多记者在晚上 10 点 ~11 点采访了商店，并报道了顾客在外面排队等待的情况。所有媒体报道的价值超过了 900 万美元，远远超出预定的 200 万美元的目标。全国性的主要媒体，包括《今晚娱乐界》、《布鲁伯格》、《今日美国》、《CBS 早新闻》、CCN 网站、路透社、《ABC 今晚全球新闻》、CNBC、CNN FN、《E！每日新闻》以及福克斯新闻频道的报道，更是进一步树立了布洛博斯影像作为影像业领军人物的形象。

[示例 3—1a]

圣地亚哥“泰坦尼克号”影迷将成为首批电影录像带的获得者

布洛博斯影像公司希望大家在有史以来最大的录像发行之夜齐聚圣地亚哥分店

事件：布洛博斯影像公司将在 8 月 31 号午夜至次日凌晨 2：00 举行大

销售，庆祝派拉蒙影业《泰坦尼克号》录像带的发行（从9月1日开始发行）。它有望创造历史上最大规模的家庭录像带销售记录。为了让“泰坦尼克号”影迷们不用等到9月1日早晨才能拿到录像带，布洛博斯影像店第一次将正常的营业时间延长。

时间：8月31日，星期一午夜至次日凌晨2：00

地点：圣地亚哥巴尔波大街5820号，92111

这次销售活动将在圣地亚哥的布洛博斯影像店进行，但只在巴尔波店和吉尼斯店内有媒体发言人。采访随时欢迎，但请事先联系玛丽莎·瓦尔波娜女士，1－888－521－6754。

主角：布洛博斯影像，派拉蒙影业的《泰坦尼克号》。

原因：只有在9月1日凌晨12：01才能够合法获得《泰坦尼克号》录像带。为保证影迷们通过合法途径获得录像带，布洛博斯影像公司决定举行午夜销售活动，并向前100位购买的顾客赠送能获很多优惠的奖券。

新闻线索：

- 《泰坦尼克号》影迷排起长队（在午夜！）只为第一个买到影片的录像带。
- 《泰坦尼克号》海报，大量影碟和其他录像带发行纪念品。

［示例3—1b］

联系：丽兹·格林

达拉斯，1998年8月24日～9月1日将进行的派拉蒙影业《泰坦尼克号》录像带的发行有望创造家庭录像业史上的新纪录。布洛博斯影像将举行大规模活动庆祝全美范围的特大发行。

除了庆祝晚会，布洛博斯影像店将延长平时的营业时间，8月31日整晚会敞开大门直到9月1日凌晨2：00。这是第一次录像带零售商为了能够合法地销售或出租录像带而延长营业时间。

布洛博斯影像公司还为那些参加午夜庆祝的人准备了一系列的惊喜，包括竞猜和免费赠送活动。当晚购买或租赁《泰坦尼克号》录像带的人都将得到布洛博斯影像店免费提供的限量印刷的独家特写海报——一边是狄卡普里奥和温斯莱特的合照，另一边是狄卡普里奥。

当晚前100名光顾布洛博斯影像的顾客都将获得奖券，有机会获得乘豪华游轮去世界任何地方旅游的“大奖梦幻游”，或是派拉蒙卡罗文主题公园游的机会。

许多布洛博斯影像商店将播放主题广播，设置免费奖品以及其他形式的宣传活动，来调动在场苦苦等待的“泰坦尼克号”影迷们的兴趣。

这部电影是个票房奇迹，也同样有望在家庭录像业史上创造纪录。事实上，最近布洛博斯影像进行的一次调查显示，在经常租录像带的人中，有43%的人表示他们很愿意买一盒《泰坦尼克号》的录像带，尽管其中61%的人已经在影院里看过这部电影。

“这部电影能使大多数观众着迷的所有的因素——一个传奇的爱情故事、灾难、英雄以及明显的特技镜头”，迪恩·威尔森，布洛博斯主管销售的执行副总裁说：“事实上，看过这部电影的人中，有1/4的人会再次去看(根据调查数据)。我们希望《泰坦尼克号》能够创下家庭录像带出售和出租的最高纪录。”

货源充足

布洛博斯影像公司保证无论在哪一家分店，顾客都能方便地租到《泰坦尼克号》录像带，否则租金全免。

“这是我们最大风险的保证。”威尔森说，“但是我们已经做好了充分的准备，因而敢于作出承诺——只要顾客们愿意，他们随时可以带着录像带回家。”

“泰坦尼克号”奖券

为了在午夜到次日凌晨2：00制造愉快的气氛，每个分店的前100名顾客都会拿到一张“船票”，上面有布洛博斯影像《泰坦尼克号》奖券的说明。每张船票上都有简短的活动介绍和一个查询最后获奖者的免费电话，结果由抽奖得出。

所有参加者都有机会赢得“大奖梦幻游”或是北卡罗莱纳夏洛特的派拉蒙卡罗文主题公园游。

“大奖梦幻游”的获得者可另带一人，并可选择目的地、游轮、飞机、旅馆等，随心所欲地度过一个完美旅行。

赢得派拉蒙卡罗文游的100位获奖者可以另带3人，机票、住宿费、公园门票，以及“泰坦尼克号”展览的费用全部由布洛博斯影像公司负责。

《泰坦尼克号》预售打破所有纪录

“《泰坦尼克号》的预售情况已经超出了我们最好的期望，也超过了我们先前的纪录创造者《狮子王》。”威尔森说。

布洛博斯影像公司已经为所有预定《泰坦尼克号》的顾客们准备了一个特别的预售奖，包括特有的价值5美元的有收藏价值的布洛博斯影像礼品卡，因此销售势头非常地好，布洛博斯影像的礼品卡是一张有电影海报图像的艺术品，并且能用它在布洛博斯影像店购买或租赁录像带。

《泰坦尼克号》影星们在布洛博斯影像店的其他卖座影片

在他们将泰坦尼克号悲剧旅行带给我们之前，各位影星已出演了许多大片，它们在布洛博斯影像店都能找到。

利奥纳多·狄卡普里奥

《铁面人》

《莎士比亚的罗密欧和朱丽叶》

《马尔文的房间》

《谁吃了吉尔伯的葡萄》（获奥斯卡最佳男配角提名）

凯特·温斯莱特

《理智与情感》

《肯尼斯·伯拉纳的哈姆雷特》

《犹大书》

凯西·贝茨

《原色》（9 月 8 日后家庭影碟中能买到）

《穷途》（获奥斯卡最佳女主角）

《油炸绿番茄》

《朵乐斯·克莱本》

比利·扎内

《幻影》

《唯你》

《义警》

格罗利亚·斯图尔特

作为后无声时代和前有声时代最受欢迎的女演员之一，已经退休的斯图尔特在《泰坦尼克号》中塑造了老的罗斯一角，并因此获得了奥斯卡最佳女配角的提名。

比尔·帕克森

《难题》

《真实的谎言》

《阿波罗 13 号》

布洛博斯影像店同时还收集了一系列直接描写或涉及泰坦尼克号处女航的影片。包括：

《一夜难忘》（肯尼斯·莫尔，大卫·麦卡伦，1958 年）

《泰坦尼克号》（柯里夫顿·韦伯，芭芭拉·斯坦威克，1953 年）

布洛博斯影像的在线《泰坦尼克号》

如果想知道布洛博斯影像公司在《泰坦尼克号》家庭影碟发行期间更多的活动，请登录 www.blockbuster.com/titanic ，访问专门的《泰坦尼克号》网站。还可以登录布洛博斯影像的网站 www.blockbuster.com，获得影片的演员表或找到更多的灾难电影。

登录 www.blockbuster.com，可以看到布洛博斯影像公司是全球最大的娱乐出版集团和全球新闻媒体市场的领军人物——威尔康公司的分支机构，在美国和其他 26 个国家有将近 6 000 家录像店和 400 家音像店。

案例讨论：让绿鸟鸡“火”起来？

“内蒙草原兴发集团”一直在探寻绿鸟鸡的新促销方法，希望能够在一整年当中把更多的绿鸟鸡产品销售给中国消费者。他们注意到，中国民众对牛肉、饲养鸡的购买量日渐减少，而鱼肉与鸡肉的销量却不断增加。

研究显示，绿鸟鸡肉其实是更好的肉类。例如，3.5 盎司的绿鸟鸡胸肉只会产生 157 卡路里的热量，而且其脂肪总量也比任何其他肉类少得多。此外，绿鸟鸡是在大草原上野外放养，“饿了吃青草，馋了吃蚂蚱”，纯天然生态环保鸡肉，虽然价格稍贵，但是肉质鲜嫩味美，并且有很多种烹调方法。

你受“内蒙草原兴发集团”的委托，要把绿鸟鸡肉宣传成是健康的蛋白质的来源。你建议如何进行全国性的公共关系计划，请举出你所打算采用的公关策略、所要传达的讯息主题，以及所要采用的传播方法。

思考练习

1. 公共关系传播包括哪几个步骤？
2. 为什么公共关系调查在不同机构中会不同？
3. 如何确定目标公众？
4. 如何进行有效沟通？
5. 如何克服沟通中的障碍？
6. 信息目标评估涉及哪几个方面？

后 记

与公共关系的缘分，至今整整 20 年了。

1986 年一个秋季的下午，在中国人民大学图书馆前的书摊上，我发现了一本詹夫金斯著的《实用公共关系学》，不知为什么，只是随手翻阅了一下，就被它深深吸引住了，那时，正是中国公共关系的启蒙期。

此后的 20 年，我一直从事公共关系的学习、教学、研究、实践，亲身感受着中国公共关系“几番风雨几晴和”的发展变迁，虽然公共关系就像是传播学的“十字路口”，来来往往的人很多，真正驻足的人很少（相对其他学科而言），但是，于我而言，公共关系却是一生一世的缘分，一世不变的守候，即使是在出国出境的日子里，公共关系也一直是我关注和研究的重心。在这个过程中，香港中文大学李少南、苏钥肌、梁伟贤，昆士兰大学 Jan Servaes、John Harrison 、Eric Louw、刘爽博士，美国首都大学 John Ledingham，美国纽约州立大学洪俊浩博士，香港城市大学的李金铨、何舟等国际知名的新闻传播学者，都给予我有益的指导和帮助，而国内公共关系学界的余明阳、郭惠民、李兴国、廖为建、李道平、沈志屏、舒咏平等诸多同仁前辈都是我的良师益友，在此深深地感谢他们！

这本《公共关系学原理》是在作者的《公共关系生态论》（博士论文改写而成）和公共关系学讲义的基础上完成的，既吸纳了作者最新的理论研究成果，也收录了多年来第一次公开披露的咨询策划案例，希望能够给读者耳目一新的感觉。

在写作的过程中，我邀请了中南财经政法大学丁桂兰博士参与撰写了第八章，也邀请了几个优秀的研究生王冬凯、潘飞、刘星、刘灿和华中科技大学文华学院殷卉老师，帮助做了大量的资料收集、整理、录入、编排和部分初稿的撰写工作，在此也深深感谢他们！书中也引用了相关学者的研究成果，在此一并致谢！

最后，更深深感谢武汉大学出版社的王雅红、陶洪蕴老师的信任和支持！

陈先红

2006年9月，喻园·紫菘雅居

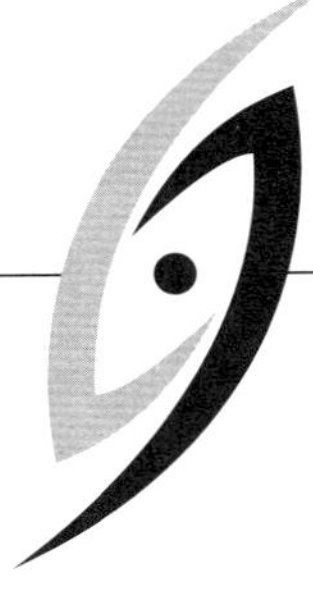

当代新闻与传播学系列教材

书目

中国新闻事业史论（修订本）
外国新闻传播业史稿

新闻理论基础
传播学概论

新闻采访
新闻写作学
新闻编辑
现代新闻评论
现代新闻摄影
深度报道写作原理

新闻法规与职业道德教程
广告传播学
◆ 公共关系学原理